中国演劇史図鑑

中国芸術研究院戯曲研究所
［編］

岡崎由美
平林宣和
川　浩二
［監修・翻訳］

科学出版社東京
国書刊行会

「中国演劇史図鑑」　編集・翻訳体制

原著編集

顧　問　　　張　庚
主　編　　　余　従
副主編　　　李大珂　　劉滬生　　呉小川
執　筆　　　呉小川　　劉滬生（演劇の起源と形成）
　　　　　　李大珂　　祁厚昌（南戯と北雑劇・明清伝奇と雑劇）
　　　　　　余　従　　祁厚昌（花部乱弾およびその他）
写　真　　　王立静　　汪沾沾　　曹　鵑
撮　影　　　王建民　　薛　超

日本語版編集

監修・翻訳　　岡崎由美
　　　　　　　平林宣和
　　　　　　　川　浩二
翻訳協力者　　伴　俊典　　岩田和子　　大江千晶

序　文

　　中国伝統演劇は中国の諸民族が共に創り上げたものであり、独特の形式と風格を有した芸術の一種である。それは膨大な民衆の中にずっと根を張り続けており、祭祀や娯楽といった習俗と密接な関係を持ち、中華民族の伝統的な中庸の美の観念を十分に体現している。12世紀に中国演劇の基礎的な様式がほぼ形成されてから、すでに900年が経過した。それは世界でも古い演劇文化に属すばかりではなく、今でも若々しい活力に満ち、同時代の光を放っている。

　　中国演劇は歌舞〔第1章第4節〕、優戯〔滑稽芸、第1章第3節〕、説唱〔語り物芸能、第1章第5節〕を主とし、ほかの芸能を吸収し総体的に変化して成立した。「歌舞によって物語を演じる」というのは、その基本的な芸術特性である。伝統演劇はそれ自身の成長のプロセスがある。秦、漢代以来の歌舞〔第1章第1節〕、角抵〔すもう、第1章第2節〕、優戯、および「百戯」〔第1章第1節〕を一堂に会して上演する伝統習俗、唐代の宴楽、廟会〔村落の寺廟を中心とした祭り〕および宋代の瓦舎勾欄〔繁華街の劇場〕、それらが歌舞や説唱および様々な芸能との競争、交流、融合を促し〔第1章第6節〕、伝統演劇の誕生を育んだ。漢代の『東海黄公』、唐代の『踏揺娘』から宋雑劇と金院本〔第1章第7節〕までは、伝統演劇が変化進展していく軌跡が具体的に現れている。南戯〔第2章第1節〕と北雑劇〔第2章第2節〕は、中国の南北二大伝統演劇体系の成熟を示し、元代雑劇創作の全盛期へと道を開いた。南北の伝統演劇文化の交流は、明清伝奇の創作を新たな高みへと押し上げ、高腔と昆腔の繁栄をもたらした〔第3章〕。民間の花部乱弾〔第4章〕の勃興もまた、清代からの梆子〔第4章第2節〕、皮黄〔第4章第5節〕など地方劇が競い合い発展するという新しい局面を迎えた。さらにまた京劇〔第4章第7節〕の成熟は伝統演劇を新たな時代へと導いたのである。現在、300種余りの伝統演劇が中国の大地と膨大な民衆の中で活発に演じられている。

監修者序文

　本書『中国演劇史図鑑』は、中国芸術研究院戯曲研究所編『中国戯劇史図鑑』(人民音楽出版社、2003年1月)を、中国演劇に関心のある日本の読者向けに翻訳し、再編集したものである(以下、中国語版を「原書」、日本語版を「本書」と表記する)。原書の題にいう「戯劇」とは、日本語の「演劇」にほぼ該当する。広義には、国内外を問わず演劇全般を指すが、原書が対象とするのは中国で形成され、継承されてきた伝統演劇であり、その形成や変遷の歴史を、考古学調査による出土品や建築、絵画、彫刻、工芸品、写真、歴代の文献などの豊富な図版資料を用いて系統的に解説している。

　まず、本書の構成に関わる中国伝統演劇の大きな特色について、いくつか挙げておきたい。中国の伝統演劇は、中国語で「戯曲」と呼ばれてきた。日本語の「戯曲」が演劇の脚本や脚本形式の文学作品を指すのとは異なり、中国語の「戯曲」は、「戯(演技、パフォーマンス)」と「曲(音楽、歌唱)」からなることを意味する。つまり、中国伝統演劇は歌とせりふで物語を綴る歌劇であり、言語表現と併せて、様式化されたしぐさやアクロバティックな立ち回り、舞踊、曲芸軽業に類した身体技など非言語的な演技からなり立っている。さらには人物を象徴する隈取や衣装、小道具、あるいは劇場そのものの建築様式に至るまで、中国で発展してきた文学、芸能、美術の様々な表現要素が融合された総合芸術なのである。

　加えて、中国伝統演劇は、日本の歌舞伎のように立ち役や老け役、女形、道化役、悪役といった登場人物の細かな役柄分類があり、それぞれに役柄を表す発声法、歌唱法、せりふ回しのほか、しぐさの型、衣装、用いる小道具、隈取の様式などが定まっている。「破れた衣装を着ても、間違った衣装は着るな」といわれるほど、役柄の造型はビジュアル面でも表象化されたものである。

　本書が図鑑である第一の意義は、まさにこの演劇の視覚性にある。現存する中国伝統演劇に関する文字資料は豊富であるといってよいが、文字だけで説明を尽くせないのはいうまでもない。中国伝統演劇がどのように演じられていたのか。楽器や衣装の一つを取っても、その形状を知るためには、説明に言葉を費やすより現物を見るほうがわかりやすいであろう。風俗画や塑像、劇場の遺跡などの文化財は、演劇空間全体のイメージも喚起してくれるに違いない。原書には、歴代の文献や碑文、演劇の脚本などの文字資料も含め、当時の演劇の状況を示す歴史的文化財の図版が450点余り、全編通し番号を付して収録されている。本書は原書の図版をすべて収録した。図版キャプションの翻訳にあたっては、原文の表現と内容を尊重して訳出することを原則としたが、原書が中国の読者を対象としているため、日本の読

者にわかりづらいと思われるところは、訳注を補ったり、一部原文の表現を改めた。

　中国伝統演劇の第二の特色は、多様な地域性を持つことである。広大な国土を有し、多民族から構成される中国では、地域ごとの地理風土や生活習俗が大きく異なる。伝統演劇に関していえば、歌劇という性質上、その地域的特色を規定するのは、言語（方言）と音楽である。中国語と一口にいっても、各地の方言は意志疎通が困難なほど発音も語彙も文法も異なる。そうした地元独自の方言を歌唱に組み込むために、歌詞の韻律や曲調の体系、伴奏楽器の構成なども地域ごとに形成されてきた。さらにそうした異なる地方の音楽系統が接触し、影響し合い、融合あるいは分離して、また新たな音楽の系統と地方劇の種類を生み出す。中国伝統演劇史では、こうした新陳代謝が繰り返されてきて今日に至る。すなわち、中国伝統演劇史は、時系列に沿った発展、変遷だけでなく、地域性豊かな各地の演劇の空間的な分布からも構成されるのである。日本の能や歌舞伎のように文化の中心地で形成された演劇が、地方に波及して演じられたのとは異なり、中国の伝統演劇は各地で独自に形成発展した演劇の集合体である。時にその中の一つが全国を席巻するほど流行することはあっても、今なお中国全土に300種を数える様々な地方劇が分布している。したがって、本書に収録された図版は中国各地の演劇資料に及ぶ。第2章が「南戯と北雑劇」と題して南北の演劇を取り上げ、第4章で声腔（歌唱の音楽系統）別に項目を立てているのも、こうした演劇の地域性を反映したものである。原書巻末には地方劇の分布一覧表が付されているが、これも若干の資料を補って収録した。

　第三の特色は音楽性と文学性の関わりにある。すでに述べた通り、中国の伝統演劇は地域ごとに音楽系統の違いはあるものの、基本的に共通するのは歌とせりふで物語を演じる歌劇だということである。いずれも音楽性と文学性が融合したものであり、作品の作り手がその両面に精通しているのはいうまでもない。ただし、ヨーロッパのオペラと大きく異なるのは、劇作品としてのアイデンティティの拠り所である。オペラは何よりもまず、その作品オリジナルの楽曲が創作されなければ、作品が成り立たない。またその楽曲は、歌唱を含まない器楽曲としても音楽鑑賞に供される。つまり、音楽作品であることがアイデンティティの第一義であって、この点で、独立した作品としての創作のオリジナリティやオーソリティは、おおむね作曲家に帰すであろう。言い換えれば、オペラの作品史を彩るのは音楽家列伝であるといえる。

　一方、伝統音楽体系の枠組みに則って作品を創作する中国では、一定の規範のある曲調の体系が先にあって、そこに歌詞を乗せていくという作劇方式になり、新たな劇作品を創作するたびにその作品独自の楽曲を一から新規に作るわけではない。劇作品の歌唱抜きの楽曲を音楽鑑賞の対象とすることも、まず想定されていない。カラオケの伴奏だけを聞くようなものである。したがって、中国伝統演劇の作品創作のオリジナリティを握る劇作家は、音楽に造詣が深いのは当然ながら、作り手としての性質は作詞家（詩人）兼物語作者である。特に、元・明・清の雑劇と伝奇は、脚本が多数刊行され、読み物としても鑑賞にたえ得る名作を生み出してきた。第3章の「作家と作品」の項目で紹介される劇作家は、そうした文学創作者

である。彼らの作品は、後世まったく音楽系統の異なる地方劇にも伝播し、物語は広く共有されて演じられている。

次に、本書の編集構成について述べておきたい。原書は、スタンダードな中国演劇史の枠組みに従い、時系列で大きく四つの項目に区分されている。「伝統演劇の起源と形成」（紀元前〜紀元12世紀）、「南戯と北雑劇」（12世紀〜15世紀）、「明清伝奇と雑劇」（14世紀〜18世紀）、「花部乱弾およびその他」（18世紀〜19世紀）である。原書では章・節の標示がないため、上記の四つの大項目に第1章〜第4章の章番号をつけ、下位の小項目には節番号を付した。また、原書では各章の冒頭に、章全体の内容をまとめた解説文があるが、中国の読者を対象とした簡略なものであるため、監訳者による補足の説明文を加えた。

中国演劇史の最も基本的な考え方は、現代に至る中国伝統演劇独特の歌劇の様式がいつ完成したか、を基準とするもので、それは南宋末からモンゴルの元王朝時代における南戯と北雑劇の成立である。すなわち第1章と第2章〜第4章の間に、最も大きな演劇文化の変化があったと捉えるのである。

第1章は南戯と北雑劇出現以前の時代に該当する。ここでは南戯と北雑劇の上演様式に影響を与えた様々な芸能が取り上げられるため、語り物芸能から舞踊、サーカス、格闘技の興行まで含め、かなり幅広いパフォーミング・アーツの歴史となる。むろん、これらのパフォーミング・アーツは、南戯や北雑劇の成立以降も、それぞれ独自の変遷、興亡の歴史をたどるのであるが、中国演劇史を記述する範囲においては、いわば伝統演劇成立の前段階として位置づけられる。

第2章と第3章は、南方系歌劇と北方系歌劇のせめぎ合いともいえる、伝統演劇の発展が提示される。南方系の楽曲を用いる南戯と北方系の楽曲を用いる北雑劇は、曲調の系統、歌唱の韻律規則、楽章の構成、脚本の体裁、役柄の分類など、上演様式が大きく異なる。その成立は南戯のほうが若干早いとされるが、元王朝に至って全国が統一され、北方文化の南下が進む中で、北雑劇が中国全土を席巻する演劇へと発展する。この経緯が第2章に相当する。第3章はこれに対して、南方系歌劇が巻き返しを図った時代といえる。元王朝が倒れ、漢民族王朝である明が成立すると、南戯を継承し、かつ北方音楽も吸収した伝奇が台頭する。明・清時代を通じて伝奇と雑劇は並存するものの、各地で新たに形成された土着の音楽系統を取り入れた伝奇の発展はめざましく、明代中期に至って、現代の昆曲の祖である昆山腔が文人階級の絶大な支持を受けて、伝奇を演じる最もスタンダードな音楽体系となる。南方系歌劇である伝奇が北方系の雑劇よりも優勢に立って全国に流行し、中でも昆曲がその代表的地位を占めた時期であった。

第4章は、現在も上演されている各種地方劇が台頭した時代である。その背景には、文人に愛好され、余りにも高尚で難しい演劇となった昆曲に対し、平易で民衆にもわかりやすい演劇が作られるようになったということがある。民衆にも受け入れられやすい通俗性の根幹には、作劇における音楽コンセプトの大きな転換がある。昆曲を代表とする伝奇は、音階の種類や旋律の形式、楽曲構成の規範が厳格で、それは歌詞の韻律や文字数までも厳しく規定

した。教養ある文人が音楽理論を磨き上げ、その規範の下に文学表現に凝った歌詞を連ねれば、民衆が鑑賞しやすいとはいえまい。ここで取り入れられたのが、音階や楽曲構成の規範にこだわらず、ビートやリズムを変えながら、その拍子に乗せて自由に歌っていくという方式であった。この発想は、民衆の身近にある地元の民謡や語り物芸能に基づくものである。これにより、地元の方言を用い、韻律や文字数に囚われない平易な表現で物語を歌う地方劇が、続々と誕生したのであった。

　以上が、本書を構成する中国演劇史のおおよその流れである。

　なお、翻訳にあたっては、第1章を岡崎由美、第2章と第3章を川浩二、第4章を平林宣和が担当した。訳文は監修者3名で検討し、専門用語の統一や文章表現の調整を行った。さらに巻末には、日本の読者に中国演劇をより身近に感じて頂くことを意図して、各監修者による補説および用語集を収録した。

　何よりも、演劇はまず上演を見ることである。上演が観客を育て、観客が演劇を育てる。実は、京劇や昆劇の公演は、日本でも各地で行われている。本書をきっかけに、日本の観客が中国演劇に触れる機会を持ってくだされば幸いである。

岡崎由美
2017年12月

目　次

序　文 ……………………………………………… 1

監修者序文 ………………………………………… 2

凡　例 ……………………………………………… 9

中国演劇史の見取り図 …………………………… 10

第1章　演劇の起源と形成
（紀元前——12世紀まで）……………… 12

第1節　歌舞・百戯 ……………………………… 14

第2節　角抵・角抵戯 …………………………… 29

第3節　優・優戯・参軍戯 ……………………… 32

第4節　歌舞・歌舞戯 …………………………… 38

第5節　説唱と演劇 ……………………………… 48

第6節　寺廟における上演と瓦舎勾欄 ………… 56

第7節　宋雑劇と金院本 ………………………… 64

第2章　南戯と北雑劇
（12世紀——15世紀）…………………… 74

第1節　南　戯 …………………………………… 76

第2節　北雑劇 …………………………………… 94

第3章　明清伝奇と雑劇
（14世紀──18世紀） ……… 120

第1節　声腔と上演 ……… 122

第2節　作家と作品 ……… 138

第4章　花部乱弾およびその他
（18世紀──19世紀） ……… 212

第1節　弦索腔系 ……… 216

第2節　梆子腔系 ……… 223

第3節　乱弾腔系 ……… 236

第4節　吹撥腔系 ……… 240

第5節　皮黄腔系 ……… 243

第6節　少数民族の演劇 ……… 254

第7節　京　劇 ……… 259

第8節　民間小戯 ……… 278

主要地方劇分布一覧表 ……… 283

用語集 ……… 284

図版一覧 ……………………………………… 287

補説

江戸時代における中国演劇の受容
　　　　　　　　　　　岡崎由美 ……… 293

描かれた中国演劇
―近代日本人の中国演劇への視線―
　　　　　　　　　　　平林宣和 ……… 300

刺繡部屋の令嬢たち
―明代伝奇における刺繡の場面から―
　　　　　　　　　　　川　浩二 ……… 306

あとがき ……………………………………… 317

監修者あとがき ……………………………… 319

凡　例

1．本書の表記は、現代日本語、現代かなづかいを用いた。
2．本文中の（　）は原書注であることを示し、〔　〕は翻訳者が加えた訳注であることを示す。
3．本文中に引用される古典文献については、文語文（漢文）と白話文に関わらず、わかりやすさを考慮して、現代日本語に翻訳した。
4．外来語由来で漢字転写された地名・人名などについては、通行するカタカナ表記がある場合、カタカナで示した。例：アスターナ、オゴタイ
5．地名・人名・書名などの固有名詞、および読み方がわかりづらいと思われる漢字には、節ごとに初出のものにルビをつけた。
6．図版は原著通りの通し番号で配列したが、一部キャプションとの関係で、どれを指すのかわかりにくい場合は、レイアウトを変更した。

中国演劇史の見取り図

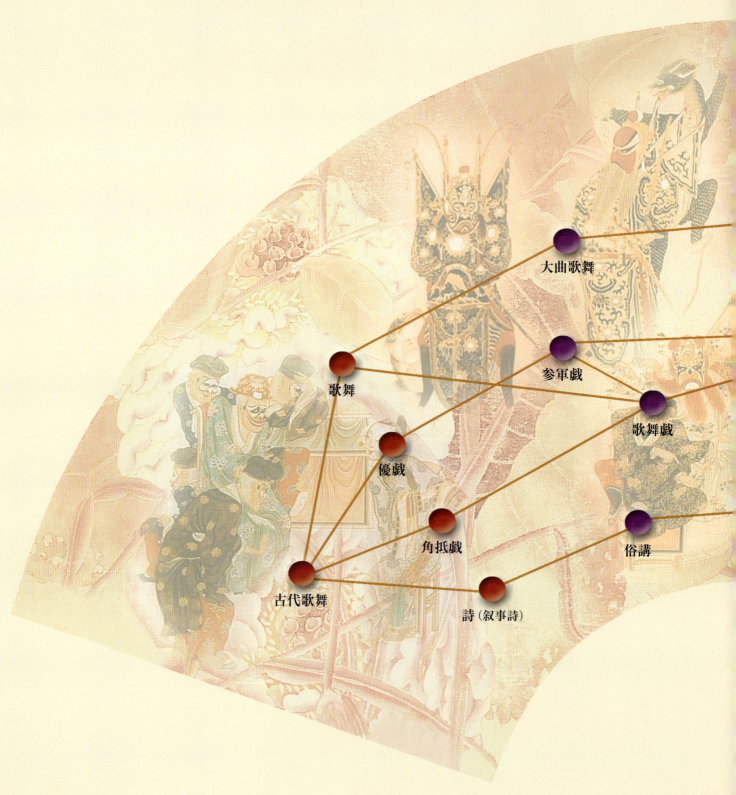

- ● 古代・漢
- ● 隋・唐
- ● 宋・金・元
- ● 明・清

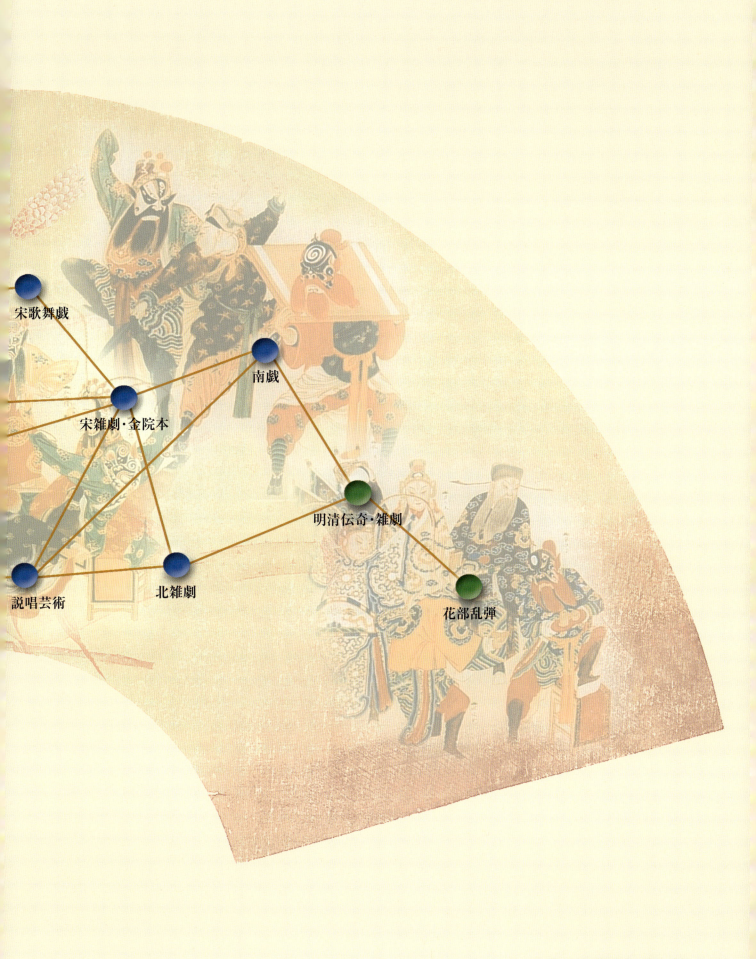

図1　中国演劇史の見取り図

第1章 演劇の起源と形成
（紀元前――12世紀まで）

中国演劇は原始社会の歌舞を起源とする。巫〔シャーマン〕が神に仕えるには、必ず歌舞を用い、これに続いた「優」は楽を職務とした。西周末期には優（「俳優」、「倡優」、「優伶」）が出現した。漢代には文化芸術の交流が盛んに行われ、民間の芸術が宮廷に流入した。漢の武帝のときには、みやこ長安で百戯が一堂に会して演じられ、隆盛した様子を呈した。歌舞、百戯、俳優の発展と融合は、魏晋南北朝を経て連綿と途絶えることなく続いた。隋・唐の両朝では多彩で豊富な宮廷の楽舞、民間歌舞、そして仏教や道教の寺院で物語を歌い語る俗講は、伝統演劇の源流と密接な関わりがあると共に、演劇の形成に対して積極的に影響を与えた。登場人物がいて、ストーリーがあり、滑稽諧謔を弄する歌舞戯と参軍戯（すなわち戯弄）は独特の演劇上演の形式を形成し、伝統演劇の雛型も兼ね具えていた。

　宋代、宮廷の教坊〔宮廷に仕える楽人や俳優、妓女が技芸を習得し、また作曲や編劇に携わる機関〕による百戯や歌舞の集合上演と市井の「瓦舎〔繁華街〕」、「勾欄〔劇場〕」での様々な芸能が上演を競い合い、相互に交流することで、芸術と芸人は次第に商品化、職業化していった。唐代の歌舞戯と参軍戯の伝統を受け継いでさらに発展した宋雑劇や金院本の俳優、および唱賺、諸宮調、講史など説唱の芸人は、「書会才人〔脚本家〕」との協力のもとに、絶えず刷新を続け、ついに独立した総合舞台芸術の様式が形成された。これが南方の「永嘉戯曲」である。時は西暦12世紀末であった。

翻訳者概要

　中国伝統演劇の起源を歌舞とする説は、清末民国初期の戯曲研究家王国維『宋元戯曲史』が最初に唱え、現在の中国においても定説である。中国に限らず、世界各地の民俗芸能において、歌謡と舞踊が古い歴史を持つものは少なくない。祝祭や娯楽、宗教儀礼、あるいは労働の現場で享受された歌舞芸能の中には、それ自体演劇性を帯びたものもあれば、後世に演劇へと発展したものもある。むろん、伝統演劇の形成過程は各地の社会事情や文化環境によって異なってくる。中国の伝統演劇はどのような道をたどったのだろうか。

　本章は、中国伝統演劇独自の歌劇の様式が成立する以前の、いわば演劇の醸成期とされる時期を扱う。もちろんこの時代にも演劇性を有した芸能はあり、それらのさまざまなパフォーマンスの形態が、後世の本格的な演劇形成の土壌となっているため、本章で提示される資料は広く芸能史全般の様相を呈し、芸能の担い手や上演環境にも及ぶ。紀元前から唐・宋代の長きにわたり、中国の人々が生活の中でパフォーミング・アートをどのように享受していたのか、それを俯瞰するには最もバラエティに富む一章であろう。滑稽芸や物まね、手品、軽業、人形遣い、獣使いなど多種多様な芸能は、漢代に百戯、唐代に散楽と称した。散楽は、奈良時代には日本にも渡来し、後世の猿楽や狂言、人形芝居などに影響を与えたとされ、日本古代の芸能史を窺う上でも無縁ではない。

　古代においては当時の芸能の全貌を明らかにするような詳細な文字資料に乏しく、考古学の発掘による出土品—壁画や彫刻、塑像、墳墓の副葬品が、文字資料の不足を補って余りある重要な資料となる。例えば、漢代の墓群から発見される例の多い陶俑は、王侯貴族が死後も現世と変わらぬ生活を享受するための副葬品であるため、娯楽を含めた現世の生活の様子が克明にミニチュアでかたどられている。

　舞台建築の遺跡も中国独自の演劇空間が見てとれる。中国では近代まで、固定した観客席を設けた劇場建築はなく、演劇空間は融通無碍であった。宮廷や富豪の邸宅や茶屋料亭、寺院や神廟の境内、市場地の広場などに舞台を作れば、そこが劇場になった。舞台建築は音響効果も計算して設計した壮麗な建物が少なからず残っており、2階建ての舞台も見受けられるが、観客は露天での立ち見か、あるいは臨時に桟敷席が設けられた。現在でも農村の祭祀演劇などでは、露天上演が珍しくない。開放的な舞台上に俳優の歌が響き渡り、聞こえる限りの範囲にいる人々が観客（聴衆）としてそれを共有する。おおらかな演劇空間と言えよう。

第1節　歌舞・百戯

　原始社会の歌舞は、氏族集団の狩猟、農耕、戦争、繁栄、祝祭などの活動を表現し、祖先や神、トーテムへの崇拝や労働、生活への情熱を反映したものである。

図2　新石器時代の舞踏紋陶盆
青海大通県上孫家寨出土

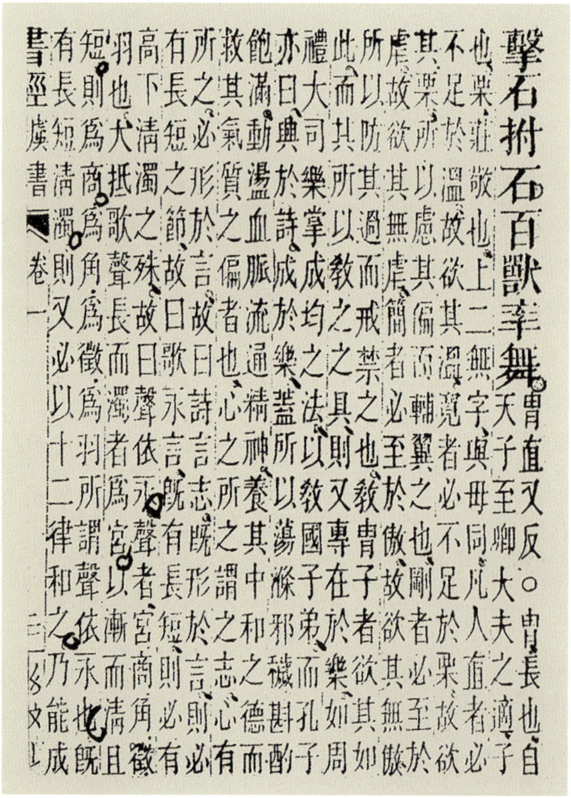

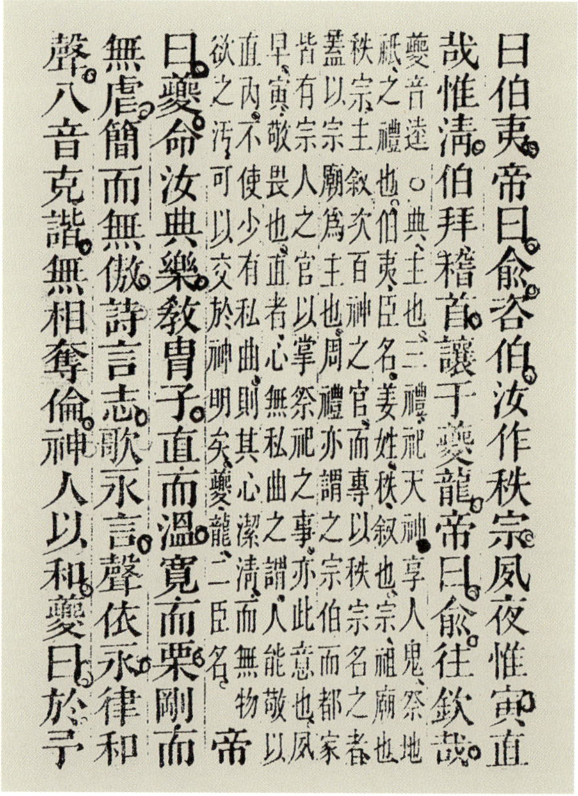

図3　『書経』
『虞書・舜典』に「石を撃ち石を拊ち、百獣率舞う〔石を叩いてリズムを取ると、様々な獣がみな舞う〕」の文字があり、古代の人々の狩猟の情景を模した舞楽の活動が記載されている。

図4 舞踊の壁画
寧夏石嘴山石刻

図5 狩猟の壁画
内蒙古アラシャン石刻

図6 新石器時代の骨笛
浙江余姚河姆渡出土

図7 舞踊の壁画
甘粛黒山石刻

図8 戦争の壁画
雲南滄源第六地点石刻

第1章　演劇の起源と形成

図9　太陽神とシャーマンの壁画
雲南滄源第七地点石刻

図10　生殖崇拝の壁画
新疆フトゥピ石刻

原始時代の歌舞は、奴隷社会に入って後、奴隷の主人である貴族の功績を歌い、人徳を称揚する手段へと変化し、国家の祭典儀式における重要な部分となった。

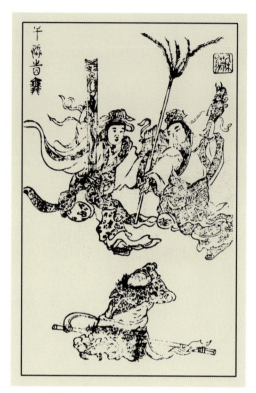

図11 『九歌(きゅうか)』図

宋・李公麟(りこうりん)『楚辞図(そじず)』部分

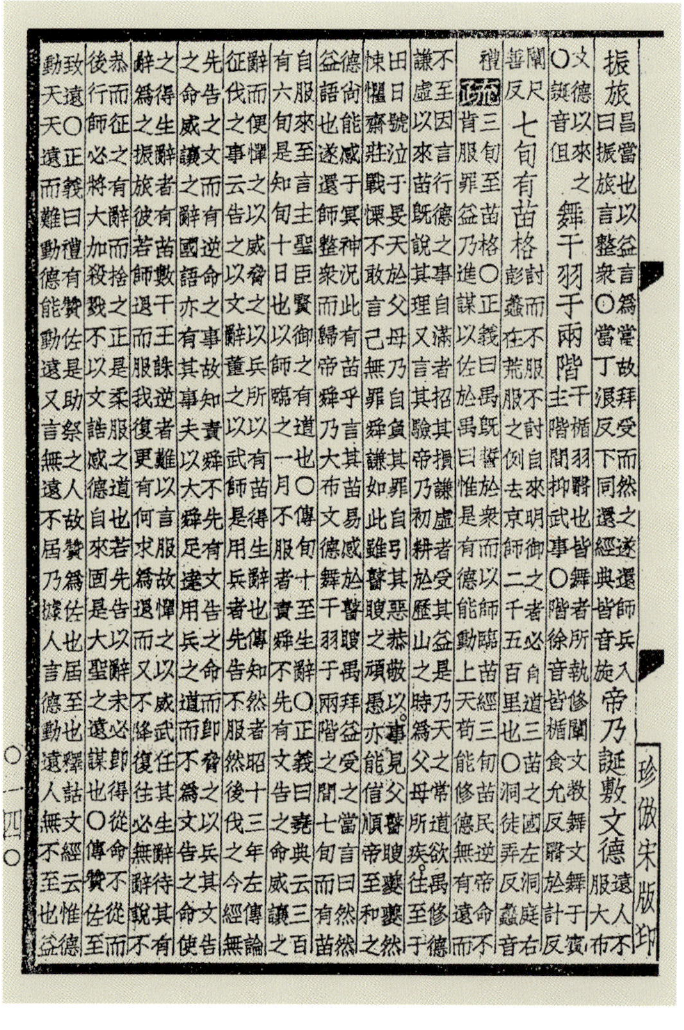

珍倣宋版印
振旅昌當也以益言爲當故拜受而然之遂還師兵入曰振旅言整衆○當丁浪反下同還之經典皆音旋帝乃誕敷文德遠人不服大布
文德以來之○誕音但舞干羽于兩階干楯羽翳也皆舞者所執修闡文教舞文舞于賓主階間抑武事○階徐音皆楯食允反翳於計反
闡尺善反七旬有苗格討而不服不討自來明御之者必自道三苗之國左洞庭右彭蠡在荒服之例去京師二千五百里也○洞徒弄反蠡音
禮疏三旬至苗格○正義曰禹既誓於衆而以師臨苗經三旬苗民逆帝命不背服罪益乃進謀以佐於禹曰惟是有德能動上天苟能修德無有遠而
不至因言行德之事自滿者招其損謙虛者受其益是乃天之常道欲禹修德謙虛以來苗既說其理又言其驗帝乃初耕於歷山之時爲父母所疾往至于
田日號泣于旻天於父母乃自負其罪自引其惡恭敬以事見父瞽瞍夔夔然悚懼齋莊戰慄不敢言己無罪舜謙如此雖瞽瞍之頑愚亦能信順帝至和之
德尚能感于冥神況此有苗乎言其易感於瞽瞍禹拜益受之當言曰然然益語也遂還師整衆而歸帝舜乃大布文德舞干羽于兩階之間七旬而有苗
自服來至言主聖臣賢御之有道也○傳旬十至生辭○正義曰堯典云三百有六旬是知旬十日也以師臨之一月不服者責舜不先有文告之命威讓之
辭而便憚之以威脅之以兵所以有苗得生辭也傳知然者昭十三年左傳論征伐之事云告之以文辭董之以武師是用兵者先告不服然後伐之今經無
先告之文而有逆命之事故知責舜不先有文告之命而即脅之以兵其文告之命威讓之辭國語亦有其事夫以大舜足達用兵之道而不爲文告之命使
之得生辭者有苗數干王誅逆者難以言服故憚之以威武任其生辭待其有辭爲之振旅彼若師退而服我復更有何求爲退而又不降復往必無辭說不
恭而征之有辭而捨之正是柔服之道也若先告以辭未必即得從命不從而後行師必將大加殺戮不以文誥感德自來固是大聖之遠謀也○傳贊佐至
致遠○正義曰禮有贊佐是助祭之人故贊爲佐也居至也釋詁文經云惟德動天天遠而難動德能動遠又言無遠不居乃據人言德動遠人無不至也益
○一四○

図12 『書経(しょきょう)』

『尚書(しょうしょ)・大禹謨(だいうぼ)』に、「干羽を両階に舞う〔宮廷の東西の階(きざはし)の前で盾と羽を持って舞う〕」との記載がある。大禹(だいう)が有苗氏(ゆうびょうし)を征服した際の文武の功績を記述したものと伝えられる。

第1章　演劇の起源と形成

図13　楚墓漆瑟彩色巫師楽舞図

河南信陽長合関 1957 年出土。図には狩猟、宴会、楽舞、祭祀などの内容が見られる。楽舞と祭祀は「神と通じ」、「舞によって神おろしをする」巫師が執り行った。

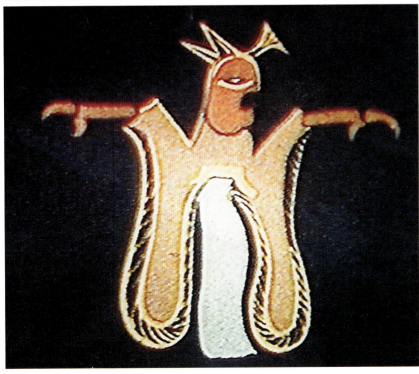

図14　先秦越族のトーテム祭祀

浙江紹興獅子山 308 号墓より 1982 年発掘。八角雲紋トーテム柱上部のキジバトは、天の高みにいる神を象徴し、六人の裸身の楽人が廟堂で祭祀を行っている。

図15　方相氏
宋『三祀図』挿図：矛と盾を持ち仮面をかぶった方相氏は、疫鬼を追い払う鬼やらいの主導者であった。

図16　『大武図』
大規模な宮廷の群舞は、周の武王が商の紂王を討伐し淮夷を平定した功績と徳を表現している。

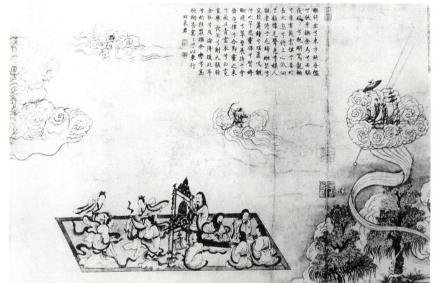

図17　『九歌』図巻
宋・李公麟『楚辞図』部分：シャーマニズムが盛んであった楚国の祭祀や歌舞のありさまを描いている。

図18　大儺図
北宋・作者不詳。民間の鬼やらい。

百戯は「散楽」とも称し、秦代にはすでに存在していた。漢代は百戯が極めて隆盛した。これは様々な民間の諸芸能や楽舞を総合したもので、種類は非常に多く、漢代の文化芸術の繁栄、発達の重要な指標であった。

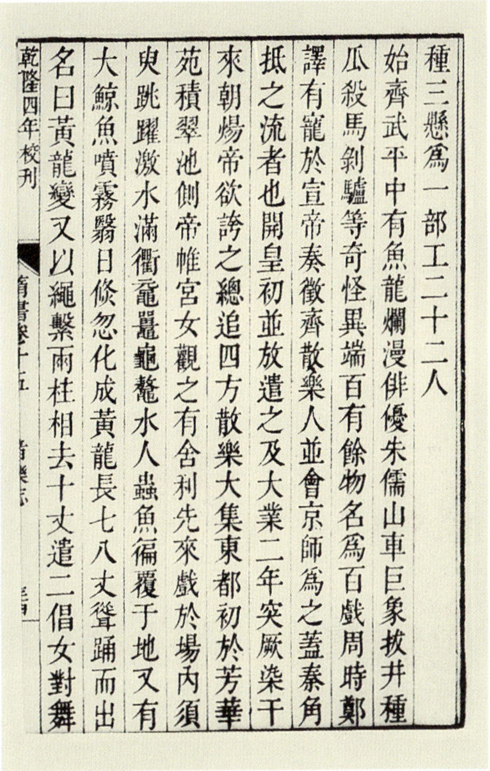
種三懸爲一部工二十二人
始齊武平中有魚龍爛漫俳優朱儒山車巨象拔井種
瓜殺馬剝驢等奇怪異端百有餘物名爲百戲周時鄭
譯有寵於宣帝奏徵齊散樂人並會京師爲之蓋秦角
抵之流者也開皇初並放遣之及大業二年突厥染干
來朝煬帝欲誇之總追四方散樂大集東都初於芳華
苑積翠池側帝帷宮女觀之有舍利先來戲於場內須
臾跳躍激水滿衢黿鼉龜鼇水人蟲魚徧覆于地又有
大鯨魚噴霧翳日倏忽化成黃龍長七八丈聳踊而出
名曰黃龍變又以繩繫兩柱相去十丈遣二倡女對舞

乾隆四年校刊　隋書卷十五　音樂志

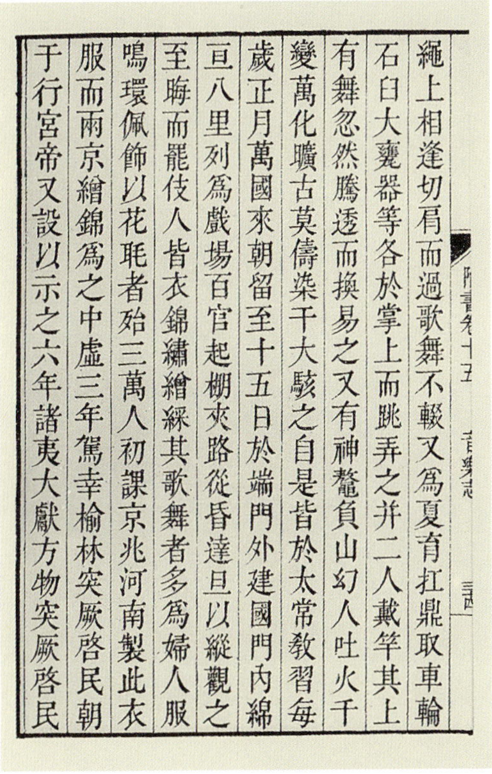
繩上相逢切肩而過歌舞不輟又爲夏育扛鼎取車輪
石臼大甕器等各於掌上而跳弄之并二人戴竿其上
有舞忽然騰透而換易之又有神鼇負山幻人吐火千
變萬化曠古莫儔染干大駭之自是皆於太常教習每
歲正月萬國來朝留至十五日於端門外建國門內綿
亘八里列爲戲場百官起棚夾路從昏達旦以縱觀之
至晦而罷伎人皆衣錦繡繒綵其歌舞者多爲婦人服
鳴環佩飾以花毦者殆三萬人初課京兆河南製此衣
服而兩京繒錦爲之中虛三年駕幸榆林突厥啓民朝
于行宮帝又設以示之六年諸夷大獻方物突厥啓民

隋書卷十五　音樂志

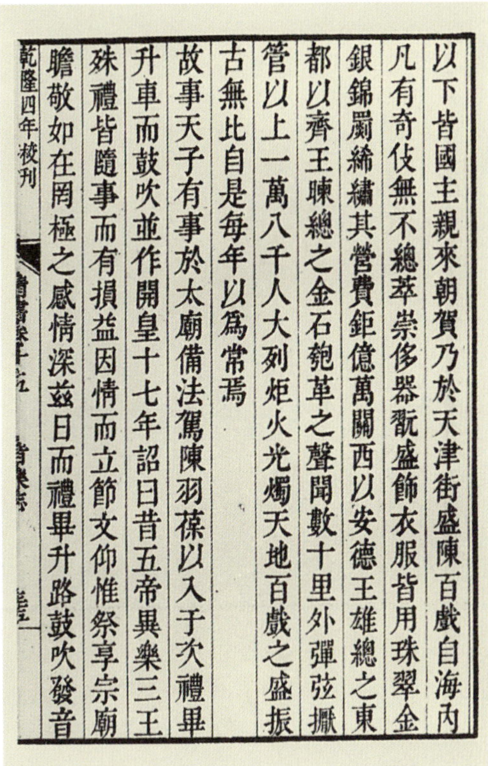
以下皆國主親來朝賀乃於天津街盛陳百戲自海內
凡有奇伎無不總萃崇侈器翫盛飾衣服皆用珠翠金
銀錦罽絺繡其營費鉅億萬關西以安德王雄總之東
都以齊王暕總之金石匏革之聲聞數十里外彈弦擪
管以上一萬八千人大列炬火光燭天地百戲之盛振
古無比自是每年以爲常焉
故事天子有事於太廟備法駕陳羽葆以入于次禮畢
升車而鼓吹並作開皇十七年詔曰昔五帝異樂三王
殊禮皆隨事而有損益因情而立節文仰惟祭享宗廟
瞻敬如在罔極之感情深茲日而禮畢升路鼓吹發音

乾隆四年校刊　隋書卷十五　音樂志

図19『隋書・音楽志』

隋の煬帝が東都に散楽百戯を大いに集め、外国からの賓客を招待して、魚龍の練り歩き、綱渡り、鼎の重量挙げ、竿のぼり、火噴き、大規模な群舞などを観覧したことが記載されている。

繩下○又有新聲自河西至者號胡音聲與龜茲樂散
樂俱爲時重諸樂咸爲之少寢
散樂 隋以前謂之百戲
散樂非部伍之聲俳優歌舞雜奏○後漢天子臨軒設
樂舍利獸從西方來戲於殿前激水化成比目魚跳躍
嗽水作霧翳日而化成黃龍長八丈出水遊戲輝耀日
光以兩大繩繫兩柱相去數丈二倡女對舞行於繩上
切肩而不傾如是雜變總名百戲○江左猶有高絙紫
鹿跂行鼈食齊王捲衣笮鼠夏育扛鼎巨象行乳神龜
抃戲背負靈岳桂樹白雪畫地成川之伎○晉成帝咸
康七年散騎侍郎顧臻表曰末代之樂設禮外之觀逆
行連倒四海朝覲言觀帝庭而足以蹈天頭以履地反
天地之順傷彝倫之大乃命太常悉罷之其後復高絙
紫鹿又有天台山伎○齊武帝脅遣主書董仲民按孫
興公賦造莓苔石橋道士捫翠屏之狀尋省焉○梁又
設跳鈴劍擲倒獮猴幢青紫鹿緣高絙變黃龍弄龜等
伎陳氏因之○後魏道武帝天興六年冬詔太樂總章
鼓吹增修雜戲造五兵角觝麒麟鳳凰仙人長蛇白象
白武及諸畏獸魚龍辟邪鹿馬仙人車高絙百尺長趫
幢跳丸以備百戲大饗設之於殿前明元帝初又增修
之撰合大曲更爲鐘鼓之節○北齊神武平中山有魚
龍爛漫俳優侏儒山車巨象拔井種瓜殺馬剝驢等奇
怪異端百有餘物名爲百戲○後周武帝保定初詔罷
元會殿庭百戲宣帝卽位鄭譯奏徵齊散樂並會京師
爲之蓋秦角觝之流也而廣召雜伎增修百戲魚龍漫
衍之伎常陳於殿前累日繼夜不知休息○隋文帝開
皇初周齊百戲並放遣之煬帝大業二年突厥染干來

朝帝欲夸之總追四方散樂大集東都於華林苑積翠
池側帝令宮女觀之有舍利繩柱等如漢故事又爲夏
育扛鼎取車輪石臼大盆器等各於掌上而跳弄之并
二人戴竿其上舞忽然騰透而換易千變萬化曠古莫
儔染干大駭之自是皆於太常教習每歲正月萬國來
朝留至十五日於端門外建國門內綿亘八里列爲戲
場百官起棚夾路從昏達曙以縱觀之至晦而罷伎人
皆衣錦繡繒綵其歌者多爲婦人服鳴環佩飾以花毦
者殆三萬人初課京兆河南製此服而兩京繒錦爲之
中虛六年諸夷大獻方物突厥啟人以下皆國主親來
朝賀乃於天津街盛陳百戲自海內凡有伎藝無不總
萃崇侈器翫盛飾衣服皆用珠翠金銀錦罽絺繡其營
費鉅億萬關西以安德王雄總之東都以齊王暕總之
金石匏革之聲聞數十里外彈絃擫管以上萬八千人
大列炬火光燭天地百戲之盛振古無比自是每年爲
常焉○大抵散樂雜戲多幻術皆出西域始於善幻人
至中國漢安帝時天竺獻伎能自斷手足剌腸胃自
是歷代有之大唐高宗惡其驚人敕西域關津不令入
中國睿宗時婆羅門獻樂舞人倒行而以足舞極銛刀
鋒倒植於地抵目就刃以歷臉中又於背下吹篳篥其
腹上曲終而亦無傷又伏伸其手兩人躡之旋身繞手
百轉無已漢代有橦末伎又有盤舞晉代加之以柸謂
之柸盤舞梁有長橋伎跳鈴伎擲倒伎跳劍伎今並存
又有舞輪伎蓋今之戲車輪者透三峽伎蓋今之透飛
梯之類也高絙伎蓋今之戲繩者也梁有獮猴幢伎今
有緣竿伎又有獮猴緣竿伎未審何者爲是又有弄椀
珠伎歌舞戲有大面撥頭踏搖娘窟礧子等戲元宗以

図20　唐・杜佑『通典』

「散楽」の項に「散楽は、隋以前には百戯といった」とあり、併せて漢代から唐代までの百戯の状況が記載されている。

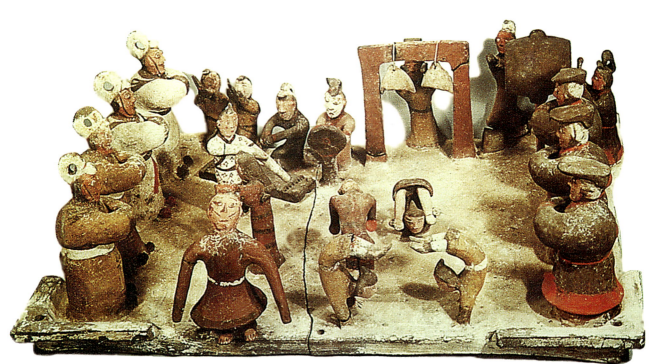

図21　前漢楽舞百戯彩陶俑群

山東済南無影山1964年出土。前列左は女二人男一人が舞踊をしている。前列右は逆立ちする男が二人、腰を曲げた男が一人、柔軟芸をする男が一人。後列左から、女二人が笛を吹き、五人の男がそれぞれ琴を弾き、太鼓を打ち、鐘を叩き、大太鼓を打つ。両側には合計七人がこれを鑑賞している。

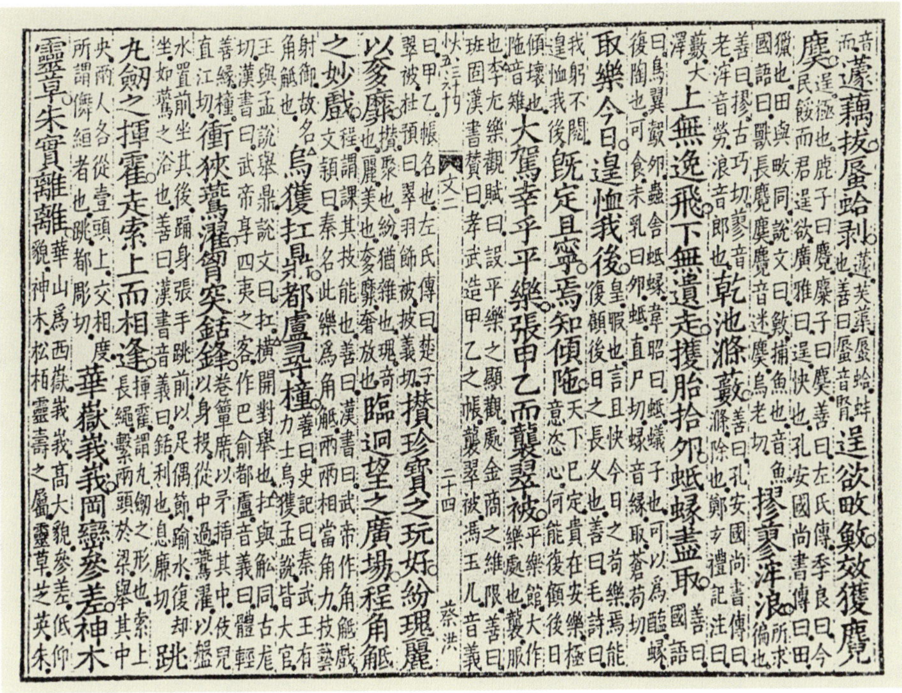

図22 後漢・張衡『西京賦（せいけいふ）』
広場で角抵〔すもう〕、扛鼎〔鼎挙げ〕、尋橦〔竿軽業〕、「狭きを衝きて燕濯し、胸に銛鋒を突く〔内側に鋭い刃を立てた狭い輪の中を飛燕のようにくぐり抜ける〕」、跳丸〔ボールジャグリング〕、走索〔綱渡り〕などの百戯を演じたありさまが記載されている。

図23 漢代盤舞画像磚（かんだいばんぶがぞうせん）
四川彭県出土（しせんほうけん）

図24 漢代百戯画像磚（かんだいひゃくぎがぞうせん）
四川成都羊子山２号墓より発掘（しせんせいとようしざん）

図25　後漢楽舞百戯画像石

山東沂南北寨村1954年出土。演者28人、パフォーマンスの種類は、跳丸剣〔ボールやナイフのジャグリング〕、擲倒〔逆立ちやとんぼ返り〕、尋橦、跟掛〔足先で高所からぶら下がって行うアクロバット〕、腹旋〔梯子乗りの類〕、高絙〔綱登りや綱渡り〕、馬技〔曲馬〕、戯龍・戯鳳・戯豹・戯魚〔鳥獣の仮装をして行う芸能〕、戯車〔馬車の曲乗り〕、七盤舞〔タップダンスの類。太鼓の上で足を踏み鳴らして踊る〕、建鼓舞〔大太鼓を打ち鳴らしつつ踊る〕。楽隊は22人、楽器は鐘、磬、鼓、鼗〔ふりつづみ〕、排簫、竪笛、笙、瑟、塤〔つちぶえ〕

図26　東晋宴楽壁画
甘粛酒泉丁家閘5号墓より発掘

図27　漢代宴楽百戯壁画
河南密県打虎村1961年出土

図 28　漢代楽舞百戯陶灯と陶俑
河南洛陽出土

図 29　漢代百戯陶楼
河南霊宝出土

図30 張儀潮出巡図
歌舞百戯の一部。甘粛敦煌莫高窟156窟唐代壁画

図31 唐代百戯俑

新疆トルファン、アスターナ古墓群より発掘。頂竿〔竿軽業〕、獅舞、馬舞、仮面のパフォーマンスを型取っており、その中には百戯の上演に加わった黒人を表現したものもある。

第2節　角抵・角抵戯

　角抵は、戦国時代を起源とするといわれ、秦代、漢代に流行した格闘のパフォーマンスである。漢代では次第に、物語性のある楽舞や諸芸能を演じる「角抵戯」へと変化した。

図32　前漢絹画角抵図
山東臨沂金雀山9号墓より1976年発掘

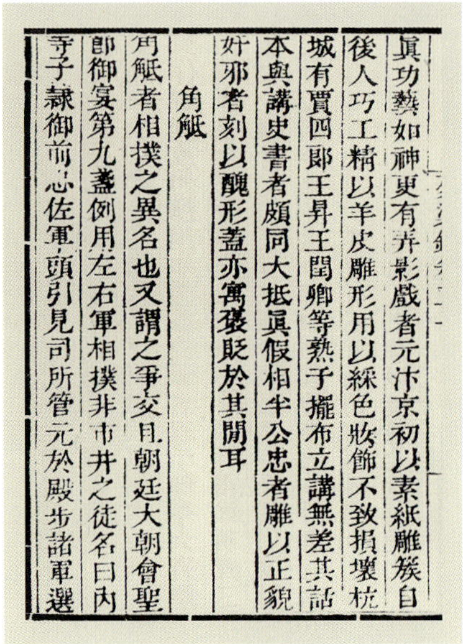

眞功藝如神更有弄影戲者元汴京初以素紙雕簇自
後人巧工精以羊皮雕形用以綵色妝飾不致損壞杭
城有賈四郎王昇王閏卿等熟于擺布立講無差其話
本與講史書者頗同大抵眞假相半公忠者雕以正貌
奸邪者刻以醜形蓋亦寓褒貶於其間耳
角觝
角觝者相撲之異名也又謂之爭交且朝廷大朝會聖
節御宴第九盞例用左右軍相撲非市井之徒名曰內
等子隸御前忠佐軍頭引見司所管元於殿步諸軍選

図 33　宋・呉自牧『夢粱録』

「角觝〔抵に同じ〕」の条に「角觝とは相撲の異名である。また争交ともいう」と記載されている。

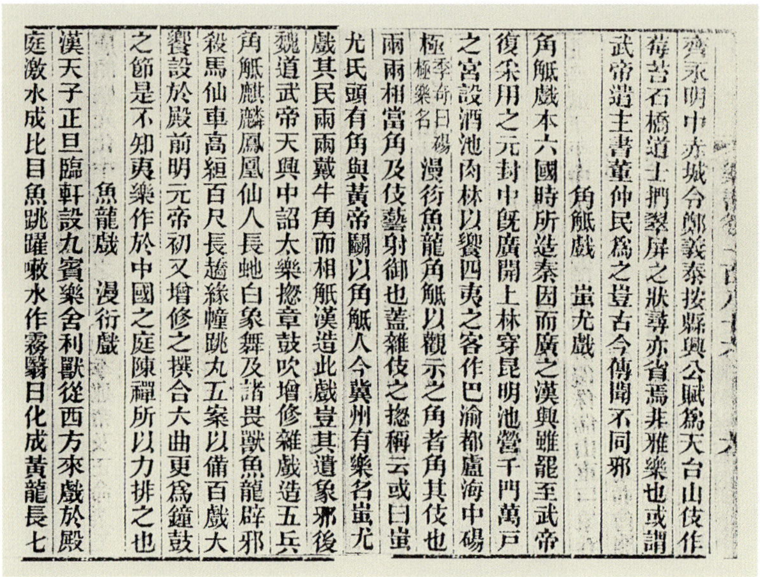

齊永明中赤城令鄭義泰按縣與公賦爲天台山伎作
莓苔石橋道士捫翠屏之狀尋亦省焉非雅樂也或謂
武帝遺主書董仲民爲之豈古今傳聞不同邪
角觝戲　蚩尤戲
角觝戲本六國時所造秦因而廣之漢興雖罷至武帝
復采用之元封中旣廣開上林穿昆明池營千門萬戶
之宮設酒池肉林以饗四夷之客作巴渝都盧海中碭
極（季奇曰碭極樂名）漫衍魚龍角觝以觀示之角者角其伎也
兩兩相當角及伎藝射御也蓋雜伎之摠稱云或曰蚩
尤氏頭有角與黃帝鬬以角觝人今冀州有樂名蚩尤
戲其民兩兩戴牛角而相觝漢造此戲豈其遺象邪後
魏道武帝天興中詔太樂摠章鼓吹增修雜戲造五兵
角觝麒麟鳳凰仙人長蛇白象舞及諸畏獸魚龍辟邪
殺馬仙車高絙百尺長趫緣幢跳丸五案以備百戲大
饗設於殿前明元帝初又增修之撰合六曲更爲鐘鼓
之節是不知夷樂作於中國之庭陳禪所以力排之也
魚龍戲　漫衍戲
漢天子正旦臨軒設九賓樂舍利獸從西方來戲於殿
庭激水成比目魚跳躍嗽水作霧翳日化成黃龍長七

図 34　宋・陳暘『楽書』

「一説に蚩尤氏は頭に角があって黄帝と戦い、角で人を突いたという。今、冀州に『蚩尤戯』という芸能がある」と記載されている。

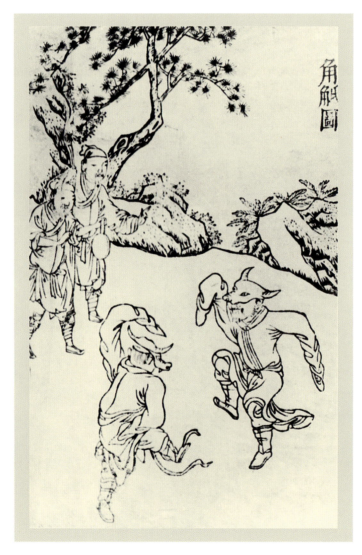

図 35　角觝図（蚩尤戯）

明刊『三才図絵』の挿図

西京雜記卷第三
丹陽葛洪稚川
余所知有鞠道龍善爲幻術向余說古時事有東海
人黃公少時爲術能制蛇御虎佩赤金刀以絳繒
束髮立興雲霧坐成山河及衰老氣力羸憊飲酒
過度不能復行其術秦末有白虎見於東海黃公
乃以赤刀往厭之術既不行遂爲虎所殺三輔人
俗用以爲戲漢帝亦取以爲角抵之戲焉　又說
淮南王好方士方士皆以術見遂有畫地成江河

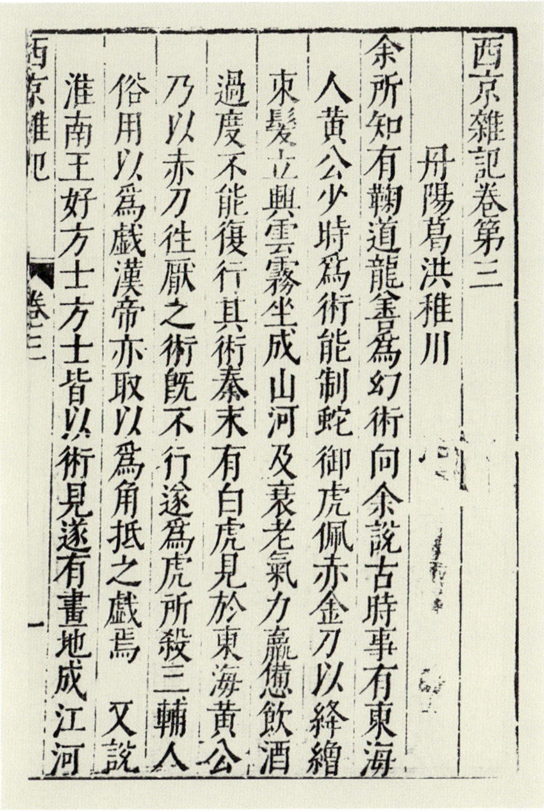

図36　晋・葛洪『西京雑記』

「東海黄公」の角抵戯に関する記載がある。秦末に東海の人で黄公という者がおり、若いころは虎や蛇を捕らえる法術を会得していたが、年老いて体が衰え、酒も飲みすぎて術が利かなくなった。虎退治に出かけたものの、虎に殺された、という。漢代の画像石など文物の中には、人と虎が格闘する内容の図像がある。

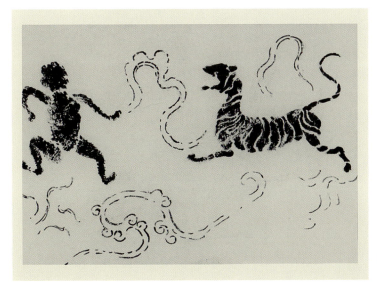

図37　漢代狩猟瑠璃鐘装飾文様に見られる人と虎の格闘（拓本）

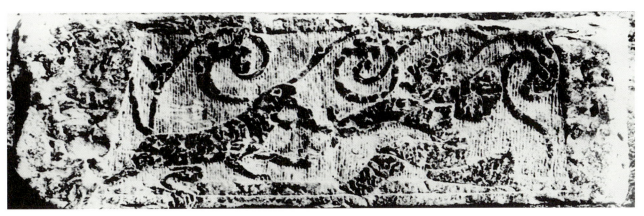

図38　漢代画像石の人と虎の格闘モチーフ

第3節　優・優戯・参軍戯

「優」の誕生は早い。記録によると、西周の幽王の宮廷で誕生した。優は帝王貴族の弄臣〔主君の話相手をする臣下〕である。歌舞が得意で、話をすれば滑稽諧謔を弄し、笑いのタネを提供した。また、他人のものまねに長け、機会があれば帝王を遠まわしに諫めることもあった。 漢代になると、「優」は帝王が臣下を諷め喩す手段に変化した。隋・唐時代、上演形式は次第に固定化し、役柄が「参軍」と「蒼鶻」の二つに発展すると共に、簡単なストーリーを持つようになった。これ以後、優戯は「参軍戯」と呼ばれる。

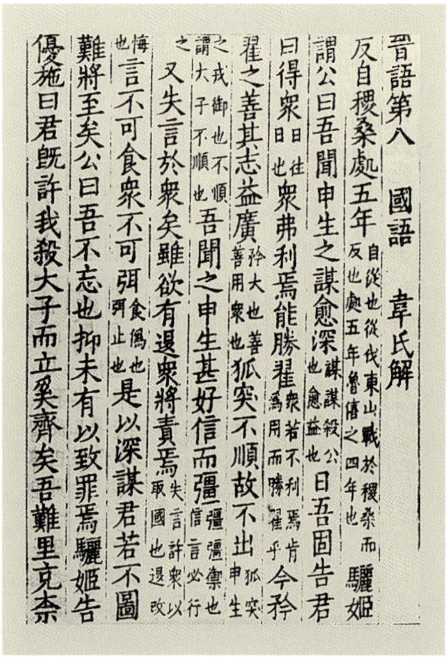

晉語第八　國語　韋氏解
反自稷桑處五年（自從也從伐東山戰於稷桑而反也處五年魯僖之四年也）驪姬
謂公曰吾聞申生之謀愈深（謀謀殺公也愈益也）日吾固告君
曰得衆（曰往日也）衆弗利焉能勝翟（衆若不利焉肯爲用而勝翟乎）今矜
翟之善其志益廣（矜大也善善用衆也）狐突不順故不出（狐突申生
之戎御也不順謂大子不順也）吾聞之申生甚好信而彊（彊彊禦也信言必行
之）又失言於衆矣雖欲有退衆將責焉（失言許衆以取國也退改
悔也）言不可食衆不可弭（食僞也弭止也）是以深謀君若不圖
難將至矣公曰吾不忘也抑未有以致罪焉驪姬告
優施曰君既許我殺大子而立奚齊矣吾難里克柰

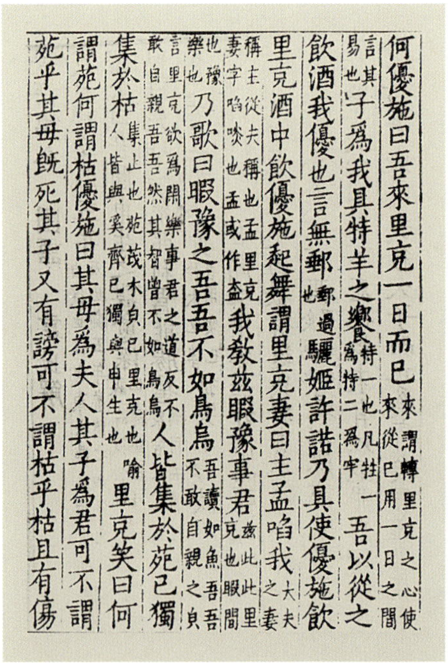

何優施曰吾來里克一日而已（來謂轉里克之心使來從己用一日之間）
（言其易也）子爲我具特羊之饗（特一也凡牲一爲特二爲牢）吾以從之
飲酒我優也言無郵（郵過也）驪姬許諾乃具使優施飲
里克酒中飲優施起舞謂里克妻曰主孟啗我（大夫之妻
稱主從夫稱也孟里克妻字啗啖也孟或作盇）我敎兹暇豫事君（兹此也此里克也暇閒
也豫樂也）乃歌曰暇豫之吾吾不如鳥烏（吾讀如魚吾吾不敢自親之貌
言里克欲爲閒樂事君之道反不敢自親吾吾然其智曾不如鳥烏）人皆集於苑己獨
集於枯（集止也苑茂木貝己里克也喻人皆與奚齊己獨與申生也）里克笑曰何
謂苑何謂枯優施曰其母爲夫人其子爲君可不謂
苑乎其母既死其子又有謗可不謂枯乎枯且有傷

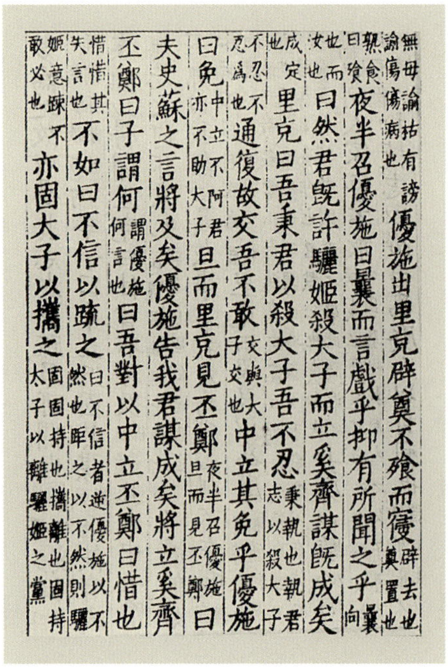

（無母論枯有謗論傷傷病也）優施出里克辟奠不飧而寢（辟去也奠置也
熟食曰飧）夜半召優施曰曩而言戲乎抑有所聞之乎（曩向
也而汝也）曰然君既許驪姬殺大子而立奚齊謀既成矣
（成定也）里克曰吾秉君以殺大子吾不忍（秉執也執君志以殺大子
不忍不忍爲也）通復故交吾不敢（交與大子交也）中立其免乎優施
曰免（中立不阿君亦不助大子）旦而里克見丕鄭（夜半召優施旦而見丕鄭）曰
夫史蘇之言將及矣優施告我君謀成矣將立奚齊
丕鄭曰子謂何（謂優施何言也）曰吾對以中立丕鄭曰惜也
（惜其失言也）不如曰不信以疏之（曰不信者逆優施以不然也畀之以不然則驪
姬意疏不敢必也）亦固大子以攜之（固固持也攜離也固持太子以離驪姬之黨）

図39『国語・晋語』

優施に関する故事がある。施という芸人が「我は優なり、言に郵なし」という。「私は芸人だから、言い間違えても過失には当たらない」という意味である。

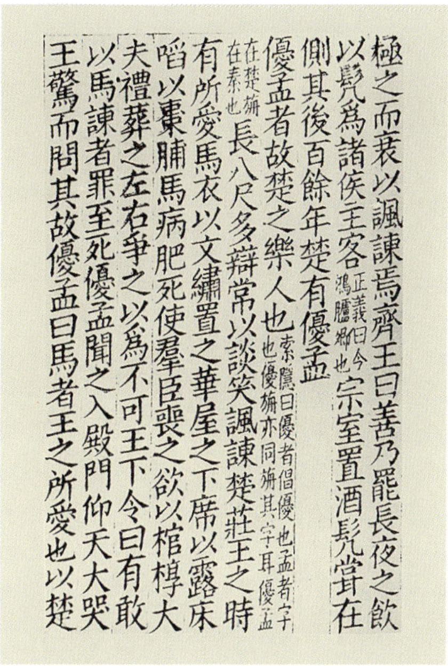

図40 『史記・滑稽列伝』
優孟に関する記載がある。「優孟という者は、もと楚の国の芸人であった。身長八尺、多弁で、滑稽諷刺の話をするのが常であった」という。また、優孟が亡き宰相の孫叔敖（そんしゅくごう）に扮装し、楚の荘王を諫めたという話も記載されており、後世「優孟衣冠（ゆうもういかん）」と称され、演劇における演技の代名詞にされることまである。これと共に、秦朝の優旃（ゆうせん）についても、「優旃という者は、秦の侏儒の芸人である。笑芸を得意としたが、（言うことは）天下の道理に叶っていた」と記載されている。

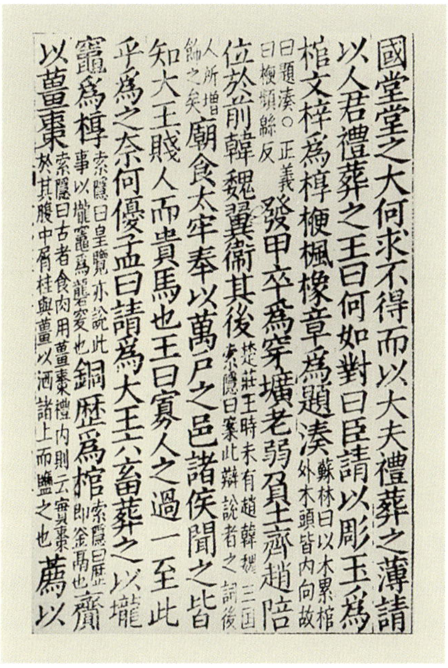

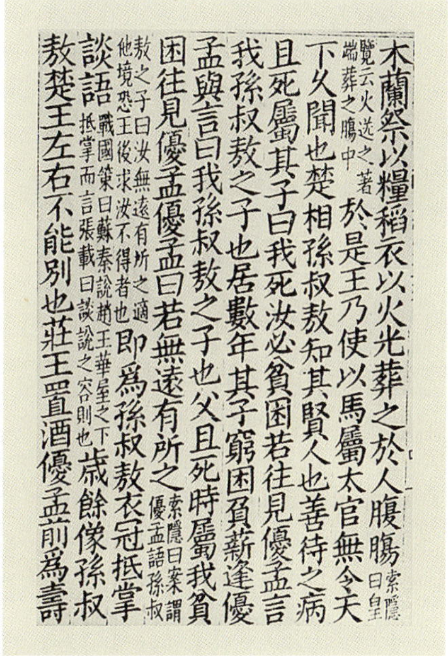

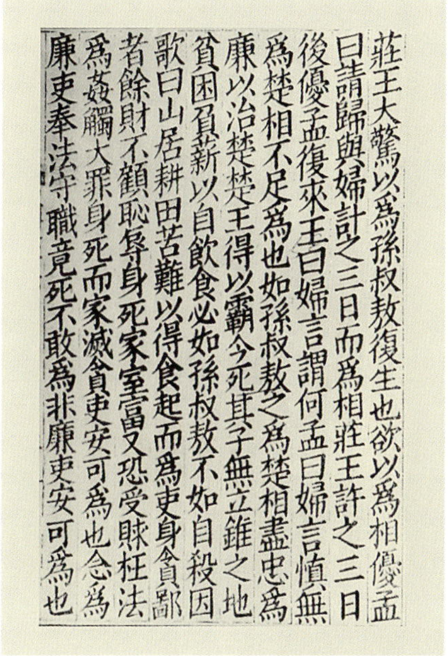

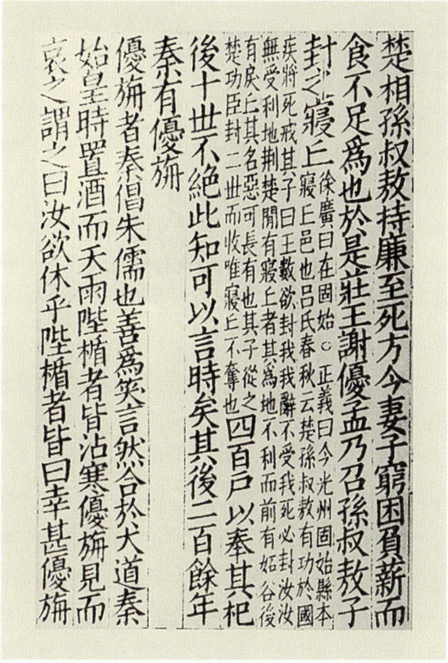

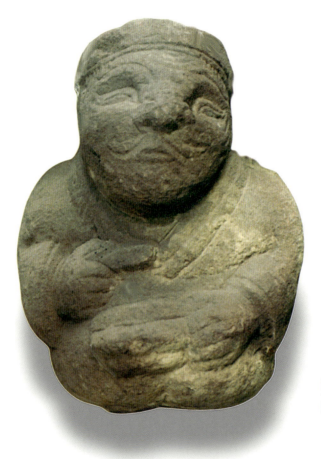

図 41　漢代撃鼓侏儒俑

四川蘆山県出土

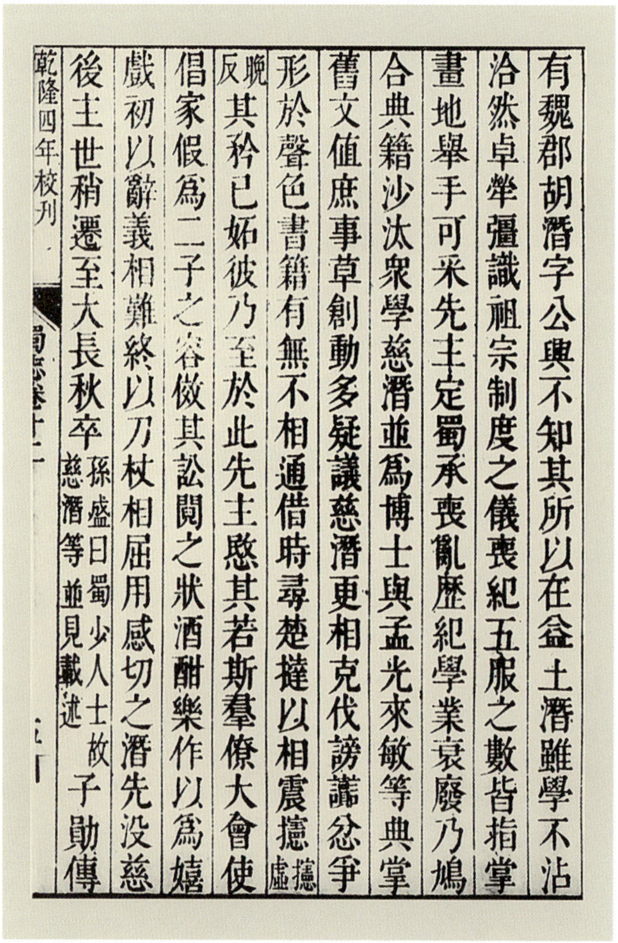

有魏郡胡潛字公興不知其所以在益土潛雖學不沾
洽然卓犖彊識祖宗制度之儀喪紀五服之數皆指掌
畫地舉手可采先主定蜀承喪亂歷紀學業衰廢乃鳩
合典籍沙汰衆學慈潛並爲博士與孟光來敏等典掌
舊文値庶事草創動多疑議慈潛更相克伐謗讟忿爭
形於聲色書籍有無不相通借時尋楚撻以相震攇攇虛
晩反其矜已妬彼乃至於此先主愍其若斯羣僚大會使
倡家假爲二子之容傚其訟鬩之狀酒酣樂作以爲嬉
戲初以辭義相難終以刀杖相屈用感切之潛先没慈
後主世稍遷至大長秋卒孫盛曰蜀少人士故慈潛等並見載述子勛傳
乾隆四年校刊

図 42　『三国志・蜀志・許慈伝』

「優」に関する記載がある。蜀国の二人の博士、許慈と胡潜は不仲であった。劉備は群臣の集まりのおり、彼らそっくりの扮装をさせた芸人たちに罵り合い殴り合う滑稽なありさまを演じさせることで、群臣たちが仲たがいせぬよう諭した、という。

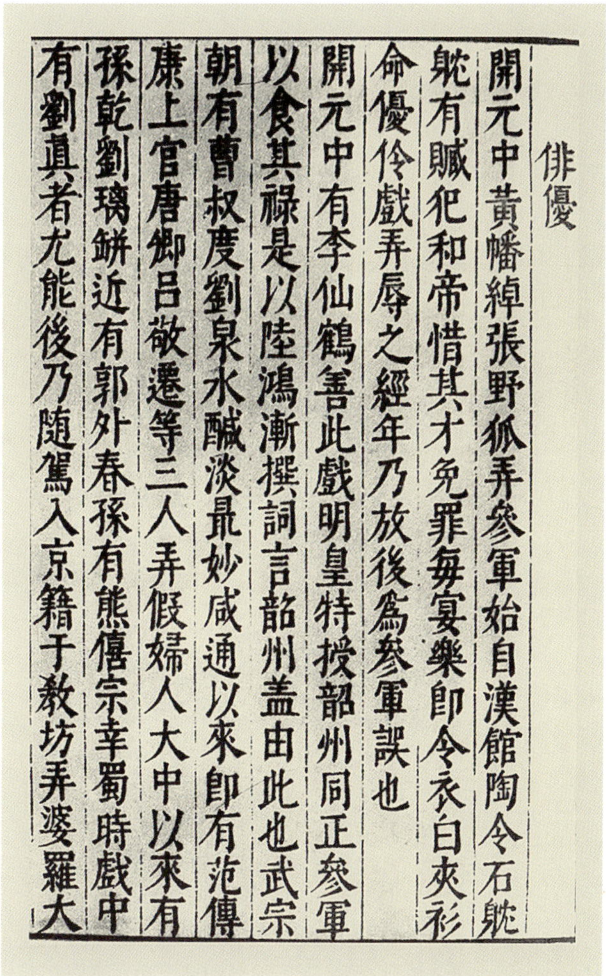

図43　唐・段安節『楽府雑録』

参軍戯に関する記載がある。「開元年間、黄幡綽、張野狐が参軍を演じた」、「開元年間、李仙鶴がこの芝居を得意とした」という。

図44　唐代侏儒弄臣壁画

陝西乾県の唐・章懐太子墓より発掘

能自斷手足刳剔腸胃自是歷代有之

御覽五百六十九　三　王申

趙書曰石勒參軍周延為館陶令斷官絹數百疋下獄以八議宥之後每大會使俳優着介幘黄絹單衣優問汝為何官在我輩中曰我本為館陶令斗數單衣曰政坐取是故入汝輩中以為笑

列女傳曰夏桀既棄禮義淫於婦人求四方美人積之後宮於俳優侏儒而為奇偉戲者取之於房造爛熳之樂

漢官典職曰正旦天子幸德陽殿作九賓樂舍利從東來戲於庭畢入殿門激水化成比目魚跳躍漱水作霧鄣日畢化成黄龍高丈八出水遨戲於庭炫燿日光以二丈絲繫兩柱中頭間相去數丈兩倡女對舞行於繩上又蹹局屈身藏形斗中鍾磬並唱樂畢作魚龍蔓延黄門鼓吹三通

賈誼連語曰衛侯喜鶴鶴有飾以文繡而乘軒者賦斂繁

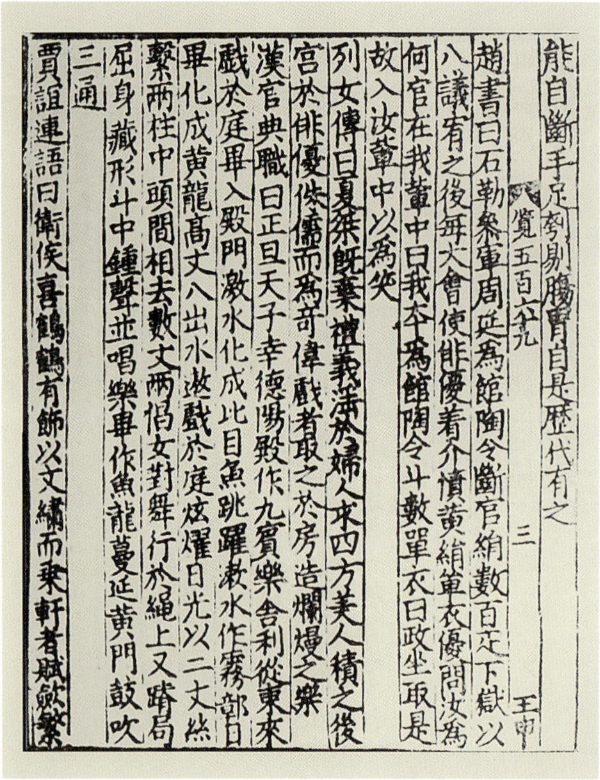

図45　宋『太平御覧・趙書』

参軍戯に関する記載がある。後趙の石勒の時代、参軍の周延が官庫の絹を横領した罪で投獄された。後に赦免されたが、朝廷で宴会があるたびに、周延に扮した「俳優（優）」を登場させ、皮肉ったりからかって面白がった、という。

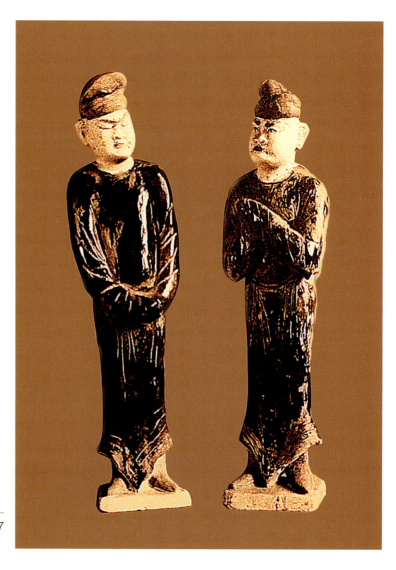

図46　参軍戯俑

陝西西安南何村の唐・鮮于庭誨墓より1957年発掘

第1章 演劇の起源と形成

図47　参軍戯俑
新疆トルファン、アスターナの
唐・張雄墓より発掘

第4節　歌舞・歌舞戯

魏晋南北朝から隋唐までの間に、各民族の楽舞の交流、融合により歌舞の一種「大曲」歌舞がさらに発展を遂げると共に、『大面』、『抜頭（鉢頭）』、『踏揺娘』などの演目が現れた。音楽、舞踊、角抵などの芸能を総合し、物語の筋立てを持ち、登場人物に扮装した演劇の上演が出現したのである。

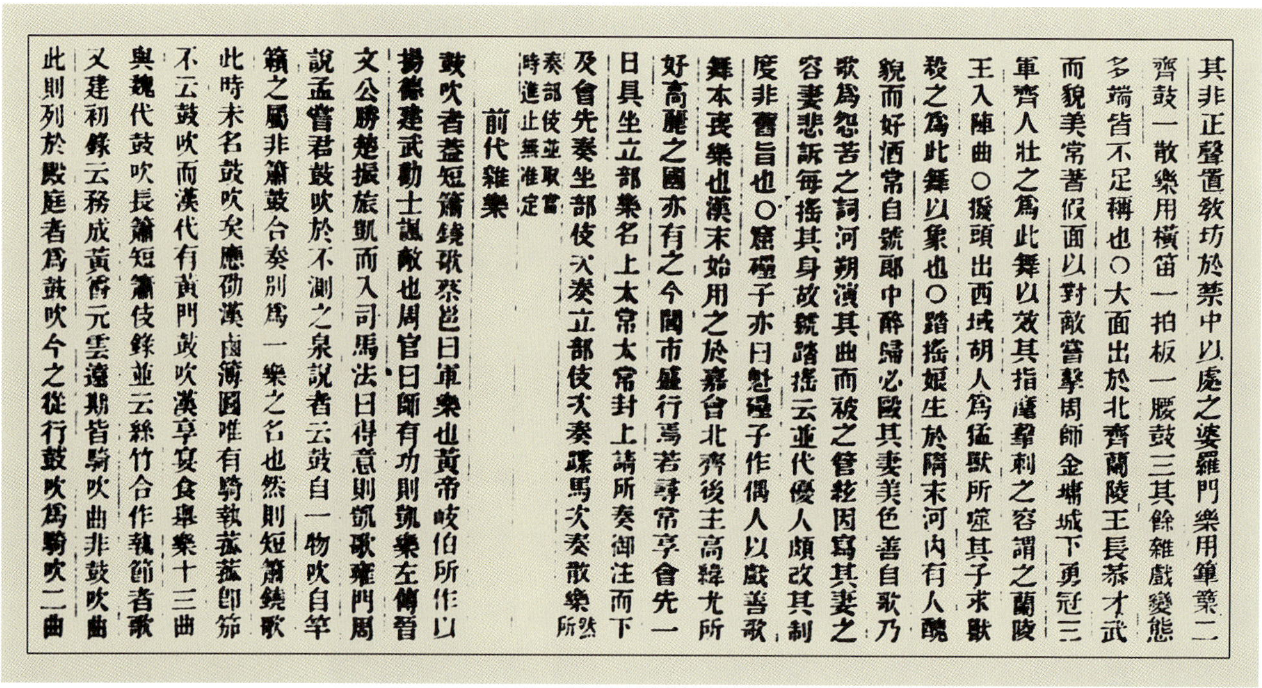
其非正聲置教坊於禁中以處之婆羅門樂用篳篥二
齊鼓一散樂用橫笛一拍板一腰鼓三其餘雜戲變態
多端皆不足稱也○大面出於北齊蘭陵王長恭才武
而貌美常著假面以對敵嘗擊周師金墉城下勇冠三
軍齊人壯之為此舞以效其指麾擊刺之容謂之蘭陵
王入陣曲○撥頭出西域胡人為猛獸所噬其子求獸
殺之為此舞以象也○踏搖娘生於隋末河內有人醜
貌而好酒常自號郎中醉歸必毆其妻美色善自歌乃
歌為怨苦之詞河朔演其曲而被之管絃因寫其妻之
容妻悲訴每搖其身故號踏搖云近代優人頗改其制
度非舊旨也○窟礧子亦曰魁礧子作偶人以戲善歌
舞本喪樂也漢末始用之於嘉會北齊後主高緯尤所
好高麗之國亦有之今閭市盛行焉若尋常享會先一
日具坐立部樂名上太常太常封上請所奏御注而下
及會先奏坐部伎次奏立部伎次奏蹀馬次奏散樂然所
奏部伎並取當時進止無准定
前代雜樂
鼓吹者蓋短簫鐃歌蔡邕曰軍樂也黃帝岐伯所作以
揚德建武勸士諷敵也周官曰師有功則凱樂左傳晉
文公勝楚振旅凱而入司馬法曰得意則凱歌雍門周
說孟嘗君鼓吹於不測之泉說者云鼓自一物吹自竽
籟之屬非簫鼓合奏別為一樂之名也然則短簫鐃歌
此時未名鼓吹矣應劭漢鹵簿圖唯有騎執菰菰即笳
不云鼓吹而漢代有黃門鼓吹漢享宴食舉樂十三曲
與魏代鼓吹長簫短簫伎錄並云絲竹合作執節者歌
又建初錄云務成黃爵元雲遠期皆騎吹曲非鼓吹曲
此則列於殿庭者為鼓吹今之從行鼓吹為騎吹二曲

図48　唐・杜佑『通典』

「散楽」の項に歌舞戯に関する記載があり、『大面』、『抜頭』、『踏揺娘』などの演目の物語および上演のありさまを叙述している。

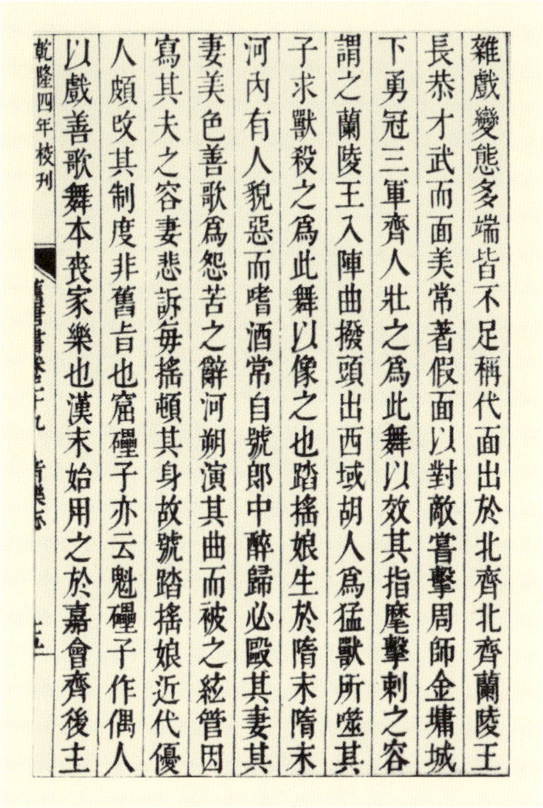

図49 『旧唐書・音楽志』

『大面』に関する記載がある。北斉の蘭陵王長恭は勇猛でいくさに長けていたが、女性のように美しい容貌であったため、敵を威圧するには不十分であると自ら思っていた。そこでいくさのたびに、恐ろしげな仮面をつけて出陣した。北斉の人はこの故事をもとに『蘭陵王入陣曲』を作った、という。後に唐代の僧侶仏哲がこの曲を日本に伝え、現在まで継承されている。

図50 『蘭陵王』で用いられる仮面

図51 『蘭陵王』の舞台写真

京劇俳優の李少春が1956年中国京劇代表団の一員として訪日し、帰国後、日本で教わった『蘭陵王入陣曲』を演じたもの。

図 52 『蘭陵王入陣曲』
1992年9月6日、日本の笠置侃一氏が奈良南部楽所の代表団45人と共に河北磁県劉荘の蘭陵王墓地を訪問し記念イベントに参加、『蘭陵王入陣曲』を上演した。

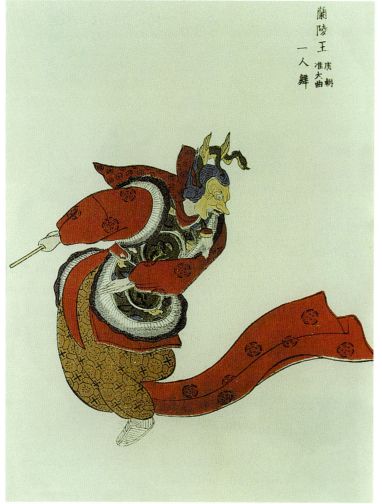

図 53 『蘭陵王入陣曲』絵図
日本『信西古楽図』

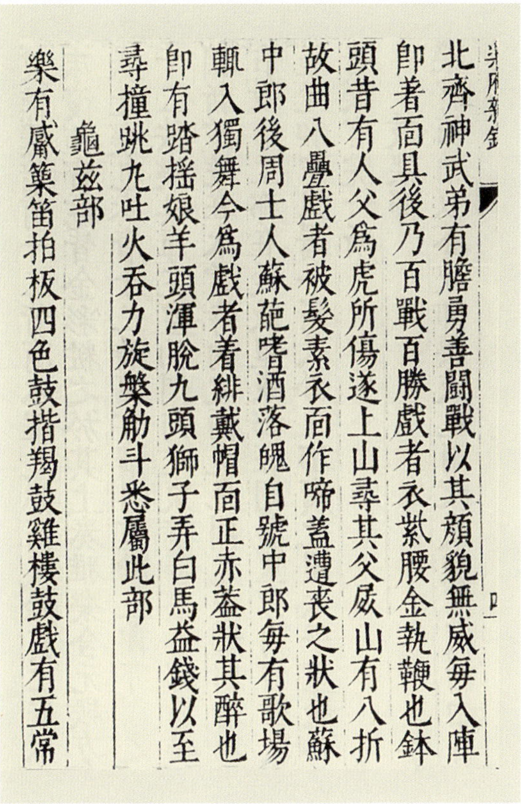

樂府雜録
北齊神武弟有膽勇善鬪戰以其顔貌無威每入陣
即着面具後乃百戰百勝戲者衣紫腰金執鞭也鉢
頭昔有人父為虎所傷遂上山尋其父屍山有八折
故曲八疊戲者被髮素衣面作啼蓋遭喪之狀也蘇
中郎後周士人蘇葩嗜酒落魄自號中郎每有歌場
輒入獨舞今為戲者着緋戴帽面正赤蓋狀其醉也
即有踏揺娘羊頭渾脱九頭獅子弄白馬益錢以至
尋橦跳丸吐火吞力旋槃觔斗悉屬此部
龜茲部
樂有觱篥笛拍板四色鼓揩羯鼓雞樓鼓戲有五常

図 54　唐・段安節『楽府雑録』

『抜頭』の記載がある。西域に一人の若者がおり、父親が虎に襲われた。若者は髪を振り乱し（弔いの）白い着物を着て、泣きながら山へ登って探し回った。山道が「八曲り」していたため、曲も「八段」からなる。最後に若者は虎を殺して父親のかたきを討つ。

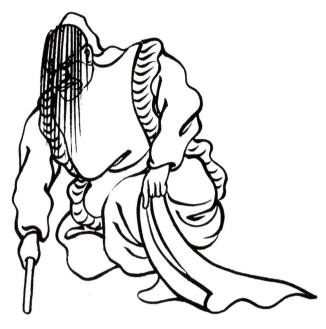

図 55　『抜頭』

日本『信西古楽図』模写による

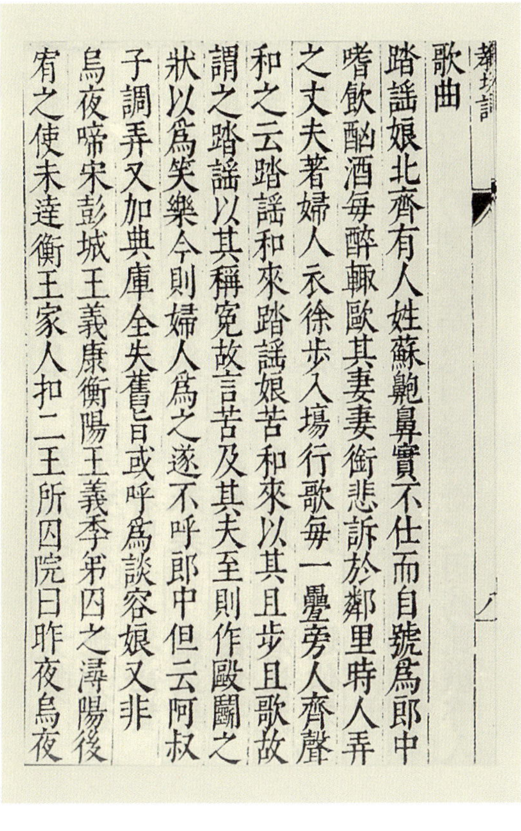

教坊記
歌曲
踏謡娘北齊有人姓蘇鮑鼻實不仕而自號為郎中
嗜飲酗酒毎醉輒毆其妻妻銜悲訴於鄰里時人弄
之丈夫著婦人衣徐歩入場行歌毎一疊旁人齊聲
和之云踏謡和來踏謡娘苦和來以其且歩且歌故
謂之踏謡以其稱寃故言苦及其夫至則作毆鬬之
狀以為笑樂今則婦人為之遂不呼郎中但云阿叔
子調弄又加典庫全失舊旨或呼為談容娘又非
烏夜啼宋彭城王義康衡陽王義季弟囚之潯陽後
宥之使未達衡王家人扣二王所囚院曰昨夜烏夜

図 56　唐・崔令欽『教坊記』

『踏揺娘』に関する記載がある。北斉の人蘇鮑鼻〔あばた鼻の蘇〕は酒乱で、酒を飲むと常に、美しく貞淑な妻を殴った。上演のときは、蘇の妻が舞踊の足運びをしつつ歌い、近隣の人に自分の苦悩を訴える。周りの人々は声を合わせて「踏揺して和し来たれ、踏揺娘苦しや和し来たれ」と歌う。また蘇に見つかり、蘇の妻はまた殴られて、追われて退場する。この芝居は唐代の宮廷でも民間でも均しく流行した。

図57 『踏揺娘』の戯俑
新疆トルファン、アスターナの唐墓より発掘

図58 唐代楽舞俑
陝西礼泉の唐・鄭仁泰墓より1972年発掘

第1章　演劇の起源と形成

図59　唐代石棺に刻まれた楽舞の線画
陝西三原の唐・淮安靖王李寿墓より
1973年発掘

43

図60　唐代楽舞彩色木彫
福建泉州開元寺

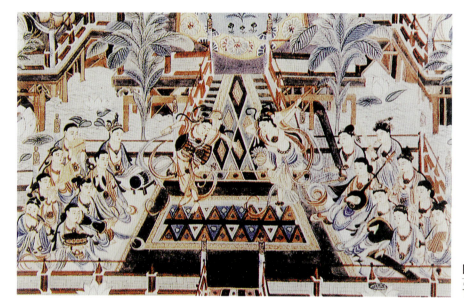

図61　唐代楽舞壁画
甘粛敦煌莫高窟172窟

第1章　演劇の起源と形成

図62　大曲歌舞『六幺（りくよう）』
後唐・顧閎中（こうとう・ここうちゅう）『韓熙載夜宴図（かんきさいやえんず）』部分

図63　宋代大曲壁画
河南禹県白沙鎮趙大翁墓（かなんうけんはくさちんちょうたいおうぼ）より発掘

図64　宋代大曲石刻
四川広元（しせんこうげん）401医院工事現場宋墓より1974年発掘

蠟迎宵飲散瑤池春在烏紗帽上醉歸藻館香分白玉釵頭式因天上之芳容流作人間之嘉話佇期再集盆修退齡歌舞既終相將好去

念了後行吹三臺出隊

劍舞

二舞者對舞對廂立㪅上竹竿子勾念

伏以珖席欹濃金樽與逸聽歌聲之融曳思舞態之飄飃爰有仙童龍開寶匣佩干將莫耶之利器擅龍泉秋水之䰟名鼓三尺之熒熒雲間閃電橫七星之凜凜掌上生風宜到芳筵同獻雅戲

二舞者自念

伏以五行揔秀百鍊呈功炭熾紅鑪光噴星日㶿新雪刃氣貫虹霓斗牛間紫霧浮游波濤裏蒼龍綿合久因佩服粗習御翔茲聞園苑之羣仙來會瑤池之重客輒持薄技上佰清

微末敢自專伏候處分

竿竹子問

舊樂何在

二舞者答

音偘然

再韻前來

樂部唱劍器曲破作舞一段了二舞者同唱霜天曉

角

熒熒巨闕左右擊霜雪且向玉階揪舞終當有用時節唱徹人盡說寶此剛不折內使姦雄落膽外須遠射狠滅

樂部唱曲子作舞劍器曲破一段

舞前兩人分立再唱對坐卓

上設酒果 **竹竿子念**

伏以斷虵大澤逐麛中原佩赤帝之真符接炎姬之正統皇

威既振天命有歸量夢㚄盛於隆準鴻門設會亞父輸謀徒矜退媱之雄姿厭有解紛之壯士想當時之賈勇激烈飛殿宜後世之效顰回旋宛轉雙鸞夸技四座

膽歇

樂部唱曲子舞劍器曲破一段

一人左立者上襕有彼劍右漢裝者一人換婦人唐裝他對坐卓上敢筆硯雅戲

亦復如一女進前寶鬘之舞勝兩位退媱之雄姿出舞對坐卓

伏以雲鬢鬆蒼璧霧殼翠香肌袖襲紫電以達軒手握青蛇而盼爍花影下游龍自躍錦裀上蹈鳳來儀軼熊橫生瑰姿讉起傾此入神之技誠為駭目之觀巴女心驚燕姬色沮豈

唯張長史草書大進抑亦李工部麗句新成碓妙一時流芳

萬古宜呈雅懇以洽濃歡

樂部唱曲子舞劍器曲破一段

舞者一男一女對劍器曲破

竹竿子念

項伯有功扶業大娘馳譽滿文場合茲二妙甚奇特推恪

佳賓酌一觴如羿射九日落𡾾如草帝驚聽龍翔來如雷霆收震忘罷如江海凝晴光歌舞既終相將好去

漁父舞

念了二舞者出隊

図65 『剣舞』
宋・史浩『鄮峰真隠漫録』(しこう ぼうほうしんいんまんろく)に剣舞に関する記載がある。楽部〔宮中の音楽担当部署〕が大曲『剣器曲破』(けんきょくは)を歌う中で、二人の舞い手が舞いはじめ、『鴻門宴』(こうもんえん)などの物語を上演した、という。

第1章　演劇の起源と形成

図66　南宋楽舞壁画
山西平定城関鎮江家溝村南宋墓より
1991年発掘

図67　『鴻門宴』
秦末のとき、項羽が鴻門で劉邦を宴席に招いた。項荘は座興に剣舞を舞うふりをして劉邦を殺そうとしたが、項伯も立ち上がって剣舞を舞うことによって劉邦を守った。

図68　近代石棺大曲線刻
河南修武李万郷1981年出土

第5節　説唱と演劇

　説唱〔語り物芸能〕は古代の叙事詩歌に遡れる。唐代になって、市人小説〔市井の語り物〕および寺廟の「俗講（囀変）」が流行した。宋代には「鼓子詞」、「説話（平話）〔講談〕」、諸宮調などがあった。金代諸宮調『西廂記』の作者董解元は北曲の創始者と見られている。語り物芸能が次第に成熟し完成されていったことは、伝統演劇が文学や音楽の方面で発展していくために道を切り開いた。

図69　漢代説書俑
四川彭山出土

第1章　演劇の起源と形成

図71　唐・趙璘『因話録（いんわろく）』
文淑（『楽府雑録』では「文叙」、また「文淑」としている）和尚の俗講に関する記載がある。「文淑という僧がおり、広く大衆を集めて、仏典に借りて談論を行い」、「聴衆は寺の中に満ちあふれて聴き惚れ」、「教坊〔宮中の芸能担当部署〕がその節回しに倣って歌曲を作り」、『文淑子』と称した。俗講は寺院の僧侶や道士が語り物の形式を用いて宗教の教義を説き聞かせる活動である。内容はもとは宗教的物語であったが、後には聴衆を呼び集めるために、歴史上の人物や民間伝説などの物語も歌い語るようになった。

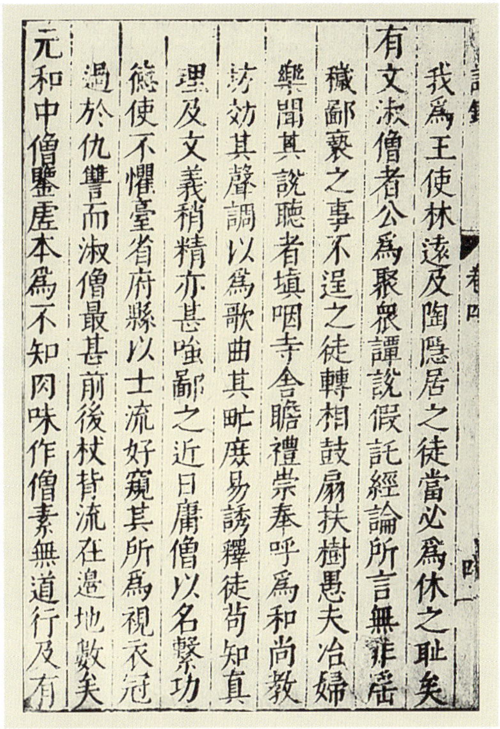

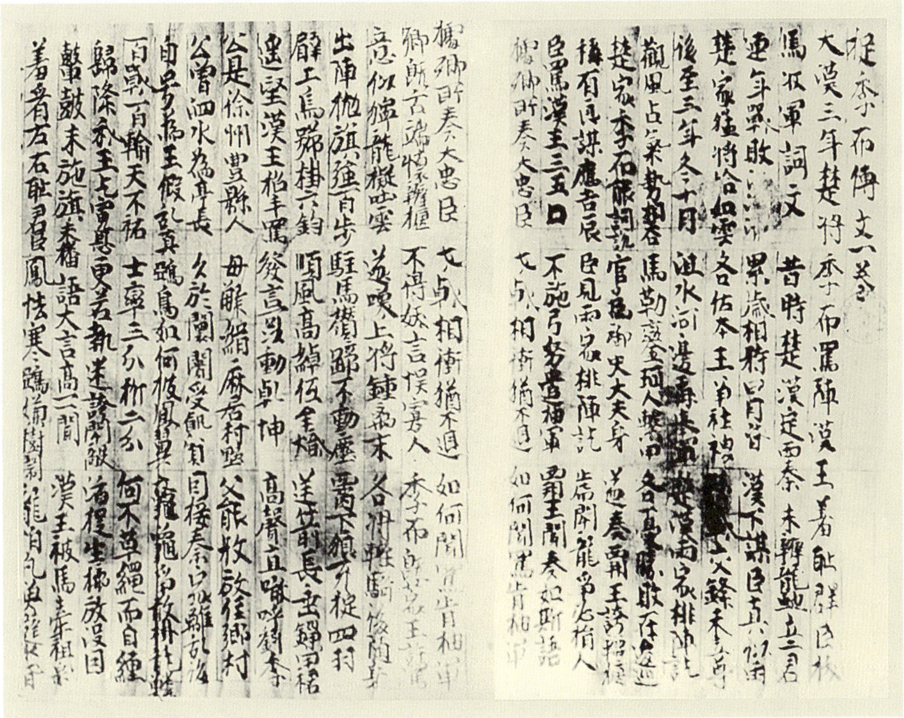

図70　後漢説書俑
四川成都天回山（せいとてんかいさん）出土

図72　『捉季布伝文（そくきふでんぶん）』
甘粛敦煌莫高窟石室蔵書。一種の語り物芸能の作品である。

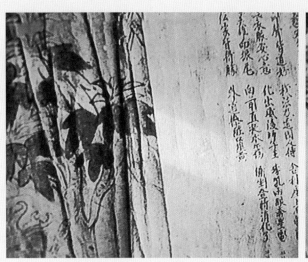

図73 『降魔変文』
甘粛敦煌莫高窟石室蔵書。俗講のタネ本である。絵と文が呼応し、歌と語りが入り混じっている。

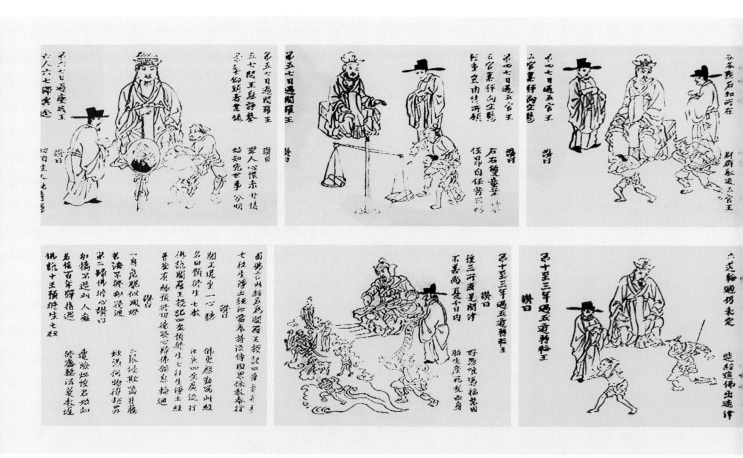

図74 往生浄土経〔仏説預修十王生七経〕
浙江黄岩霊石寺旧蔵

第1章　演劇の起源と形成

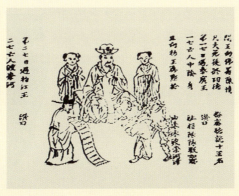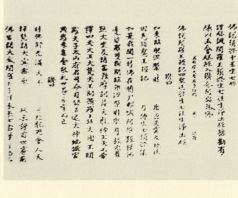

図75　宋・張択端『清明上河図』(部分)
語り物の場面〔画面右端の辻に人だかりがしている場面〕。

第1章　演劇の起源と形成

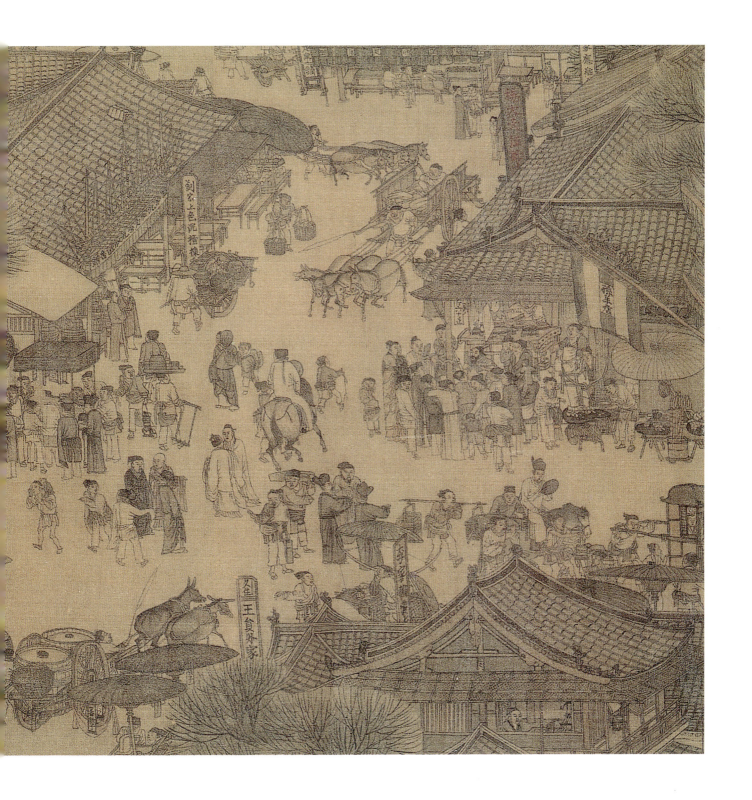

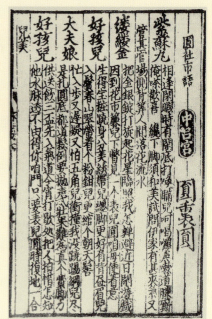

図76 唱賺図
宋・陳元靚『事林広記』における「円里円」の挿絵と歌詞

図77 金代の語り物の壁画
山西聞喜下陽村金墓より発掘

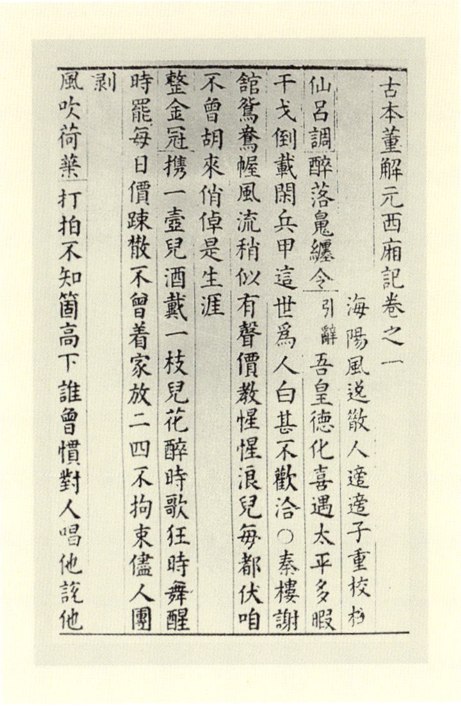

古本董解元西廂記卷之一　海陽風逸散人適適子重校梓
仙呂調　醉落魄纏令　引辭　吾皇德化喜遇太平多暇
干戈倒載閑兵甲這世為人白甚不歡洽○秦樓謝
館鴛鴦幄風流稍似有聲價教惺惺浪兒每都伏咱
不曾胡來俏倬是生涯
整金冠攜一壺兒酒戴一枝兒花醉時歌狂時舞醒
時罷每日價疎散不曾着家放二四不拘束儘人團
剝
風吹荷葉　打拍不知箇高下誰曾慣對人唱他説他

図78　金・董解元（とうかいげん）『西廂記諸宮調（せいしょうきしょきゅうちょう）』

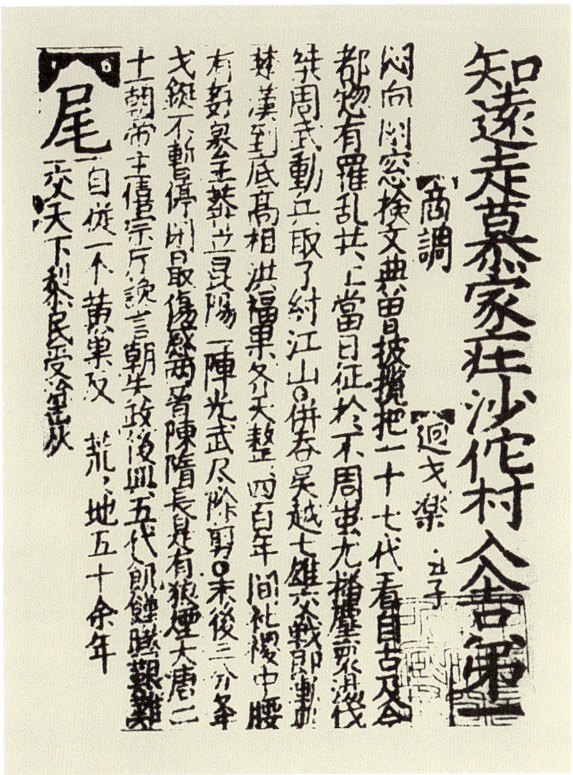

図79　『劉智遠（りゅうちえん）諸宮調』

「諸宮調」は北宋沢州（たくしゅう）（今の山西省晋城（しんじょう））の芸人孔三伝（こうさんでん）が創始者だと伝えられる。これが継承され、歌と語りが入り混じった形式に発展した。異なる宮調〔音階〕の曲をせりふと交互に綴っていくことで、長編の物語を歌い語れるようになった。

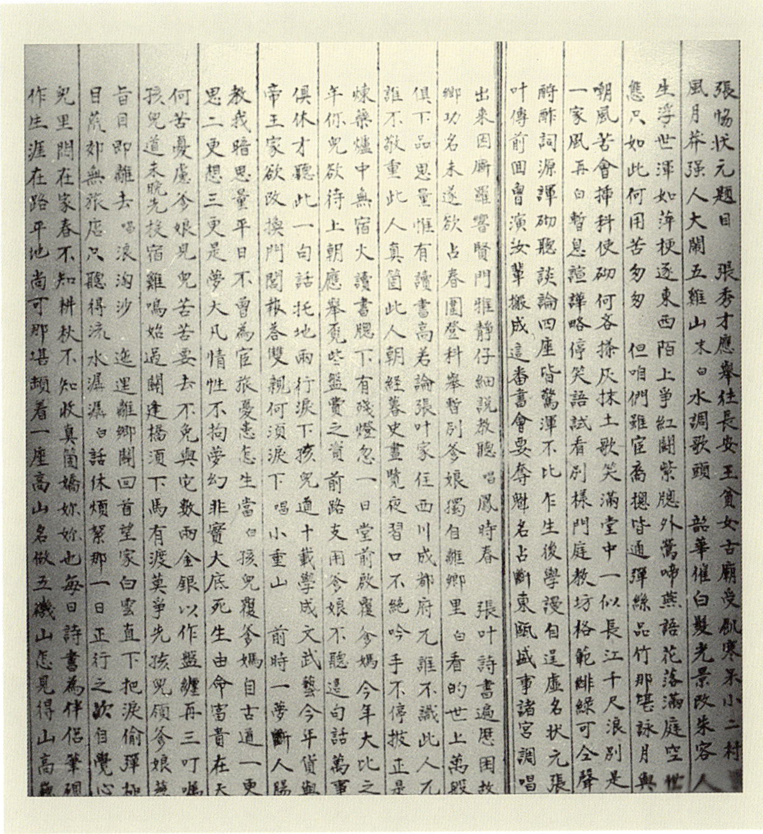

図80　『永楽大典戯文三種（えいらくたいてんぎぶんさんしゅ）』

明代の『永楽大典』には宋、元代の南戯（なんぎ）〔南方系の演劇〕が収録され、今も3種の作品が残されている。そのうち、『張協状元（ちょうきょうじょうげん）』は、諸宮調をプロローグとして張協の物語を紹介しており、説唱が演劇に転化していく痕跡を明らかに示している。

第6節　寺廟における上演と瓦舎勾欄

唐代の寺院を中心とした「廟会（びょうかい）〔縁日〕」には「戯場（ぎじょう）」が設けられ、百戯が演じられる以外にも、変文（へんぶん）や市人小説〔市井の語り物〕が歌い語られていた。宋代、商業の盛んな都市には「瓦舎（がしゃ）〔繁華街〕」と様々な芸能を演じる「勾欄（こうらん）」が誕生した。ここは、民間芸術が相互に交流し融合することで、伝統演劇の形成を促進した。

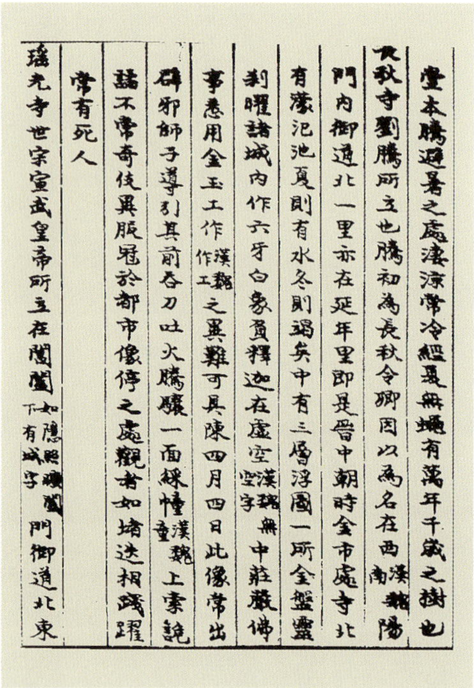

堂本騰避暑之處凄涼常冷經夏無蠅有萬年千歲之樹也
長秋寺劉騰所立也騰初為長秋令卿因以為名在西漢魏南陽
門内御道北一里亦在延年里即是晉中朝時金市處寺北
有濛汜池夏則有水冬則竭矣中有三層浮圖一所金盤靈
刹曜諸城内作六牙白象負釋迦在虛空漢魏無空字中莊嚴佛
事悉用金玉工作漢魏作工之異難可具陳四月四日此像常出
辟邪師子導引其前吞刀吐火騰驤一面綵幢漢魏童上索詭
譎不常奇伎異服冠於都市像停之處觀者如堵迭相踐躍
常有死人
瑤光寺世宗宣武皇帝所立在閶闔如隱照曠闔下有城字門御道北東

図81　後魏（こうぎ）・楊衒之（ようげんし）『洛陽伽藍記（らくようがらんき）』

長秋寺（ちょうしゅうじ）では毎年4月4日に釈迦の仏像の練り歩きを行い、獅子舞、呑刀〔刀呑み〕、吐火〔火吹き〕、騰驤（とうじょう）〔曲馬〕、彩幢（さいどう）〔纏い持ち〕などのプログラムが演じられ、仏像が止まったところには、観衆が人垣を作った。

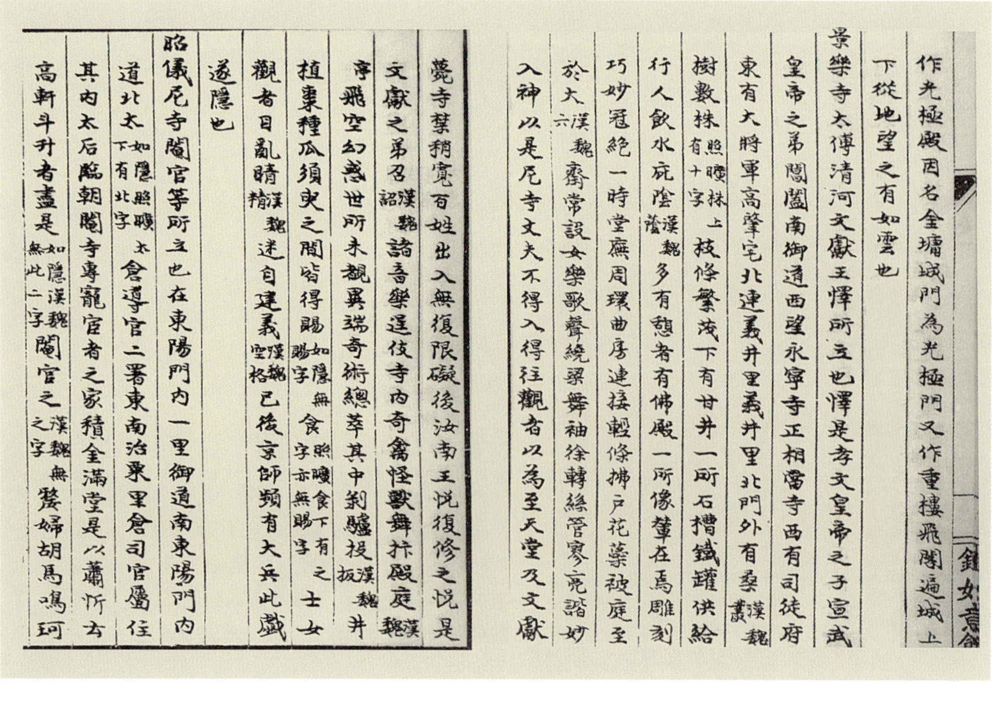

作光極殿因名金墉城門為光極門又作重樓飛閣遍城上
下從地望之有如雲也
景樂寺太傅清河文獻王懌所立也懌是孝文皇帝之子宣武
皇帝之弟閶闔南御道西望永寧寺正相當寺西有司徒府
東有大將軍高肇宅北連義井里義井里北門外有桑漢魏叢
樹數株照曠株上有十字枝條繁茂下有甘井一所石槽鐵罐供給
行人飲水庇陰漢魏蔭多有憩者有佛殿一所像輦在焉雕刻
巧妙冠絕一時堂廡周環曲房連接輕條拂戶花蘂被庭至
於大漢魏六齋常設女樂歌聲繞梁舞袖徐轉絲管寥亮諧妙
入神以是尼寺丈夫不得入得往觀者以為至天堂及文獻
薨寺禁稍寬百姓出入無復限礙後汝南王悅復修之悅是
文獻之弟召漢魏詔請音樂逞伎寺内奇禽怪獸舞抃殿庭漢魏
亭飛空幻惑世所未覩異端奇術總萃其中剝驢投漢魏拔井
植棗種瓜須臾之間皆得賜如隱無賜字食照曠食下有之字亦無賜字士女
觀者目亂睛漢魏精迷自建義漢魏空格已後京師頻有大兵此戲
遂隱也
昭儀尼寺閹官等所立也在東陽門内一里御道南東陽門内
道北太如隱照曠太下有北字倉導官二署東南治粟里倉司官屬住
其内太后臨朝閹寺專寵宦者之家積金滿堂是以蕭忻云
高軒斗升者盡是如隱漢魏無此二字閹官之漢魏無之字嫠婦胡馬鳴珂

図82　『洛陽伽藍記』

寺院で歌舞百戯が上演された記載がある。その中で、景楽寺（けいらくじ）では常に女楽〔女性の歌舞〕を設け、歌声は嫋々と響き、舞いの袖をゆるやかにひるがえした。怪獣怪鳥やら、珍しい手品やらがその中に盛り込まれ、観衆は男も女も目がくらむほど幻惑されたという。

第1章　演劇の起源と形成

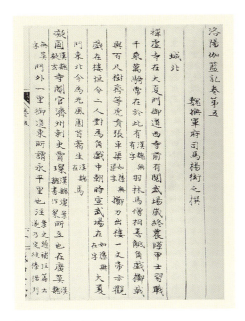

図83　『洛陽伽藍記』
禅虚寺前の武芸場で、羽林軍〔近衛軍の名称〕の馬僧相という角抵戯の得意な者が、虎賁軍〔近衛軍の名称〕の張車渠と「二人で相対して角戯を行った」と記載がある。

図84　唐代舞台上演壁画
甘粛敦煌莫高窟237窟。『法華経変・火宅喩』の壁画に額縁型舞台が描かれている。露天舞台と廟会〔縁日〕の上演場所が発展したものである。

図85　宋代舞台上演壁画
甘粛敦煌莫高窟61窟。『法華経変・火宅喩』の壁画に張出型舞台が描かれている。金元時代の舞台にいっそう近づいている。

57

図86　宋・天禧四年の石碑（両面）
山西万栄橋上村后土聖母廟遺碑、裏面に「舞亭を修る」との記載がある。

図87　宋・孟元老『東京夢華録』

「瓦舎勾欄〔繁華街の劇場〕」に関する記載がある。「通りの南に桑家瓦子、北に中瓦子、次いで里瓦子、その中には大小の勾欄50余座がある。その内、中瓦子は蓮華棚、牡丹棚、里瓦子は夜叉棚、象棚が最も大きく、数千人を収容できる」という。

第1章　演劇の起源と形成

図88　宋代岱祠楽楼
陝西大荔朝邑鎮大寨子村東岳廟

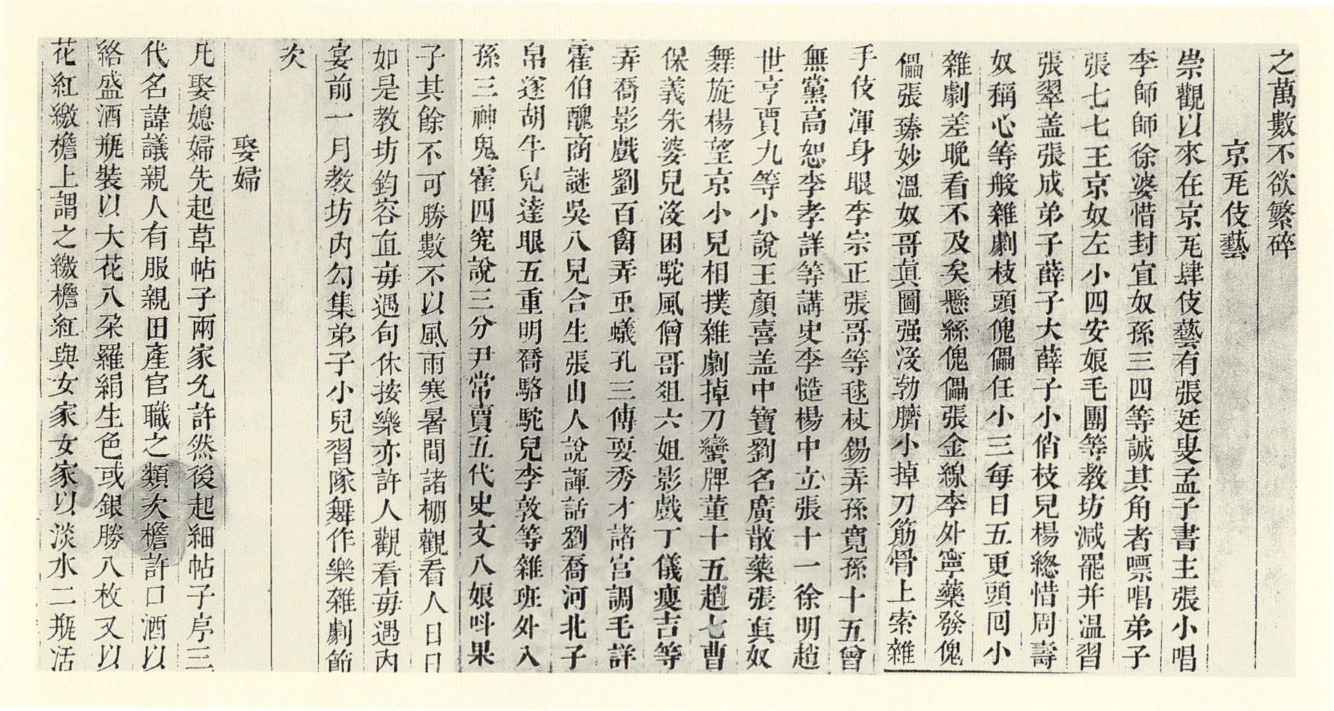

之萬數不欲繁碎

京瓦伎藝

崇觀以來在京瓦肆伎藝有張廷叟孟子書主張小唱李師師徐婆惜封宜奴孫三四等誠其角者嘌唱弟子張七七王京奴左小四安娘毛團等教坊減罷并温習張翠蓋張成弟子薛子大薛子小俏枝兒楊總惜周壽奴稱心等般雜劇枝頭傀儡任小三每日五更頭回小雜劇差晚看不及矣懸絲傀儡張金線李外寧藥發傀儡張臻妙温奴哥眞圖強沒勃臍小掉刀筋骨上索雜手伎渾身眼李宗正張哥等毬杖踢弄孫寬孫十五曾無黨高恕李孝詳等講史李慥楊中立張十一徐明趙世亨賈九等小說王顏喜蓋中寶劉名廣散樂張眞奴舞旋楊望京小兒相撲雜劇掉刀蠻牌董十五趙七曹保義朱婆兒沒困駝風僧哥祖六姐影戲丁儀瘦吉等弄喬影戲劉百禽弄蟲蟻孔三傳耍秀才諸宮調毛詳霍伯醜商謎吳八兒合生張山人說諢話劉喬河北子帛遂胡牛兒達眼五重明喬駱駝兒李敦等雜班外入孫三神鬼霍四究說三分尹常賣五代史文八娘叫果子其餘不可勝數不以風雨寒暑諸棚看人日日如是教坊鈞容直每遇旬休按樂亦許人觀看每遇內宴前一月教坊內勾集弟子小兒習隊舞作樂雜劇節次

娶婦

凡娶媳婦先起草帖子兩家允許然後起細帖子序三代名諱議親人有服親田產官職之類次檐許口酒以絡盛酒瓶裝以大花八朶羅絹生色或銀勝八枚又以花紅繳檐上謂之繳檐紅與女家女家以淡水二瓶活

図89　宋・孟元老『東京夢華録』

「京瓦伎芸」の条に都の繁華街で上演された芸能に関する記載がある。小唱、嘌唱、雑劇、傀儡〔人形芝居〕、講史〔連続歴史講談〕、小説〔一席読み切り講談〕、相撲、影戯〔影絵芝居〕、諸宮調、合生〔人名や花鳥草木など事物の名称を即興で織り込んで歌う、一種の題詠の演芸と見られる〕、説諢話〔滑稽噺〕など、「数え切れず、風雨寒暑に関わらず、各芝居小屋の観客は毎日変わらず足を運んだ」という。

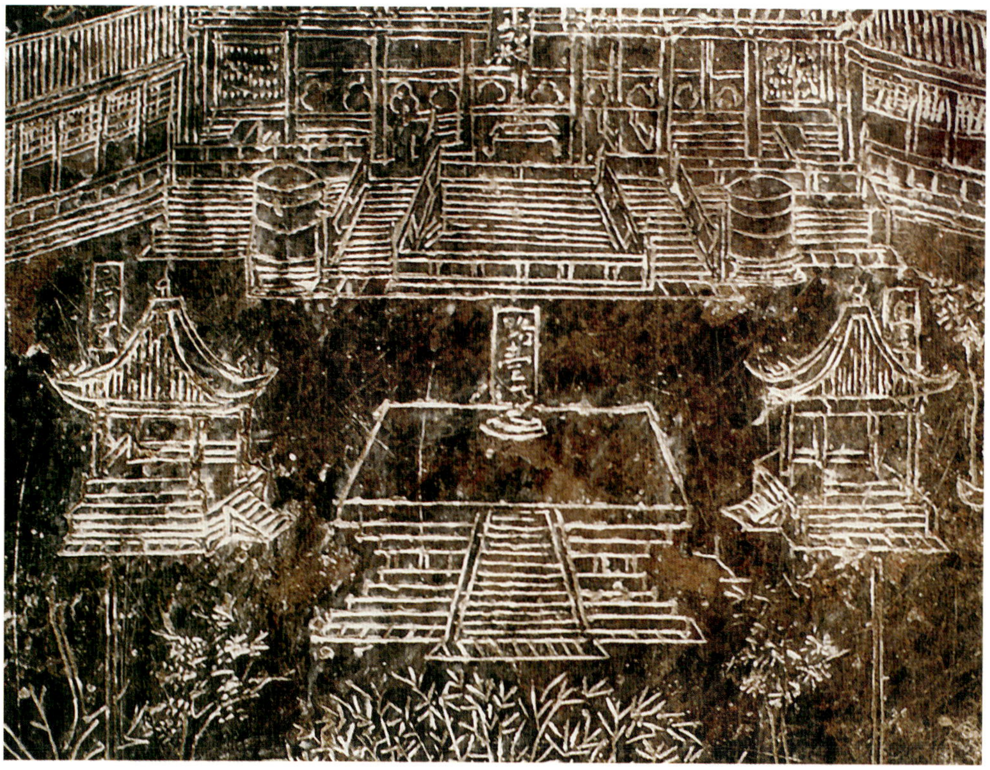

図90　金代石碑線刻舞台

河南省登封市中岳廟

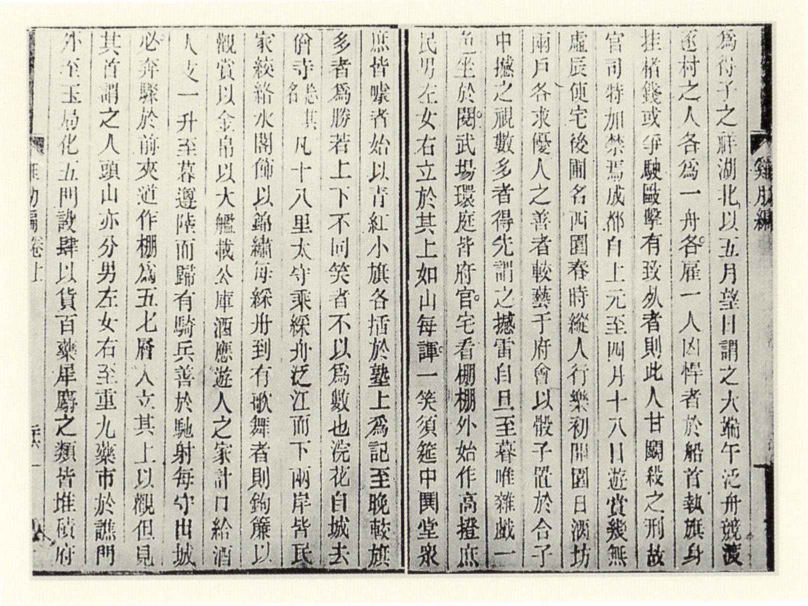

第1章　演劇の起源と形成

図91　宋・荘季裕『鶏肋篇』
そう きゆう　けいろくへん

勾欄〔劇場〕での上演の記載がある。「めいめい上手な芸人を求め、宮邸で芸を競わせた。」、「ただ雑劇は、武芸場に座席を設け、庭を取り囲むのは、皆役人の桟敷席ばかり、桟敷席の外側には高い縁台を設けて、その上に庶民の男が左、女が右で山のように立ち並ぶ。滑稽な場面ごとに、満場をどよもす大笑いを取らねばならず、庶民が皆爆笑した時には、青や赤の小旗をそれぞれ敷物に挿して目印にする。旗の多い方が勝ちである。もし身分が上の者も下の者も笑わなければ、数に入れない。」

図92　金代の舞台
さんせいしんすい ふ くんびよう
山西沁水府君廟

図93　金代の舞台
ようじょうとうがくびよう
山西陽城東岳廟

61

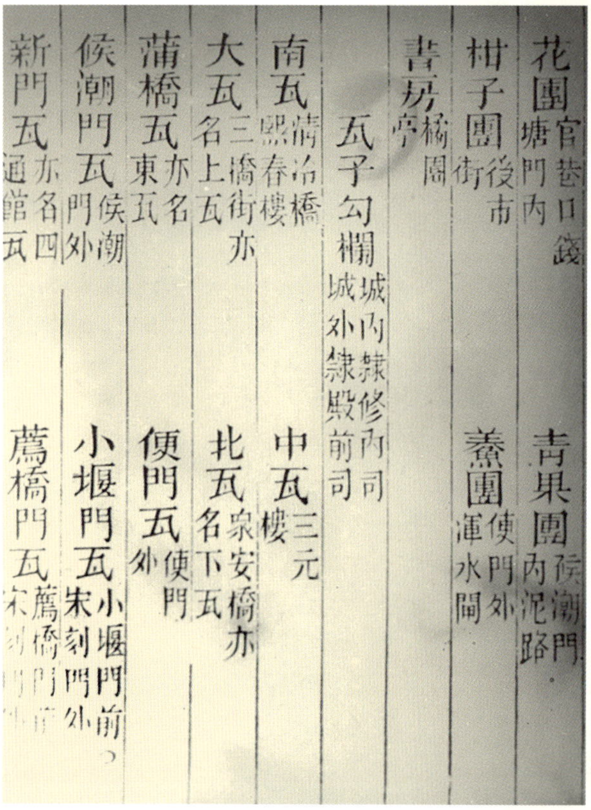

花園官巷口錢塘門內　青果團侯潮門內泥路。
柑子園後市街　羨園便門外渾水閘
書房橘園亭
瓦子勾欄城內隸修內司城外隸殿前司
南瓦清冷橋熙春樓　中瓦三元樓
大瓦三橋街亦名上瓦　北瓦衆安橋亦名下瓦
蒲橋瓦亦名東瓦　便門瓦便門外
候潮門瓦候潮門外　小堰門瓦小堰門前。宋刻門外
新門瓦亦名四通館瓦　薦橋門瓦薦橋門前宋刻門外

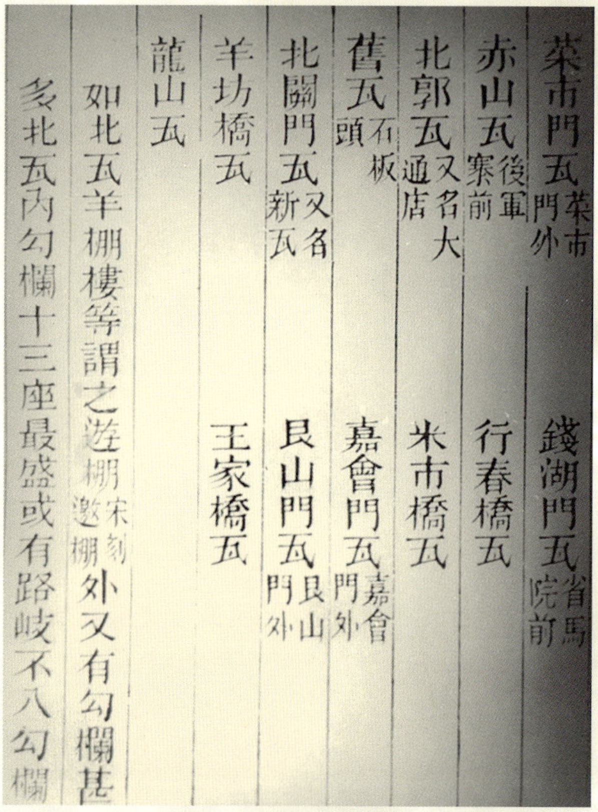

菜市門瓦菜市門外　錢湖門瓦省馬院前
赤山瓦後軍寨前　行春橋瓦
北郭瓦又名大通店　米市橋瓦
舊瓦石板頭　嘉會門瓦嘉會門外
北關門瓦又名新瓦　艮山門瓦艮山門外
羊坊橋瓦　王家橋瓦
龍山瓦
如北瓦羊棚樓等謂之遊棚宋刻邀棚外又有勾欄甚
多北瓦內勾欄十三座最盛或有路岐不入勾欄

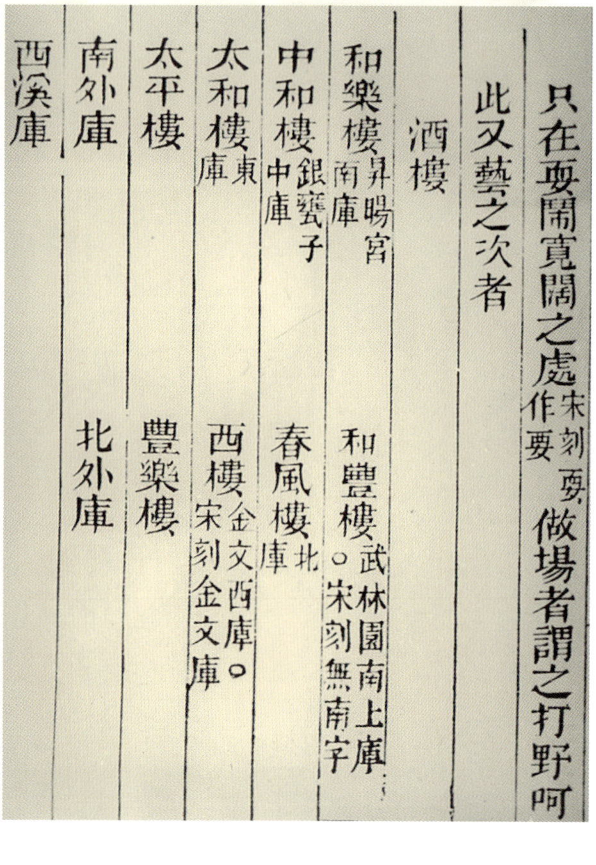

只在耍鬧寬闊之處宋刻耍作要做場者謂之打野呵
此又藝之次者
酒樓
和樂樓昇暘宮南庫　和豐樓武林園南上庫。宋刻無南字
中和樓銀甕子中庫　春風樓北庫
太和樓東庫　西樓金文西庫。宋刻金文庫
太平樓　豐樂樓
南外庫　北外庫
西溪庫

図94　南宋・周密（しゅうみつ）『武林旧事（ぶりんきゅうじ）』

『武林旧事』巻六に「瓦子勾欄」に関する記載がある。杭州城内外の瓦子勾欄が23か所もあることを記載し、また「勾欄に入れない大道芸人を打野呵（だやか）という。これもまた二流の芸人である」という。

第1章　演劇の起源と形成

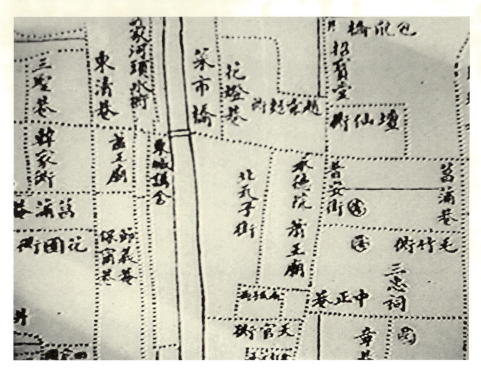

図95　南宋瓦子遺跡
浙江杭州菜市橋瓦子巷
今も「瓦子」の名は地名に残っている。写真は菜市橋。

第7節　宋雑劇と金院本

　宋雑劇は北宋時代に出現した演劇の形式である。金院本と宋雑劇は同類型の伝統演劇である。これらは「参軍戯」の伝統を継承し、役柄の分担と上演形式においてさらに発展し革新を遂げた。南宋の周密の『武林旧事』に「雑劇段数」と題して宋雑劇の演目が記載されている。元代の陶宗儀の『南村輟耕録』には「院本名目」が記載されているが、脚本はいずれもすでに散逸した。

浙江黄岩霊石寺。1978年霊石寺の仏塔を大改修した際、八人の雑劇人物を彫り込んだ線刻磚が6個発見された。そのうちの2個には「呉越国銭」と「乾徳三年」（西暦965年、宋の太祖の年号、呉越国が宋の年号を用いたと考えられる）の刻字があり、年代が確定できる。

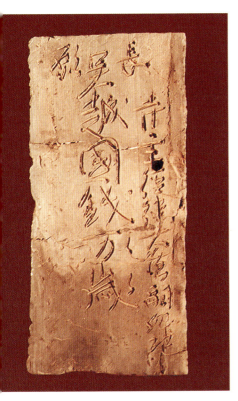

図96　宋初演劇人物線刻磚

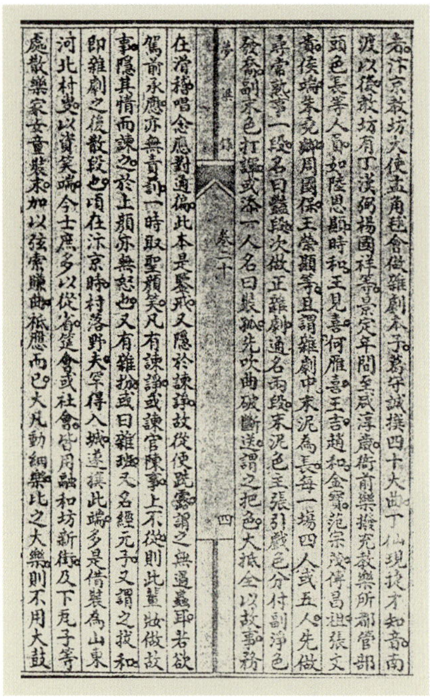

図97　宋・呉自牧『夢粱録』

宋雑劇の特色について、「ほとんどすべて物語の主旨は滑稽にあり、唱とせりふで全編を綴っている」と記載されている。

器也後趙南仲歸之内府叔恭嘗寫二圖刻梓以
以傳焉因併附見於此
宣和中童貫用兵燕薊敗而竄一日内宴教坊進伎
爲三四婢首飾皆不同其一當額爲髻曰蔡太師
家人也其二髻偏墜曰鄭太宰家人也又一人滿
頭爲髻如小兒曰童大王家人也問其故蔡氏者
曰太師覲清光此名朝天髻鄭氏者曰吾太宰奉
祠就第此嬾梳髻至童氏者曰大王方用兵此三
十六髻也近者已亥歲史（疑失一字）之爲京尹其弟以

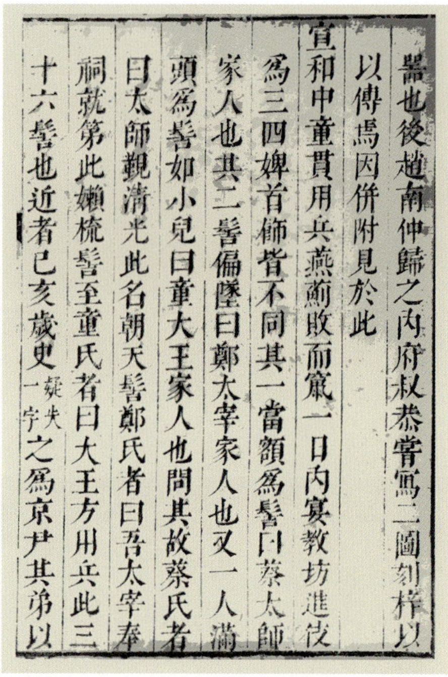

図98　南宋・周密『斉東野語』

『斉東野語』に、教坊が「三十六髻〔計と音通。三十六計逃げるに如かずの洒落〕」雑劇を演じ、いくさに敗れ逃走する童貫〔北宋の宦官〕の醜態を風刺した、と記載されている。

並從楚舊吏須安集自相攸居爾其上體天心下
從人欲忠以藩王室信以保邦折惟天難諶惟命
靡常謹厥德保厥位爾其勉哉勿忽朕命玉冊皆
以六十六方爲制每方字兩行以金書之於虜犬
羊亂華顛倒冠履一至於此讀此者得不起脊仲
連之愧乎
秦檜以紹興十五年四月丙子朔賜第望僊橋丁丑
賜銀絹萬匹兩錢千萬綵千縑有詔就第賜燕假
以教坊優伶宰執咸與中席優長誦致語退有參
軍者前褒檜功德一伶以荷葉交倚從之詼語雜
至賓歡既洽參軍方拱揖謝將就倚忽墜其幞頭
乃總髮爲髻如行伍之巾後有大巾鐶爲雙疊勝
伶指而問曰此何鐶曰二勝鐶遽以朴擊其首曰
爾但坐太師交倚請取銀絹例物此鐶掉腦後可
也一坐失色檜怒明日下伶於獄有死者於是語
禁始益繁芮燁令衿等吻禍蓋其末流焉
張丞相（商英）媢事紹聖共倡紹述崇寧二年遂爲尚
書左丞會與蔡元長異論中執法石（豫）殿中御史

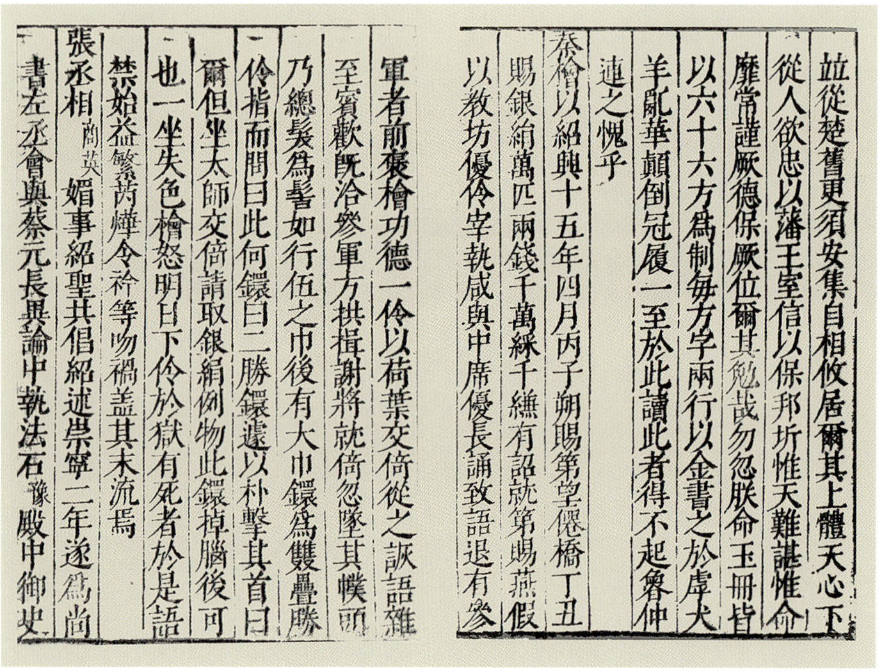

図99　南宋・岳珂『桯史』

教坊の俳優が「二勝環（二聖還）」雑劇を演じたとの記載がある。官僚になって蓄財することしか考えない秦檜〔南宋の宰相〕が、金人に拉致された徽宗、欽宗を見捨てたことを風刺したため、俳優は投獄されて死んだ、という。

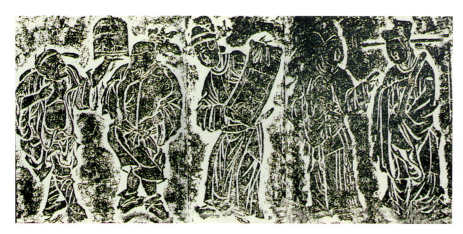

図100　宋雑劇画像磚拓本

河南偃師酒流溝ダム宋墓より1958年発掘。宋雑劇の役柄は後に5種類に発展した。左から右へ、副末、副浄、引戯、末泥、装孤である。

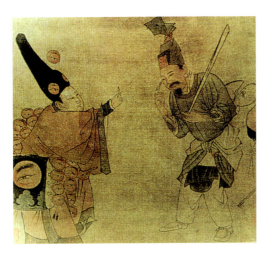 

図 101　宋雑劇上演図

宋代絹画：宋雑劇は滑稽や冗談を特色とする。主な役柄は副浄、副末であり、これは参軍戯の参軍と蒼鶻から変化してきたものである。

図 102　宋雑劇壁画

河南洛陽宋四郎墓より発掘

図103　宋雑劇磚彫
河南温県出土

図104　宋雑劇石刻
四川広元401医院工事現場宋墓
より1974年発掘

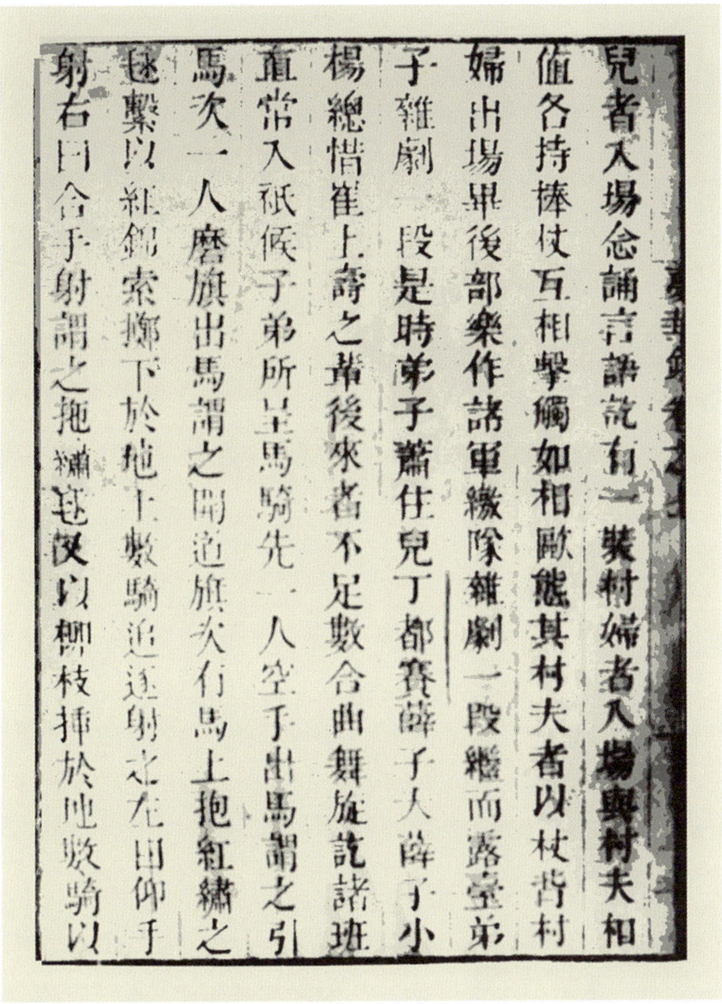

兒者入場念誦言語訖有一裝村婦者入場與村夫相
値各持棒杖互相擊觸如相歐態其村夫者以杖背村
婦出場畢後部樂作諸軍繳隊雜劇一段繼而露臺弟
子雜劇一段是時弟子蕭住兒丁都賽薛子大薛子小
楊總惜崔上壽之輩後來者不足數合曲舞旋訖諸班
直常入祇候子弟所呈馬騎先一人空手出馬謂之引
馬次一人磨旗出馬謂之開道旗次有馬上抱紅繡之
毬繫以紅錦索擲下於地上數騎追逐射之左曰仰手
射右曰合手射謂之拖繡毬又以柳枝插於地數騎以

図 105　宋・孟元老『東京夢華録』

雑劇の俳優丁都賽の記載がある。

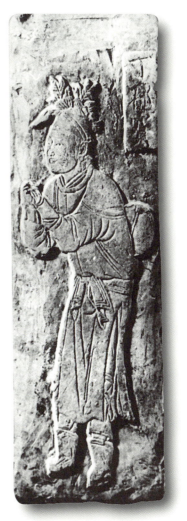

図 107　丁都賽画像磚

河南偃師宋墓より発掘

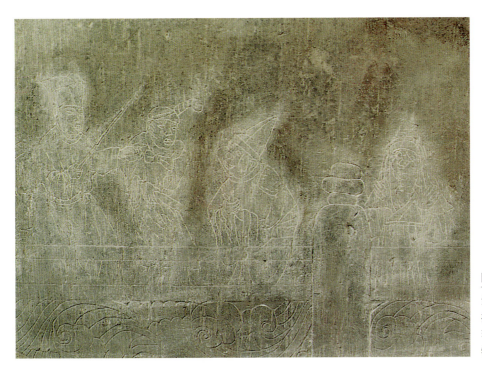

図 106　宋代石棺線刻雑劇上演図

河南滎陽朱三翁墓より 1978 年発掘。墓の主人の席前の四人の役は、李義山〔晩唐の詩人、李商隠〕の物語を演じていると思われる。

（二号墓）　　　　　　　　　　　　　　　　（五号墓）

（四号墓）

（八号墓）

図108　金代段氏墓群雑劇磚彫

山西稷山馬村1973年、1979年出土：この磚彫は北宋（1126）から金の大定21年（1181）の間の遺物である。「二号墓」は左から、副浄、装孤、副末、末泥。「四号墓」は前列左から、副末、副浄、装旦、末泥、後列は楽団の桟敷に五人の伴奏が並ぶ。左から、大鼓、腰鼓、笛、拍板、篳篥。舞台は「舞庁〔大広間〕」式である。金代前期の墓葬である。「五号墓」は前列左から、末泥、副末、装孤、副浄。後列は楽団の桟敷に四人の伴奏が並び、左から、袖手、拍板、篳篥、笛。舞台は「舞亭〔あずまや〕」式である。「八号墓」は左から装孤、副末、副浄、末泥、装旦。舞台は「舞楼〔楼閣〕」式である。

図 109　金代前期雑劇磚彫
山西稷山化峪鎮 3 号墓より 1979 年発掘。左から、副浄、装旦、末泥、装孤、副末。

図 110　金代雑劇図
山西平定城関鎮西関村北石圪畳山山腹東側 1 号金墓より発掘

図 111　金代雑劇磚彫
山西垣曲坡底村出土

第1章　演劇の起源と形成

図112　金代舞台磚彫と戯俑
山西侯馬の金・大安2年（1210）董氏墓より1959年発掘。左から、装孤、副末、末泥、引戯、副浄、これらを「五花爨弄」という。末泥が中央にいて主演するのは、金の院本の上演が比較的成熟した状態になっていたということであり、末と旦を主役とする元雑劇が育まれつつあったということでもある。

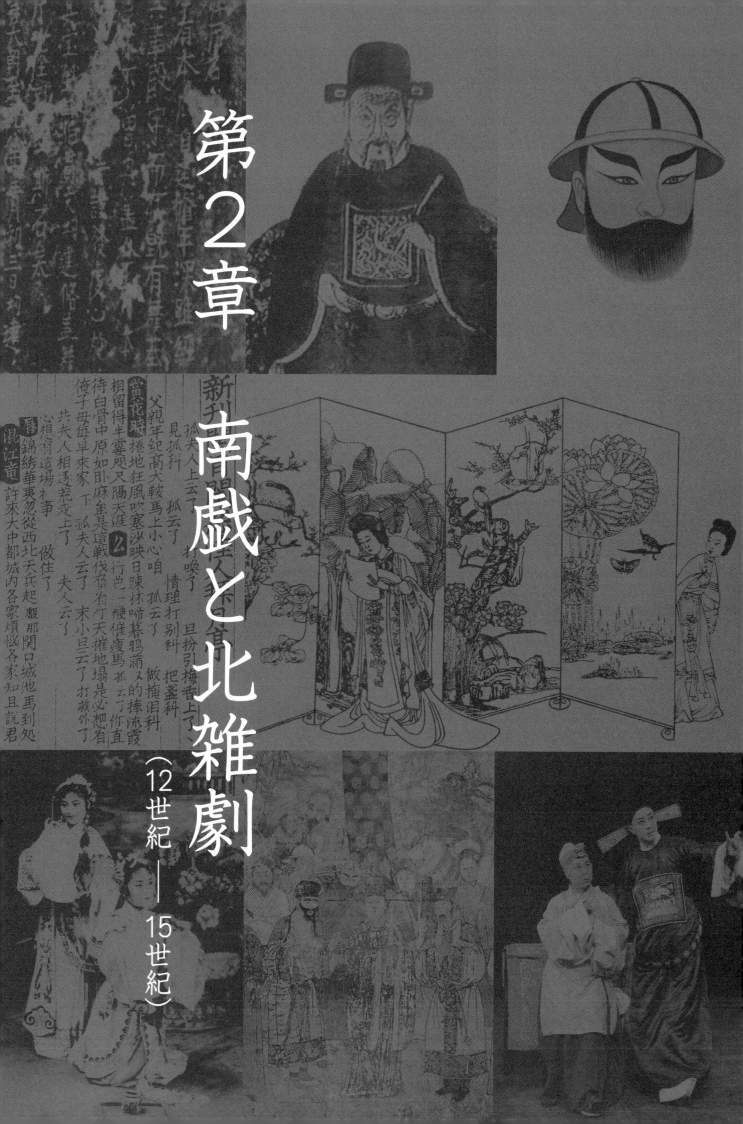

第2章 南戯と北雑劇

（12世紀——15世紀）

南宋と金・元の時期に、南戯と北雑劇がそれぞれ南方と北方において次第に形成され、中国における伝統演劇の基本的な特徴と形式が初期の段階として定められた。1279年、元朝が中国を統一し、長期にわたり南北が隔絶していた状況が終わりを告げると、南戯と北雑劇ははば広く交流するようになり、繁栄を極めた。元末明初に南戯は急速に発展したが、北雑劇は衰微していった。

翻訳者概要

　本章は、南宋から元にかけての「南戯」と「北雑劇」について述べる。この時期に、のちに長く続く中国の伝統演劇の特徴がはっきりと形をなしてきたといえる。ここでは、中国の演劇史においては前提となる知識として本文で省略されてしまっていることについて、ごく簡単にふれておく。

　まず、南戯と北雑劇に共通の作劇の方法として、複数の演目で名前のつけられた曲（曲牌）を共有し、曲牌に合わせて、曲牌を組み合わせて場面を構成し、演目の内容に沿って曲牌に歌詞を入れ（填詞）、場面を連ねて一つの作品を作るという形式がある（曲牌連套体）。

　また俳優たちが物語の中で担う役割と演目における歌唱の担当に応じて分かれる役柄（脚色、角色）も、それぞれ名称こそ異なるが南戯と北雑劇に共通する要素といえる。

　歌詞と歌唱を演劇の中心に据えたことで、演劇に用いられる歌詞が文芸として作られ、読まれるようになり、作者と読者の双方に教養の高い層が関わるようになっていった。

　南戯・北雑劇ともに、当時の上演用の台本は現存しない。しかし、それぞれの作品の歌詞にはある程度現存するものがあり、そこから演劇としての特徴をうかがい知ることはできる。その特徴を対比的にまとめれば、次のとおりである。

　南戯は、一つの作品が複数の「齣」・「出」・「折」と呼ばれる単位からできている。これは基本的には物語の内容の区切りによる。そのため、物語が長大になれば自然に場面の数も増え、50以上にわたることもある。歌曲は中国南方の音楽により、五音の音階を用いる。歌詞は長短句で押韻は当時の中国南方の音韻に基づく。生・旦・浄・末などの役柄に分かれ、基本的には生と旦の二人が主役になる。どの役柄も歌唱を担当でき、一場面において複数の役柄が歌うこともしばしばで、一曲を二人以上の役柄がかけ合いのように歌うこともあった。

　北雑劇は、一つの作品が四つの「折」と一つの「楔子」からできている。これは、基本的には複数の曲を組み合わせた音楽の区切りによるものである。そのため、物語の内容の区切りは一つの「折」の中に複数あるのがふつうで、五つの場面からのみできているのではない。歌曲は中国北方の音楽により、七音の音階を用いる。歌詞はこちらも長短句であるが、押韻は当時の中国北方の音韻に基づく。末・旦・副浄・副末などの役柄に分かれ、歌唱を担当するのは一つの演目につき、末か旦のどちらかだけである。そのため、主役は一人になる。したがって、物語から見るとその場面の中心的な人物であったとしても、主役でないために歌唱を担当しないということがまま起こる。一つの演目において、場面に応じて異なる人物が歌唱を担当する際にも、主役の俳優が二役を演じて歌唱を担当する。

　一人を主役とし、作品の長さが音楽によって制限される北雑劇と、男女の二人を主役として、作品の長さに制限のない南戯では、生み出される作品の内容も大きく異なる。本章で紹介する作品のうち、北雑劇の内容がバリエーションに富むのに比べると、南戯の内容が男女の愛情物語を中心とするのも、こうした作劇の条件によるところが大きいといえよう。

第1節　南戯

南宋の紹熙年間（1190 ～ 1194、光宗の統治時期）、南戯は永嘉（現在の温州）で生まれた。そのため「永嘉戯曲」、「永嘉雑劇」、また「温州雑劇」とも呼ばれる。北宋の宣和年間（1119 ～ 1125、徽宗の統治時期）の発生とする説もある。南戯は宋雑劇、語り物の諸宮調、歌舞などの芸能が次第にまとまり形成されたものである。南曲を歌い、脚本は「戯文」と呼ばれ、その構成は長くも短くもでき、長いものでは30 ～ 40 齣にものぼる。役柄は生・旦・浄・末・丑・貼・外に分かれる。初期の演目には『趙貞女蔡二郎』、『王魁』などがあり、170 種前後の演目名が残っている。元末明初に、「荊（『荊釵記』）、劉（『劉智遠白兎記』）、拝（『拝月亭』）、殺（『殺狗記』）」と『琵琶記』などの名作が流行し、芸術としての様式と技巧が急速に発展を遂げ、明代伝奇の創作のためにその基礎を確立した。

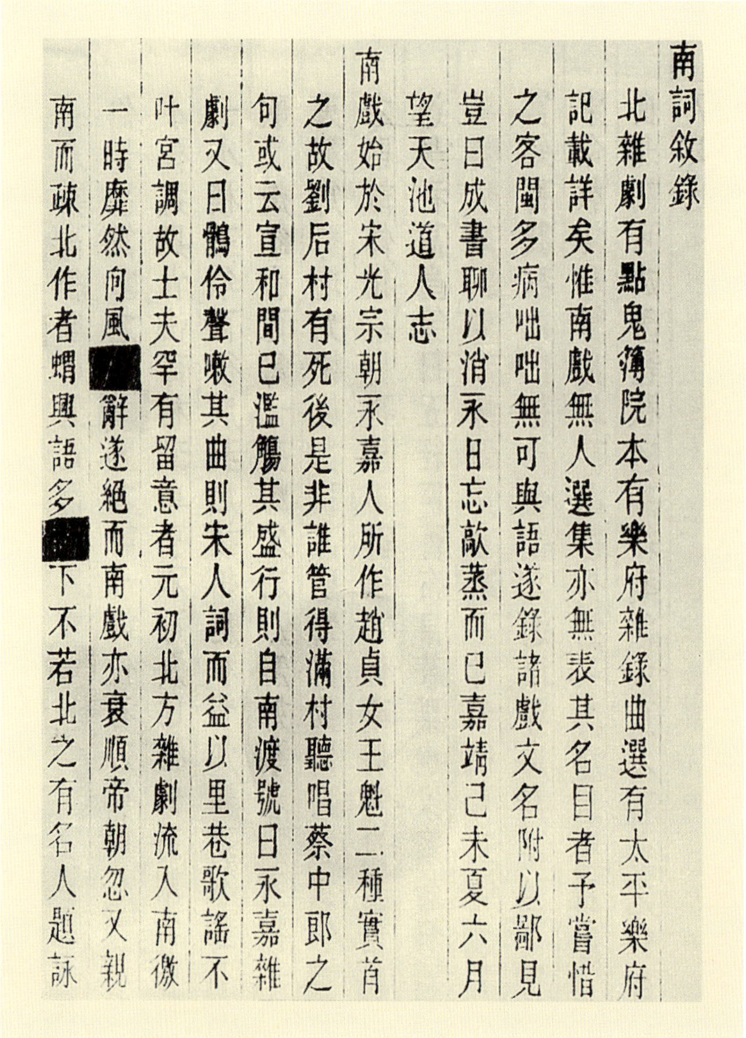
南詞敘錄
北雜劇有點鬼簿院本有樂府雜錄曲選有太平樂府記載詳矣惟南戲無人選集亦無表其名目者予嘗惜之客閩多病咄咄無可與語遂錄諸戲文名附以鄙見豈曰成書聊以消永日忘歊蒸而已嘉靖己未夏六月望天池道人志
南戲始於宋光宗朝永嘉人所作趙貞女王魁二種實首之故劉后村有死後是非誰管得滿村聽唱蔡中郎之句或云宣和間已濫觴其盛行則自南渡號曰永嘉雜劇又曰鶻伶聲嗽其曲則宋人詞而益以里巷歌謡不叶宮調故士夫罕有留意者元初北方雜劇流入南徼一時靡然向風[redacted]辭遂絕而南戲亦衰順帝朝忽又親南而疏北作者蝟興語多[redacted]下不若北之有名人題詠

図 113　明・徐渭『南詞叙録』

南戯は南宋の光宗朝（1189 ～ 1194）に始まるという記載がある。

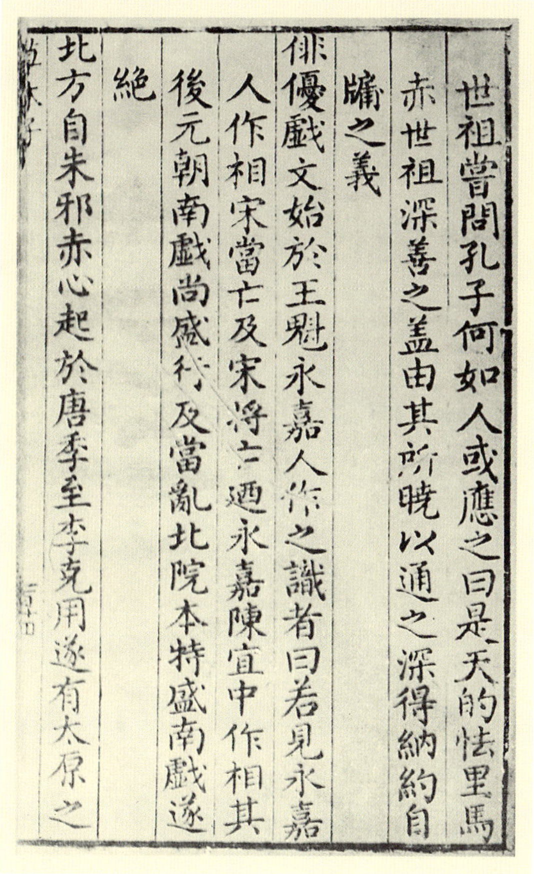
世祖嘗問孔子何如人或應之曰是天的怯里馬赤世祖深善之蓋由其所曉以通之深得納約自牖之義
俳優戲文始於王魁永嘉人作之識者曰若見永嘉人作相宋當亡及宋将亡乃永嘉陳宜中作相其後元朝南戲尚盛行及當亂北院本特盛南戲遂絶
北方自朱邪赤心起於唐季至李克用遂有太原之

図 114　元・葉子奇（ようしき）『草木子（そうもくし）』

『草木子』巻四『雑俎篇（ざっそへん）』に南戯（俳優戯文（はいゆうぎぶん））の起源と、それが元代にはなお流行していた状況が記載されている。

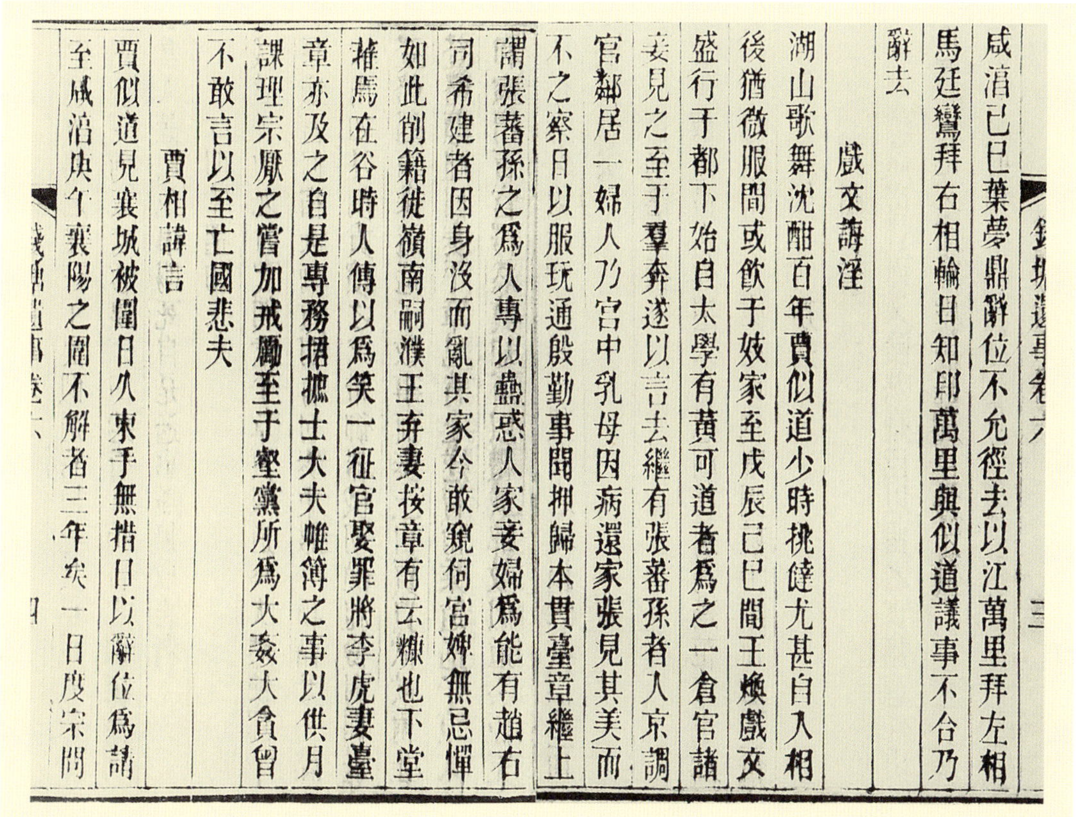
咸淳己巳葉夢鼎辭位不允徑去以江萬里拜左相馬廷鸞拜右相輪日知印萬里與似道議事不合乃辭去
戲文誨淫
湖山歌舞沈酣百年賈似道少時挑撻尤甚自入相後猶微服間或飲于妓家至戊辰己巳間王煥戲文盛行于都下始自太學有黄可道者爲之一倉官諸妾見之至于羣奔遂以言去繼有張嵓孫者入京調官鄰居一婦人乃宮中乳母因病還家張見其美而不之察日以服玩通殷勤事聞押歸本貫臺章繼上謂張嵓孫之爲人專以蠱惑人家妻婦爲能有趙右司希建者因身沒而亂其家令敢窺伺宮婢無忌憚如此削籍徙嶺南嗣濮王夯妻按章有云糠也下堂攜馬在谷時人傳以爲笑一從官娶罪將李虎妻臺章亦及之自是專務捃摭士大夫帷簿之事以供月課理宗厭之嘗加戒勵至于壑黨所爲大姦大貪曾不敢言以至亡國悲夫
賈相諱言
賈似道見襄城被圍日久束手無措日以辭位爲請至咸淳庚午襄陽之圍不解者三年矣一日度宗問

図 115　元・劉一清（りゅういっせい）『銭塘遺事（せんとういじ）』

「戯文誨淫」の条に「戊申、己巳の間（1264 ～ 1265）に、『王煥（おうかん）』戯文が都で流行した」と記載されている。

図116　祝允明石刻像
江蘇蘇州滄浪亭五百名賢祠

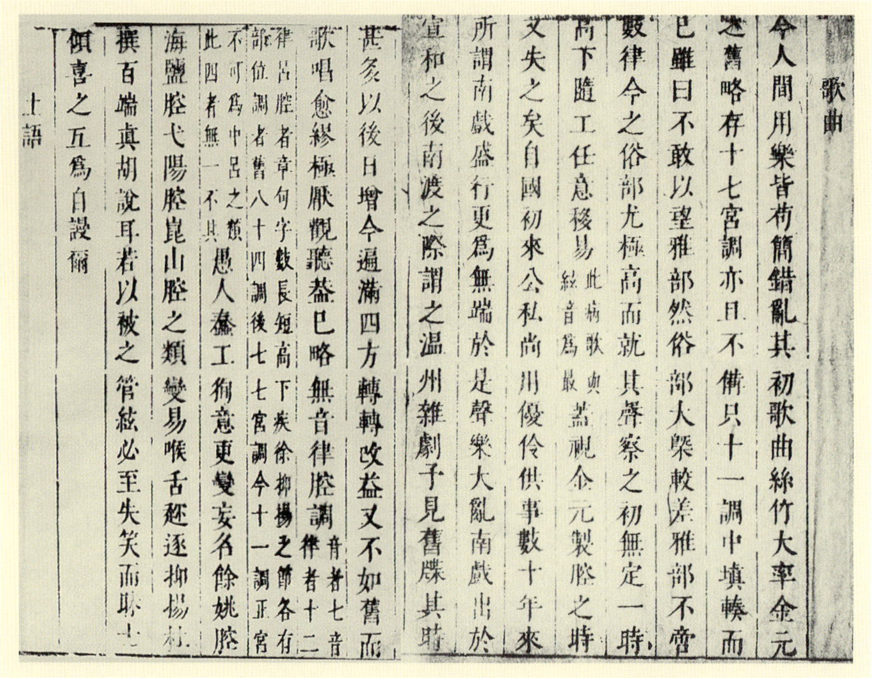

図117　明・祝允明『猥談』

南戯は宋代宣和年間の後、南宋となったころ（およそ1126年以後）に始まり、「温州雑劇」の呼び名があることも記載されている。

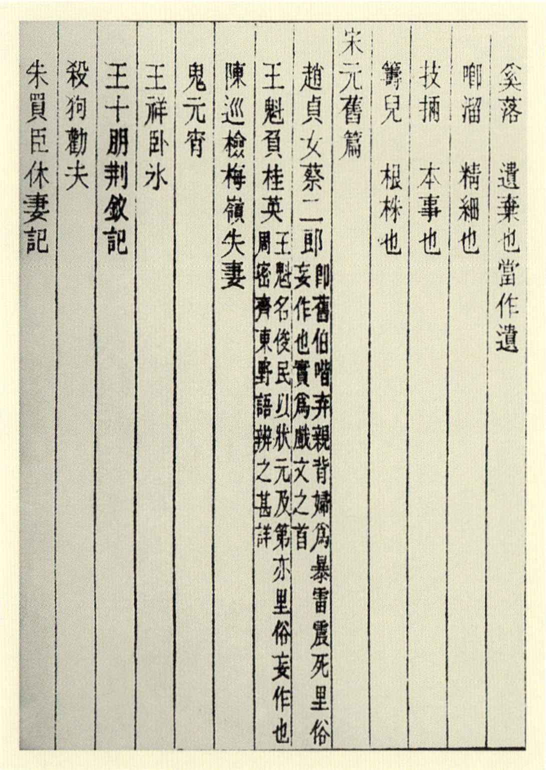

図118　明・徐渭『南詞叙録』

南戯の演目に関する記載がある。そこでは『趙貞女蔡二郎』と『王魁負桂英』がはじめに置かれている。

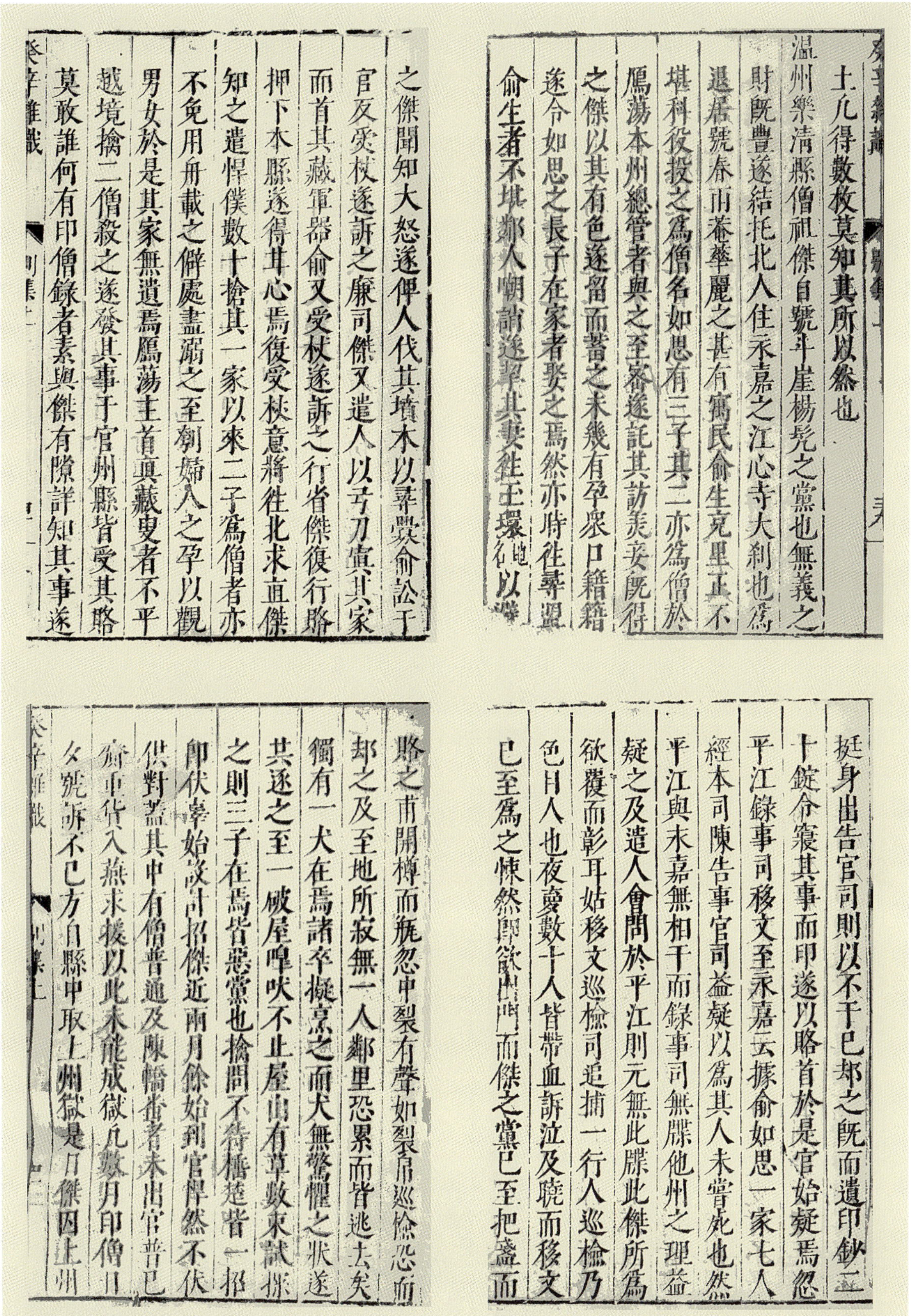

図 119　南宋・周密『癸辛雑識（きしんざっしき）』別集

『祖傑（そけつ）』戯文の題材の起源に関する記載がある。

『琵琶記』

高則誠著。『琵琶記』の出現は、元末明初における南戯の発展の重要な指標であり、明清文人の伝奇の脚本の制作にとって先駆的な作品といえ、画期的な意義を持っていた。題材は初期の南戯『趙貞女蔡二郎』に基づくが、内容は『趙貞女蔡二郎』とは大きく異なる。後漢の蔡邕が都に上って科挙を受験し、妻の趙五娘は家で蔡邕の母に仕える。蔡邕は都で状元となり、牛宰相の宰相府に招かれる。蔡邕の父母は飢饉で餓死し、趙五娘は乞食をしながら都に上り夫を探し、牛宰相の娘の助けを得て、ついに蔡邕と再会する。この作品は『趙貞女蔡二郎』における蔡邕の忠と孝にもとる行いを、忠と孝を共にまっとうするものに改めている。脚本の文学性は高く、戯曲史における重要な位置を占め、現在も各地方の伝統演劇において盛んに演じられている。

高則誠 元末明初の戯曲作家。名は明、字は則誠、号は菜根道人、浙江瑞安の人。鄞県の櫟社に隠居し戯曲を著した。著作に『琵琶記』のほか『閔子騫単衣記』（現存しない）および詩文集『柔克斎集』などがある。

図120　高則誠の族譜（高則誠の肖像画を載せる）

第2章　南戯と北雑劇

図121　瑞光堂扁額と高則誠手跡
浙江寧波櫟社郷に現存
元・至正16年から26年（1356〜1366）まで、高則誠はここに隠居し、『琵琶記』を創作した。
この扁額は沈氏十八世の子孫沈楽美が清・光緒12年（1886）に楼閣を再建した際に制作された。

図122　高則誠の故郷
浙江温州瑞安柏樹村

図123　高則誠の学んだ場所
柏樹村にある高則誠の岳父陳家の集善院（遺構）

第2章　南戯と北雑劇

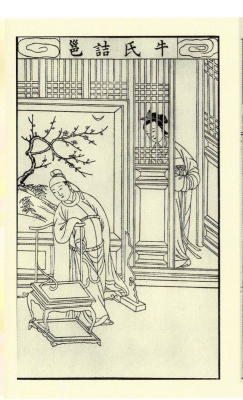

図124　『琵琶記』（3種の版本の書影）

図125　湘劇『琵琶上路』
彭俐儂が趙五娘に扮し、徐紹清が張広才に扮する。
『琵琶記』の物語の一部。趙五娘が隣家の老人張広才に別れを告げ、琵琶を持って物乞いをしながら都へ夫をたずねていく場面。

図 126　川劇『書館悲逢』
姜尚峰が蔡邕に扮し、王清廉が趙五娘に扮する。
『琵琶記』の物語の一部。都に上り夫を探す趙五娘と牛宰相の宰相府に招かれた蔡邕がめぐり合う場面。

図 127　京劇『趙五娘』
周信芳が張広才に扮し、李玉茹が趙五娘に扮する。
周信芳が『琵琶記』に基づき京劇に改めたもの。結末を張広才が蔡邕の「三不孝」を責めるものに改めている。写真は本劇の結末の場面。

『永楽大典戯文三種』　元の南戯『小孫屠』、『張協状元』、『宦門子弟錯立身』3種を収録する。これらは明代の『永楽大典』に収録されていた南戯33種の脚本のうち現存する3種である。

『荊、劉、拝、殺』　『王十朋荊釵記』、『劉智遠白兎記』、『蔣世隆拝月記』、『楊徳賢婦殺狗勧夫』を指す。これら元末の南戯4作品は、戯曲史上における影響が大きく、「四大伝奇」、「古戯四大家」とも称され、現在もなお高腔・昆腔などの伝統演劇の演目として、「荊、劉、拝、殺」と略称される。

『荊釵記』

元・柯丹丘作。貧乏書生の王十朋が荊釵〔枝でできた粗末なかんざし〕を結納の品として、銭玉蓮と夫婦となる。王十朋が状元として及第すると、丞相の万俟卨は彼を婿にしようとするが、王十朋に拒絶され、怒って彼を饒州の僉判〔藩鎮に属する文官〕から辺境の潮陽の僉判に左遷する。富豪の孫汝権は銭玉蓮を手に入れようと、王十朋が送った家への手紙を離縁の手紙に書き変える。銭玉蓮の継母は彼女に再婚するよう迫るが、銭玉蓮は従わず、やむなく川に身投げしたところを、福建の安撫〔軍事長官〕銭載和に救われる。後に王十朋は吉安の太守に任じられ、銭玉蓮と再会して夫婦もとのさやに納まる。

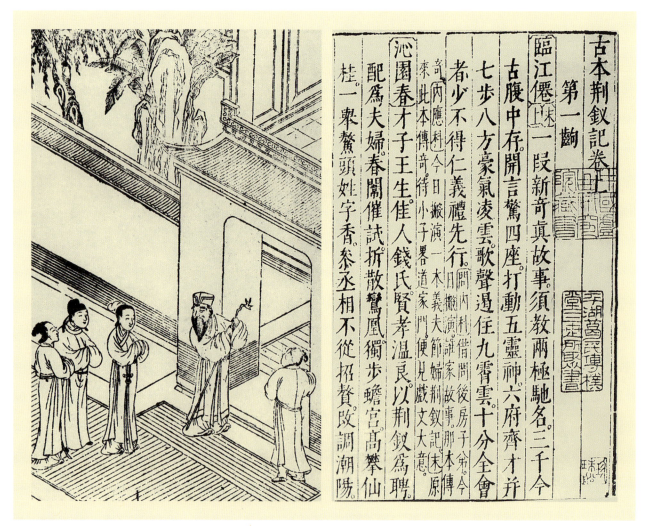

図128　『荊釵記』（本文と挿絵）

第 2 章　南戯と北雑劇

図 129　永嘉昆曲『見娘』
『荊釵記』の物語の一部。王十朋の母が都に上って王十朋を探し当て、妻の銭玉蓮が川に身を投げた知らせを告げる場面。

図 130　湘昆『見娘』
張富光が王十朋に扮し、左栄美が王十朋の母に扮する。

87

『白兎記』
はくとき

　劉智遠は貧しかったころに李三娘を妻にし、後に軍に身を投じる。李三娘は兄嫁に虐待され、粉ひき小屋で息子を産み、隣人はその息子をすでに出世していた劉智遠のもとに送る。16年後、息子は猟に出て1匹の白兎を追っていたところに母と出逢い、はじめて事のしだいを知る。後に一家は再会する。

 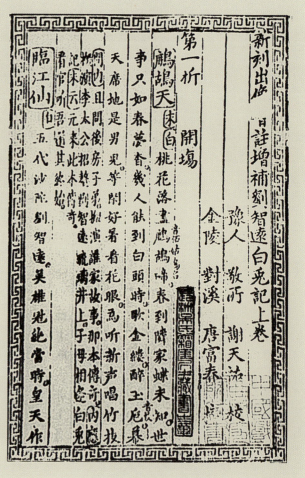

図131　明・成化本『白兎記』（本文と挿絵）

第2章　南戯と北雑劇

図 132　湘劇高腔『打猟回書』
王福梅が李三娘に扮し、陳剣霞が咬臍郎に扮する。
『白兎記』の物語の一部。劉智遠の息子咬臍郎が猟に出て母の李三娘に会い、李三娘が離別の後の辛さを訴える場面。

89

『拝月記』
はいげつき

　元・施恵作。金末の元との戦争の時期、書生の蔣世隆と少女王瑞蘭が戦争のさなか出会って夫婦になるが、王瑞蘭の父は許さず、強いて王瑞蘭を家に戻らせる。最後に蔣世隆は状元〔科挙の首席合格者〕として科挙に及第し、王瑞蘭と再会する。蔣世隆の妹瑞蓮も兄と義兄弟の契りを結んだ武状元〔武術試験の首席合格者〕の陀満興福と結ばれる。

図133　『拝月亭記』（本文と挿絵）

第2章 南戯と北雑劇

図134 莆仙戯『瑞蘭走雨』
許秀鶯が王瑞蘭に扮し、周如興が蔣世隆に扮する。
蔣世隆と王瑞蘭が雨の中で出会う場面。

『殺狗記』
<small>さっくき</small>

　明・徐㬢（仲由）作。富豪の孫華はやくざ者と交際するようになり、弟の孫栄をうとんじて追い出してしまう。孫華の妻の楊氏は一計を案じて、1匹の犬を殺して人の着物を着せ、家の門口に置く。孫華は酔って帰り、それを人が殺されていると思いこむ。孫華はやくざ者に死体をよそに移してくれるよう頼むが、やくざ者は承知するどころか役所に訴える。弟の孫栄は自らかって出て、死体を背負って埋める。その後、役人による審理が行われ、楊氏は真相を明かす。孫華はやくざ者が頼りにならないことと、弟が誠実であったことを悟って、元通りに兄弟仲睦まじく暮らす。

図135　『殺狗記』（本文と挿絵）

第 2 章　南戯と北雑劇

図 136　甫仙戯『殺狗記・楊氏勧夫』
朱金水が孫華に扮し、陳秋金が楊氏に扮する。
楊氏が夫の孫華にやくざ者を遠ざけるよう勧める場面。

第2節　北雑劇

　北雑劇とは、北曲を歌い演じる雑劇を指す。北雑劇は宋金の雑劇、院本や諸宮調を基礎として、その他の技芸を融合して発展し形成された。脚本の体裁は厳密に整えられており、ふつう一つの作品は「四折」と一つの「楔子」からなる。各折は同じ宮調のいくつかの曲牌を組み合わせた「套」（これを「套曲」と称する）を用い、「楔子」は単独の曲牌である「隻曲」を用いて、曲牌聯套体を構成する形式とする。一つの作品は通常一人の俳優（正旦、正末）が歌唱を担当し、正末が主に歌う脚本を「末本」、正旦が主に歌う脚本を「旦本」という。俳優には旦を演ずるものと、末を演ずるもののほか、旦と末とを共に歌うこともできるものもいた。

　北雑劇の創作と上演は、まず大都（現在の北京）・山西・山東・河南などの北方を中心とし、元が南宋を滅ぼした後には南方でも次第に流行するようになり、臨安（杭州）では非常に盛んに行われた。元代の北雑劇で著名な作家と作品は、中国文学史において極めて重要な地位を占めている。戯曲と散曲の総称である「元曲」は、唐詩、宋詞と同じくその時期を代表する文学として高く評価されている。その作品は後世の戯曲文学に対して、物語の内容においても上演形式においても多大な影響を与えた。その優れた伝統は、明・清の伝奇と雑劇に継承され、多くの演目が各地の地方劇で改編され上演され続けている。

図137　山西万泉四望郷后土廟元代戯台
この戯台は建築学者の梁思成によれば元代の建造と推測される。

図138 元代「張徳好在此作場〔張徳好此に在りて場を作す〕」石柱の破片とその写し

山西省万栄県孤山にある風伯雨師廟戯台前方の石柱２本の表面には、「尭都大行散楽人張徳好在此作場、大徳五年三月清明施銭十貫〔尭都大行の散楽人 張徳好がここで上演した、大徳五年三月清明 銭十貫を寄付した〕」と刻される。大徳は元の成宗の年号。大徳５年は1301年。

図139 陝西華陰県東嶽廟戯楼

この戯楼は建築学者梁思成により宋代の建築と推定される。また『同州府志』の記載によれば宋の政和年間（1111～1118）の創建である。

図140　山西翼城武池村喬沢廟元代舞庁

舞台の斗拱の下の題記には「元泰定元年創建」とある。元・泰定元年は1324年。舞台内側の上部には八角形の藻井〔上図の拡大部分〕があり、精巧で美しい。

図141　山西臨汾東羊村東嶽廟元代舞庁

舞台の石柱の銘文に「舞庁始建於元至正五年〔舞庁は元至正5年に創建された〕」とある。元・至正5年は1345年。

第2章　南戯と北雑劇

図142　山西運城西里荘元墓壁画
墓の西壁には『風雪奇』雑劇の上演の場面が描かれ、東壁には楽隊が演奏する場面が描かれる。図からは宋雑劇の「竹竿子」の制度〔竹竿を持ったものが上演の指揮をする〕を留めることが見て取れる。上からに2番目の図の右から二人目が副浄〔左の拡大図〕で、当時の顔への化粧の様子がわかる。

97

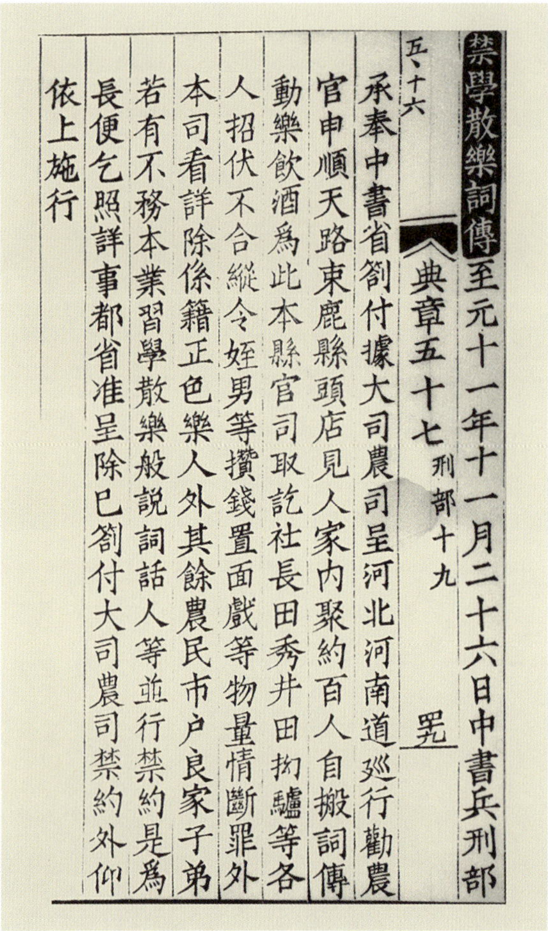

禁學散樂詞傳 至元十一年十一月二十六日中書兵刑部

《典章五十七 刑部十九 罷

五、十六

承奉中書省劄付據大司農司呈河北河南道巡行勸農
官申順天路東鹿縣頭店見人家内聚約百人自搬詞傳
動樂飲酒為此本縣官司取訖社長田秀井田拘驢等各
人招伏不合縱令姪男等攢錢置面戲等物量情斷罪外
本司看詳除係籍正色樂人外其餘農民市戶良家子弟
若有不務本業習學散樂般說詞話人等並行禁約是為
長便乞照詳事都省准呈除已劄付大司農司禁約外仰
依上施行

図 143　元代の良家の子弟が散楽（さんがく）を学ぶことを禁止したことに関する法令

元・至元（しげん）11 年（1274）11 月 26 日『元典章（げんてんしょう）』の「禁学散楽詞伝」の法令は、良家の子弟に「散楽を習ったり詞話を演じたりする……」ことを禁じている。

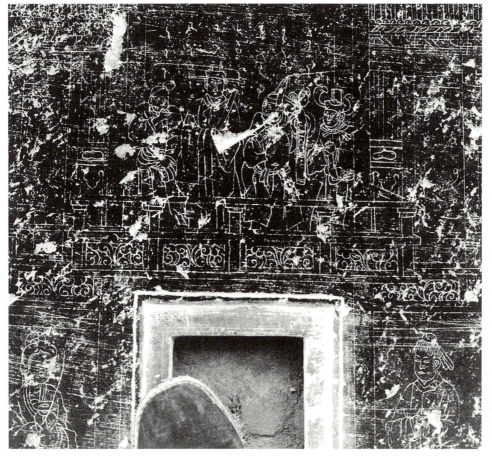

図 144　潘徳冲（はんとくちゅう）の外棺に彫られた雑劇線刻図

1206 年、モンゴルのボルジキン氏族のテムジン（チンギス・カン）がモンゴルの各部族を統一し、モンゴル族の国家をうち建てた。潘徳冲は全真教の著名な人物で、憲宗朝以前に在世した。憲宗（けんそう）6 年（1256）に没し、世祖の中統（ちゅうとう）元年（1260）に葬られた。この図は外棺の前面に元代初期における雑劇の上演の様子を刻したもの。図中の人物は左から右に副浄（ふくじょう）、末泥（まつでい）、副末（ふくまつ）、装狐（そうこ）の四つの役柄である。

第 2 章　南戯と北雑劇

図145　山西洪洞霍山明応王殿元雑劇壁画

明応王殿は、俗に水神廟と呼ばれ、唐代に創建され、その後天災と戦火により二度破壊されたが、元・延祐6年（1319）再建され、元・泰定元年（1324）に竣工した。大殿内の南壁の東側にこの壁画が描かれている。幅311cm、高さ411cm。上部にはこれとは別に題記があり、横額に「大行散楽忠都秀在此作場〔大行の散楽 忠都秀 ここで上演す〕」という11字が記され、上に「堯都見愛〔堯都でもてはやされた〕」の4字が、下に「泰定元年四月日」の7字が記される。この図からは元代平陽周辺地域の雑劇上演の様子が見て取れる。図中左から5、6番目の人物の顔には共に臉譜が描かれている（上図参照）。

99

図146 山西万栄太趙村元・至元8年（1271）稷王廟舞庁

この舞台の基部には舞庁を建てた際のレンガ彫りの記載がある（上図の拓本）。

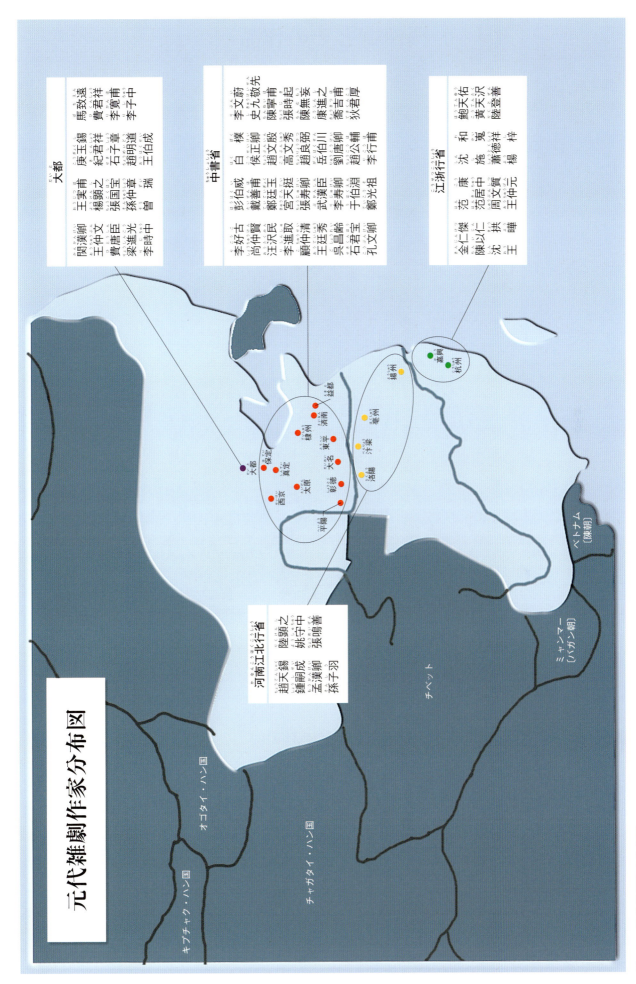

図147 元代雑劇作家分布図

関漢卿とその作品

関漢卿 号は已斎叟、金末元初の大都（今の北京）の人。雑劇67種を著し、そのうち『竇娥冤』、『単刀会』、『望江亭』、『拝月亭』、『調風月』、『蝴蝶夢』などの18種が現存している。

図148　元・関漢卿像
（現代画家李斛画）

『竇娥冤』

蔡婆の家に幼くして将来の嫁として預けられた竇娥は、成人し結婚したが、夫は死んでしまい、蔡婆と暮らしていた。無頼漢の張驢児は竇娥を我が物にしようとし、蔡婆を毒殺して身寄りのなくなった竇娥に迫ろうと企てるが、その意に反し、毒を入れた羊のモツのスープを自らの父が食べて死んでしまう。県の役人は賄賂を受け取り蔡婆と竇娥を拷問にかけて責め立て、竇娥は蔡婆を救うために自分が毒を入れたと認め、斬首の判決を受ける。刑の執行の瞬間、竇娥が無実を叫ぶと、夏6月に天は雪を降らせ、竇娥の血は純白の絹布に飛ぶ。3年後、竇娥の父竇天章が廉訪使〔地方官の監督査察を行う官職〕に任じられてこの事件を調べ直し、竇娥のために無実の罪を明らかにする。

第2章 南戯と北雑劇

図149 蒲劇『竇娥冤』
王秀蘭が竇娥に扮する。
竇娥が刑場で無実を叫び天地に呪いの言葉を吐く場面。

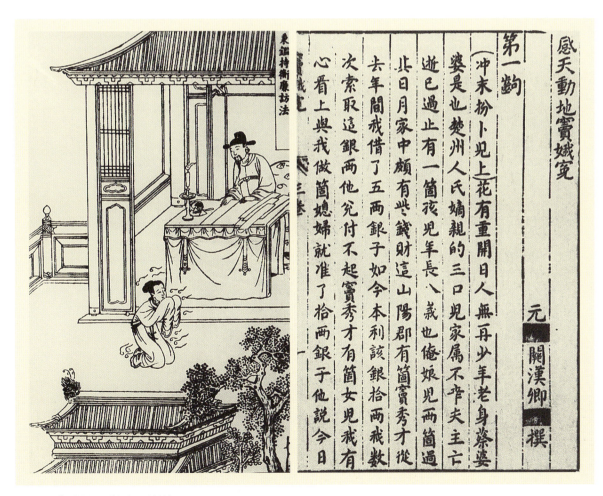

図150 『竇娥冤』（本文と挿絵）

103

『単刀会』
たんとうかい

　三国時代、呉の魯粛は劉備が借りていた荊州の地の返還を求めるため、伏兵を設けて関羽を宴に招く。関羽はその計略を見破りながら、大胆にも一振りの刀のみを手に宴に臨む。その威風は呉を圧倒し、関羽は無事に帰還する。

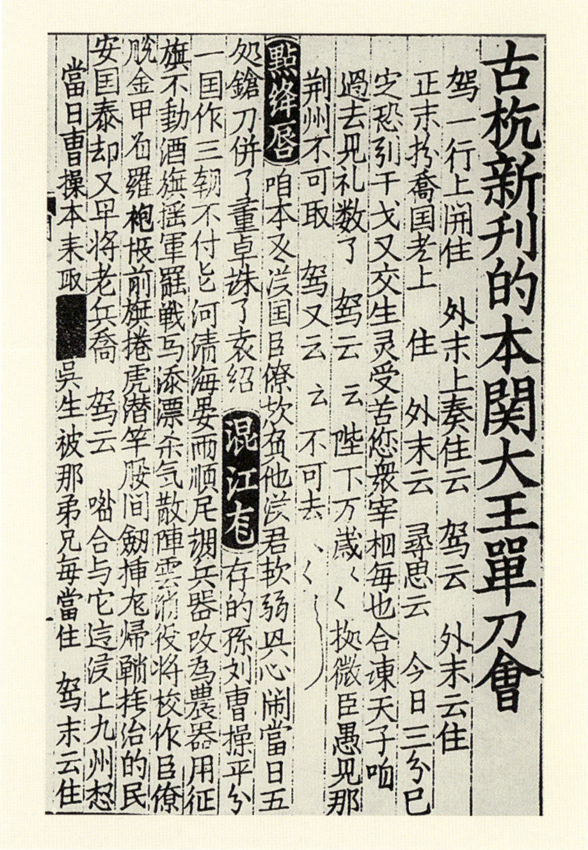

図151　元刊本『単刀会』

図152　昆曲『単刀会』
こんきょく

侯永奎が関羽に扮する。
こうえいけい
関羽が一振りの偃月刀のみを持ち長江を渡り宴に赴く場面。
えんげつとう

『望江亭』
ぼうこうてい

貴族の子弟である楊衙内は、皇帝から勢剣金牌〔全権委任の証〕を得て、白士中を捕えてその妻譚記児を奪おうと謀る。譚記児は女漁師に姿を変え、望江亭で勢剣金牌をだまし取り、楊衙内の陰謀を露見させる。

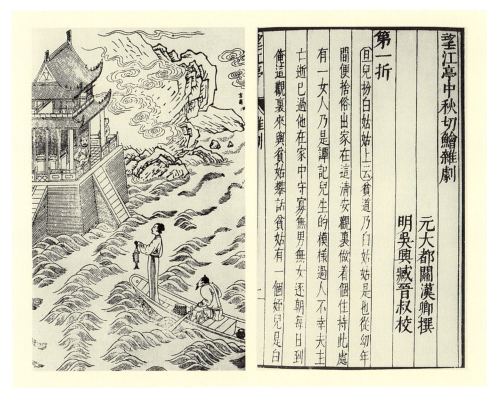

図153　『望江亭』（本文と挿絵）

図154　川劇『望江亭』
楊淑英が譚記児に扮する。
譚記児が、楊衙内が酒に酔ったのに乗じて勢剣金牌をかすめ取ろうとする場面。

『調風月』
ちょうふうげつ

　下女の燕燕は迫られて金持ちの息子小千戸に身を汚される。後に燕燕は、小千戸とある女性の婚礼の場で、小千戸の醜いふるまいを明らかにする。騒動を収めるため、小千戸は燕燕をも娶って妾とする。

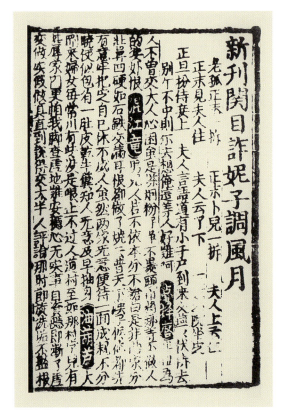

図155　元刊本『調風月』

図156　京劇『燕燕』
劉 長瑜が燕燕に扮する。

図157　蒲劇『燕燕』
王秀蘭が燕燕に扮し、筱月来が小千戸に扮する。

『救風塵』
きゅうふうじん

　妓女の宋引章は官僚の息子周舎に騙され妾
そういんしょう　　　　　　　　しゅうしゃ
にされた後、虐待を受ける。宋引章の義姉妹で
ある趙盼児は計略を設けて宋引章を救い出し、
ちょうはんじ
安秀才に嫁がせる。
あんしゅうさい

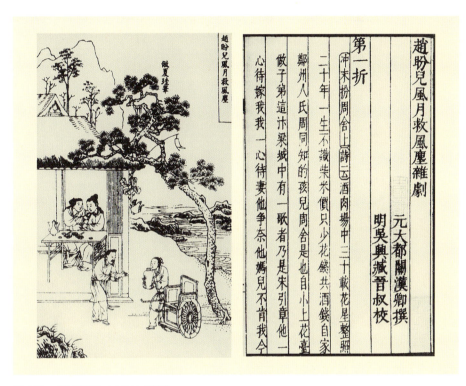

図158　『救風塵』（本文と挿絵）

図159　崑劇『救風塵』
張嫻が趙盼児に扮し、王伝淞が周舎に扮し、龔世葵が宋引章に扮する。
ちょうかん　　　　　　　　おうでんしょう　　　　　　きょうせいき

107

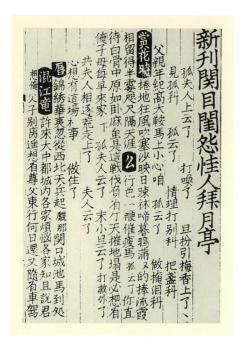

図160 『拝月亭』（物語の筋立ては南戯『拝月記』を参照）

図161 湘劇高腔（しょうげきこうこう）『拝月記』

彭俐儂（ほうりのう）が王瑞蘭（おうずいらん）に扮し、左大玢（さだいふん）が蔣瑞蓮（しょうずいれん）に扮する。王瑞蘭が蔣世隆を想い、夜に香を焚き月を拝して蔣世隆のために祈願する。それを蔣瑞蓮に見破られ、はじめて二人は自分たちが嫂（あによめ）と妹の関係であったことを知る。

王実甫とその作品

王実甫 一説には名を徳信。元・大都（今の北京）の人。雑劇の創作は知られているものは14種であるが、そのうち現存する作品は『西廂記』・『破窰記』・『麗春堂』の3種であり、『芙蓉亭』・『販茶船』の2種はそれぞれ一折の歌詞が現存する。

『西廂記』

物語は唐・元稹の伝奇小説『鶯鶯伝』に由来する。宋金の時代に南戯『張珙西廂記』があったことが知られているが、現存しない。王実甫は金・董解元の説唱『西廂記諸宮調』に基づいて雑劇に改めた。雑劇『西廂記』は書生の張珙と相国の娘崔鶯鶯との様々な曲折を経た恋愛物語で、張珙・崔鶯鶯・紅娘・老夫人などの典型的な人物形象を作り出した。この雑劇の文学的価値は高く、演劇史において重要な位置を占めている。

『西廂記』の現存する明清代の版本は100種以上あり、そのうち明・弘治戊午の年（1498）の版本がもっとも早く、もっとも整っている。近年発見された『新編校正西廂記』の断片はさらに早く元末明初に作られたものとされる。

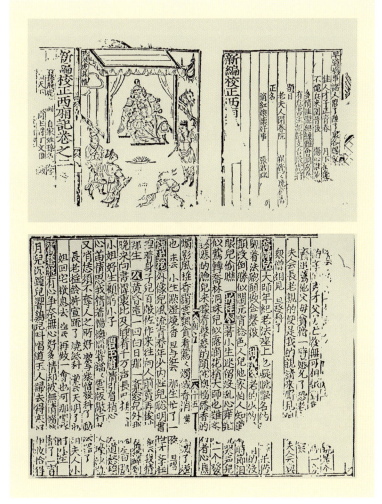

図162 元末明初刊本『西廂記』の一部

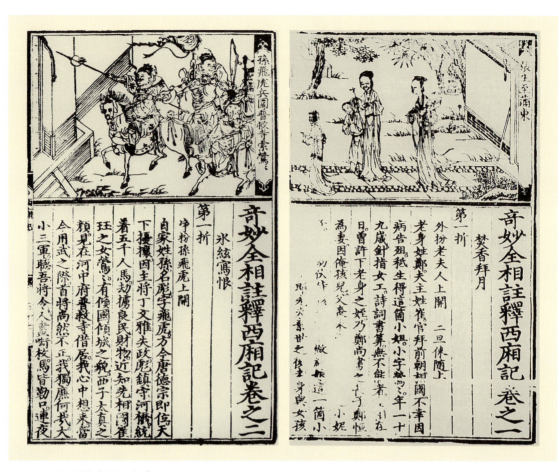

図163　明・弘治年間刊本『西廂記』

図164　張深之校訂本『西廂記』（挿絵）

第 2 章　南戯と北雑劇

図 165　越劇『西廂記』
袁雪芬が鶯鶯に扮し、呂旦英が紅娘に扮し、范瑞娟が張珙に扮する。

図 166　京劇『西廂記』
張君秋が鶯鶯に扮し、杜近芳が紅娘に扮する。

111

白樸とその作品

白樸 元代の雑劇作家。字は仁甫、太素、号は蘭谷先生、隩州の人。雑劇16種を作り、そのうち『墻頭馬上』・『梧桐雨』・『東墻記』3種が現存する。「元曲四大家」の一人である。

『墻頭馬上』

裴少俊と李千金は駆け落ちして二人でひそかに数年の間夫婦として暮らしていたが、裴少俊の父に見つかり、李千金は追い出されてしまう。裴少俊は科挙を受けて状元として及第し、李千金と再び夫婦となる。

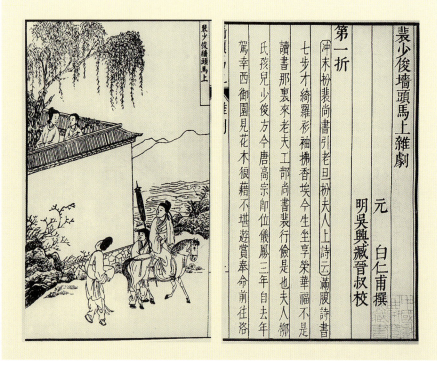

図167 『墻頭馬上』（本文と挿絵）

図168 昆劇『墻頭馬上』
兪振飛が裴少俊に扮し、言慧珠が李千金に扮する。

馬致遠とその作品

馬致遠 元代の雑劇作家。号は東籬、大都の人。雑劇15種を作り、『漢宮秋』・『薦福碑』・『岳陽楼』・『任風子』・『青衫涙』・『陳摶高臥』およびほかの作者との合作『黄粱夢』の7種が現存する。「元曲四大家」の一人である。

『漢宮秋』

前漢の元帝が妃の王昭君を匈奴に嫁がせ姻戚となる。

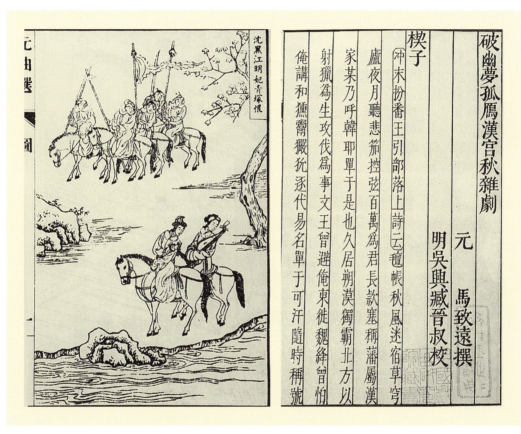

図169 『漢宮秋』（本文と挿絵）

鄭光祖とその作品

鄭光祖 元代の雑劇作家。字は徳輝。平陽襄陵の人、雑劇18種を作り、『倩女離魂』・『翰林風月』・『王粲登楼』・『周公摂政』などの8種が現存する。「元曲四大家」の一人である。

『倩女離魂』

　王文挙と張倩女は愛し合うが、張倩女の母に許されず、王文挙は都に上り科挙を受けるよう迫られる。張倩女の体が眠っている間に魂は体を離れて王文挙を追い、都でともに暮す。王文挙は科挙に及第し、魂も体に戻り、二人はめでたく夫婦となる。

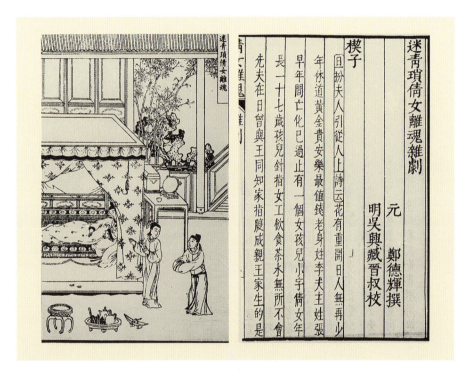

図170　『倩女離魂』（本文と挿絵）

図171　京劇『倩女離魂』
陳小梅が張倩女に扮し、楊小卿が王文挙に扮する。

紀君祥とその作品

紀君祥 元代の雑劇作家。大都の人。雑劇6種を作り、『趙氏孤児』1種が現存する。

『趙氏孤児』

春秋時代の晋の霊公と奸臣屠岸賈は忠臣趙盾一家を殺害し、さらに趙家の孤児を探して捕えようとする。趙家の食客程嬰と友人公孫杵臼は孤児を救出し、程嬰は孤児を成人まで育てあげ、ついに趙家のために汚名を晴らして復讐を遂げる。

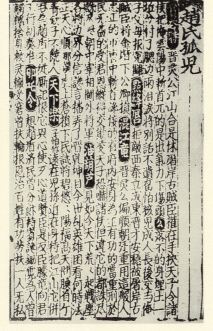

図172 『趙氏孤児』（本文と挿絵）

図174 京劇『趙氏孤児』
馬連良が程嬰に扮し、譚元寿が孤児の趙武に扮する。

図173 秦腔『趙氏孤児』
陝西易俗社の上演。

康進之とその作品

康進之 元代の雑劇作家。棣州の人。著作した雑劇に『李逵負荊』・『黒旋風老收心』の2種がある。

『李逵負荊』

山賊が宋江、魯智深の名を騙り、酒店のあるじ王林の娘をさらう。梁山を下った李逵はそれを聞き知り、梁山に取って返して忠義堂で大あばれする。王林が宋江の面通しをし、李逵はようやく誤解だとわかり、宋江らに詫び、ともに山を下りて山賊を捕える。

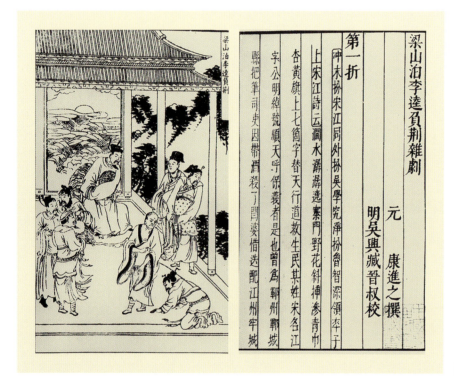

図175 『李逵負荊』（本文と挿絵）

図176 京劇『黒旋風李逵』

元雑劇『李逵負荊』を京劇に改めたもの。袁世海が李逵に扮し、李和曽が宋江に扮する。

楊顕之とその作品

楊顕之 元代の雑劇作家。大都の人。雑劇9種を作り、『瀟湘夜雨』・『酷寒亭』の2種が現存する。

『瀟湘夜雨』

書生の崔通は科挙に及第し役人となった後、妻を離縁して別に嫁を取る。妻だった張翠鸞が後を追って訪ねてくると、崔通は彼女を遠方に流刑にする。張翠鸞がその道中、臨江駅を通ると、長年離れ離れになり、高官となっていた父親と再会し救われる。その後、張翠鸞は崔通に再び嫁ぐ。

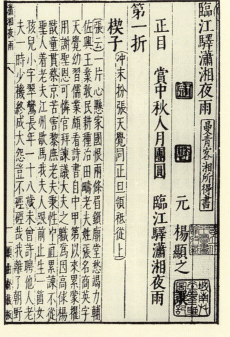

図177 『瀟湘夜雨』（本文と挿絵）

図178 京劇『瀟湘夜雨』
楊秋玲が張翠鸞に扮し、蕭潤徳が崔通に扮する。

李好古とその作品

李好古 元代の雑劇作家。保定の人。雑劇3種を作り、『張生煮海』1種が現存する。

『張生煮海』

張羽と竜王の娘が愛し合うが、竜王に阻まれる。張羽は仙女から宝物の銀鍋などを借り受け、それを使って海を煮立たせ、竜王はやむなく婚姻を許す。

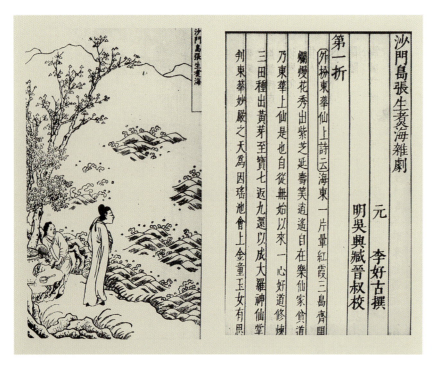

図179 『張生煮海』（本文と挿絵）

図180 評劇『張羽煮海』
李憶蘭が竜女に扮し、袁鳳霞が張羽に扮する。

李直夫とその作品

李直夫 元代の雑劇作家。女真族。雑劇12種を作り、『虎頭牌』1種が現存する。

『虎頭牌』

金代、元帥の山寿馬は軍規を司る証である虎頭牌を用いて、軍令に違反した叔父の銀住馬を処罰する。しかし後に山寿馬は、銀住馬が過ちを取り返すべく行動したことを知り、彼を許してやる。

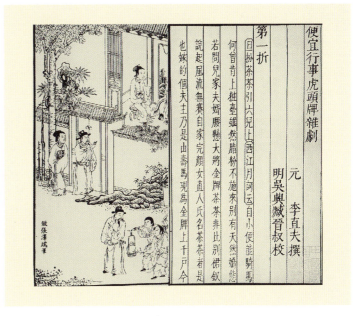

図181 『虎頭牌』（本文と挿絵）

『陳州糶米』

作者不明。宋代、陳州では旱魃が3年続いていた。朝廷は劉得中と楊金吾を災害救助のための食糧の放出に向かわせる。二人は食糧放出の際、大事業にまぎれて利益をかすめ取り、さらに自分たちに道理を説いた被災者の趙撤古を棒打ちの刑に処して殺してしまう。趙撤古の息子の小撤古は開封府に訴え出て、〔都の長官〕包拯が陳州に赴いて捜査し、汚職役人たちを成敗する。

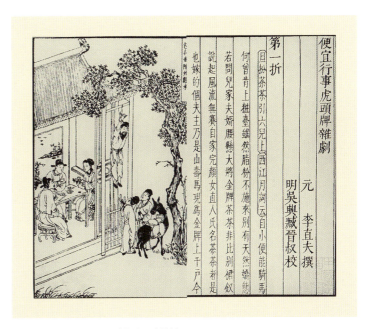

図182 『陳州糶米』（本文と挿絵）

第3章
明清伝奇と雑劇
(14世紀―18世紀)

明代における南戯の隆盛は、南北の伝統演劇の交流を基礎として、伝奇というスタイルを形成した。また南曲・北曲の歌詞を歌う弋陽腔・余姚腔・海塩腔・崑山腔などの多種の声腔が生まれ、南北の各地に広まった。明代中葉以降には、魏良輔・梁辰魚らが改良した崑山腔と弋陽腔などの多くの声腔が競争、交流、発展を通じて、文人による伝奇の創作と舞台上演の技芸（唱・念・做・打・舞）に大きな成果をもたらし、伝統演劇の輝かしい一時代を作り上げた。特に崑山腔は、文人・士大夫が盛り立てることで、洗練の度合いを増し、最も重んじられた。清代中葉に至って、崑山腔と弋陽腔などの多くの声腔は地方ごとに変化していき、各地方における新たな声腔や劇種の誕生と発展をうながした。

翻訳者概要

　本章は、明・清時代の「伝奇」と「雑劇」について述べる。本章で取り上げられる作品の多くは「伝奇」であるため、「雑劇」についてのみ題名の後に「雑劇」と付した。「伝奇」と「雑劇」は、それぞれ前章の「南戯」、「北雑劇」を継承したものであり、その主な違いが音楽と主役の扱いにあることは前章に述べたとおりである。

　本章冒頭に取り上げられる崑山腔の革新と弋陽腔の登場はすでに明代中後期に至ってのことであり、作品としては清代にかけての文人伝奇を主として取り上げるため、ここでは明初からの状況を含めて略述しておきたい。

　明朝の太祖朱元璋は、14世紀末に統一を果した後、演劇の上演に制限を設け、みだりに民間で「歴代の帝王や后妃、忠臣烈士、先聖先賢および神像」に扮する劇を演ずることを禁じた（『大明律』）。

　その一方で、自らの子孫である諸王には元代から伝わる詞曲を数多く残した。これにより、朱元璋の第17子である朱権は曲譜『太和正音譜』を編み、北雑劇の理論をまとめ、曲牌を収集分析し、元代535作、明代33作の目録を収録することができた。また、朱元璋の第4子永楽帝朱棣は即位すると南京から北京に遷都し、歴代の典籍を収集した巨大な百科事典ともいうべき『永楽大典』を編纂させた。その際、目録によれば雑劇101種、戯文（南戯のテキスト）34種の内容がそのまま収録された。また、朱元璋の孫周憲王朱有燉は自ら多数の北雑劇を作り、『群仙慶寿蟠桃会』などの作品が残されている。

　科挙に及第した名のある官僚たちが戯曲を作り、伝えられるような作品を残すようになるのは、およそ成化から弘治年間（1465～1505）に至ってのことと見られる。この時期の邵璨『香嚢記』伝奇や丘濬『伍倫全備記』伝奇が教条的な内容を持つのは、明代初頭から人々に善行を勧める演劇には制限がなかったことに関わるのであろう。これらが本章に取り上げられる多くの文人伝奇の先駆となったのである。

　明代の中後期に至っても、なお北雑劇は文人たちのいる場では盛んに演じられていた。顧起元『客座贅語』によれば、「万暦年間（1573～1620）以前には、官僚や郷紳、富豪たちは、およそ宴会や小さな集まりがあれば、多くは民間の劇団を用い、あるときは三、四人で、またあるときは大人数で、北曲の組曲を歌わせた。もし大きな宴席となれば、朝廷お抱えの劇団を用いて、院本すなわち四折をそなえた北雑劇の作品を演じさせた」という。

　万暦年間に至って元代の北雑劇の作品が『元曲選』をはじめとする大型の戯曲選集によって刊行され、その後は主に読み物として楽しまれるようになった。しかしその後、清代においても旧作・新作の北雑劇は、文人が家に持つ劇団「家楽」により、崑山腔とともに上演されていた。

　もともと北雑劇は音韻の規律が厳しく、南戯よりも作るのが難しいとされる。そのため明・清時代の文人たちが戯曲を研究し、実作に取り組む際には、常に元代から引き継がれた北雑劇の名作が意識され、歌詞の音韻と音楽の関係について考える基礎となり続けていたのである。

第1節　声腔と上演

　崑山腔・弋陽腔などの声腔の成立と盛行と、文人による伝奇の創作の発展は、明清時期の社会の風潮の推移と変遷を反映している。文人・士大夫が行う慶事の宴会や、民間の祭祀と娯楽のための廟会における仮設舞台は、劇団の上演活動と演劇を上演する場所をさらに広範にわたるものにしていった。各家お抱えの劇団である家班と民間の職業戯班が、演劇の伝播と発展を推し進める役割を果たしたのである。

図183　南戯における主要声腔の概略図

122

図184 明代崑山腔の上演図(明・崇禎年間刊行『荷花蕩』挿絵)

図185 明代弋陽腔の上演図(明・崇禎年間刊行『義犬記』挿絵)

図186 明代海塩腔の上演図（明・『金瓶梅詞話』挿絵）

図187 明代江南の農村における上演図（清・李漁『比目魚』挿絵）

第3章　明清伝奇と雑劇

図188　明人画『南中繁会図』に見える舞台上演の場面（舞台は左下）

図189　常熟翁氏旧蔵明人画『南都繁会景物図巻』に見える舞台上演の場面

125

図190 山西翼城樊店村関帝廟の明代建造の戯台

明・弘治18年（1505）に創建され、清の道光11年(1831)に再建された。戯台の下部の両側にそれぞれ水瓶を一列ずつ埋め、戯台の土台の前側に二つの通気孔を設けて、戯台の音響効果を高めている。

図191 四川犍為羅城鎮の街路をまたいで作られた戯台（明代建造）

羅城鎮の街路は狭く長く、両端が狭く真ん中の幅が広いため、上から見ると船の形のようである。戯台は街路の中間の最も幅の広いところに作られているため、船体でいえば中央部に当たり、霊官廟に正対して建てられている。戯台は明の崇禎13年（1640）に創建され、現在の戯台は創建当時の様式に従って再建されたものである。

図 192　浙江紹興湖壙郷賓舎村の明代建立の水郷戯台

戯台は土地神の廟の前にあり、明代後期に創建され、清末に再建されたものである。戯台の正面には台舌〔張り出し部分〕があり、「踐迹（古人の足跡をふむ意）」の二字が刻まれている。伝承によれば、毎年4月16日には必ず『琵琶記』を演じた。蔡邕役の俳優は故郷を思って月を眺めやる場面で必ずこの台舌を踏んで天を仰ぎ見なければならず、それを忘れてしまうと罰としてもう一度頭から上演しなければならなかったという。

図193　崑腔の分布の概略図

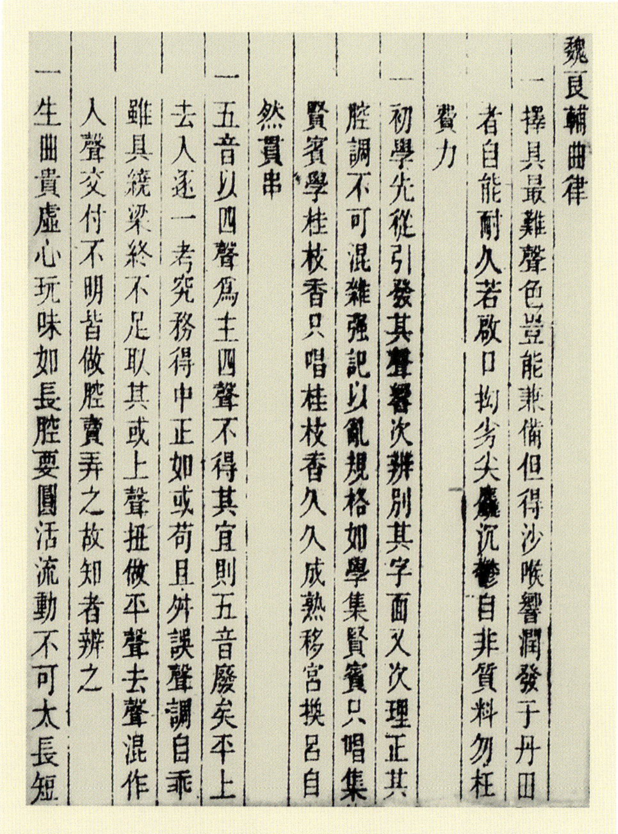

図194　明・魏良輔『曲律(きょくりつ)』

崑山腔の革新

新しく生まれた声腔である「崑山腔」を舞台にかけ、魏良輔らが作った清曲を歌う「曲唱」を発展させて舞台上での「劇唱」にしたのは、声楽家であり劇作家の梁辰魚であった。

魏良輔（1489～1566）

字は尚泉。明代中葉の江西豫章の人で、江蘇太倉に寓居した。音律に詳しく、初め北曲を習ったが、北方の出身者の王友山には及ばないことから断念して南曲を学ぶことに専念し、苦学すること10年、歌曲に秀でるようになり一世を風靡した。魏良輔は「南曲が平板で趣が無い」ことを不満とし、「あるいは喉を開きあるいは調子を抑えて、新たな曲譜を作り上げた」（余懐『寄暢園聞歌記』）。宮調・平仄・風格・発声などの方面においても努力専心し、「曲にあてはまらない声調を洗い出し、人と異なる深遠なる境地を開いた。曲調は「水磨」を用い、拍子は「冷板」に拠った。声調は平上去入の四声がうまく溶けあうようにし、発音は最初・中間・最後の音の全体が平均するようにした。技量は金を溶かし玉を刻むように深め、吐き出す息には俗気がまじらないようにした。口を開いて音を出しはじめるときには口はあくまで軽くまるめ、音の出し終わりには澄んだ細い声が出るようにした」（沈寵綏『度曲須知』）、「海塩腔と比べて、清らかでたおやか、あでやかで曲折に富む」（顧起元『客座贅語』）といわれる成果を達成した。明代の嘉靖年間に、崑山腔にはすでに笛・管・笙・琵琶などの楽器で伴奏することはあった（徐渭『南詞叙録』による）。魏良輔はさらに多くの楽器の名演奏者と協力し、三弦・提琴・箏・月琴などを加えて、南北曲における器楽による伴奏を集大成し、崑山腔の楽隊の体制を完備されたものにしていった。魏良輔が崑山腔を革新するために、江蘇周辺の老楽師や名演奏家の教えにつき、協力し合い、集まって奮闘した功績も、また無視しがたいものである。清曲を歌う新たな声腔である「崑山腔」は「流麗で悠遠」であり、弋陽・余姚・海塩の三腔に勝っていた。さらに魏良輔は上演の経験をまとめて、『南詞引正』を著した。これが後世に伝わる『曲律』である。

梁辰魚（1519～1591）

字は伯竜、号は少白。江蘇崑山の人。彼は魏良輔らが研究し制作した新しい曲譜を用いて伝奇『浣紗記』を書き、劇壇を席巻した。当時は「曲譜は王侯外戚、貴官顕官の家に伝わり、歌うさいには必ず梁辰魚を尊んだ」（張大復『梅花草堂筆談』）といわれている。

図195 『浣紗記』
春秋時代の呉が越を滅ぼし、越王勾践は臥薪嘗胆して国を強めることを誓い、范蠡の策を用いて呉王夫差に浣紗の美女である西施を献上し、呉の君臣を離間させようと謀る。ついに呉はほろび、夫差は自殺する。范蠡は功が成ると官位を棄て、西施とともに船を浮かべて去る。

図196 昆劇『浣紗記』「泛舟」
張継青が西施に扮する。

図197 昆劇『浣紗記』「寄子」
石小梅が伍辛に扮し、王継南が伍員に扮する。

図 198　昆劇『繡襦記』「教歌」
花伝詁が蘇州阿大に扮し、王伝淞が揚州阿二に扮し、周伝英が鄭元和に扮する。
明・徐霖作。唐代の鄭元和と妓女李亜仙の愛情物語。「教歌」の一齣は、鄭元和が落魄して乞食たちに歌を学ぶ場面を演ずる。

図 199　昆劇『安天会』
鄭振基が孫大聖〔孫悟空〕に扮する。
元雑劇『西遊記』に由来する。孫大聖が天宮で大暴れし、最後に釈迦如来によって調伏される。

図200 湘昆『武松殺嫂』

匡升平が武松に扮し、劉国卿が潘金蓮に扮する。
明・沈璟作『義侠記』の物語の一部。武松が兄嫁の潘金蓮を殺し、兄の武大郎のためにかたきを取る。

図201 川昆『酔皂』

劉成基が陸鳳萱に扮する。
明・徐復祚の伝奇『紅梨記』の物語の一部。皂隷〔下人〕の陸鳳萱が銭知県の命令を奉じて趙汝舟のもとに行き、酒を飲んで月を愛でることを約束させる。この場面では陸鳳萱は酒に酔って恍惚となり、言葉にも礼儀がなくなり、趙汝舟にしきりにからむ。

弋陽腔とその他の声腔

　弋陽腔は南戯の「四大声腔」の中でも流行の範囲が最も広く、影響が比較的に大きかった声腔である。江西省の弋陽において形成され、全国に広まった。「一人が歌えばみなが唱和し、銅鑼や太鼓を打って拍子をとる」、「もともと曲譜はなく、ただ土俗にしたがう」といわれていた。それが変化し発展して徽州・青陽・四平・京腔などの声腔および各地の高腔となった。その劇目は豊富で、題材は広範である。上演のスタイルは粗っぽく豪放で、民間の特色を色濃く備えている。

図202　弋陽腔から変化した各地の声腔の概略図

図203　高腔の分布の概略図

高腔を取り入れている劇種	
江西：贛劇	浙江：甌劇
東河戯	婺劇
撫河戯	湖南：巴陵戯
袁河戯	祁劇
瑞河戯	湘劇
吉安戯	衡陽湘劇
福建：閩劇	常徳漢劇
詞明戯	
広東：排楼戯	
潮劇（潮腔）	
粤劇（広腔）	
白字戯	
瓊劇	
広西：桂劇	
山東：柳子戯	

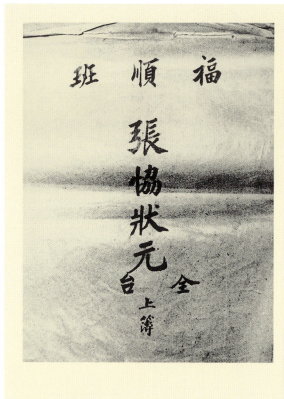

図204　興化腔『張協状元』（莆仙戯「福順班」写本）

宋代の南戯『張協状元』に由来する。書生張協が科挙の試験に赴く途中で強盗に遭い、貧女に助けられ、二人は夫婦となる。しかし張協は状元となると貧女を棄てる。貧女は高官の王徳用に養われるようになり、王徳用は張協と貧女を再び夫婦にさせる。

図205　莆仙戯『張協状元』

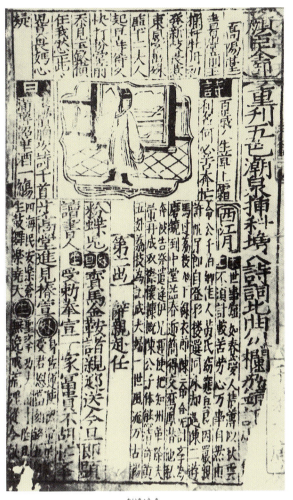

図206　明代嘉靖刊本『荔鏡記（れいきょうき）』
陳三（ちんさん）と黄五娘（こうごじょう）が相思相愛になるが、父は黄五娘を富豪の林大（りんだい）に嫁がせる。後に陳三と黄五娘は下女の益春（えきしゅん）の助けにより手を取り合って駆け落ちする。

図207　潮劇『陳三五娘（ちんさんごじょう）』
広東省潮劇団による上演：姚璇秋（ようせんしゅう）が五娘に扮する。
この物語の題材は『荔鏡記』と同じである。

図208　梨園戯『陳三五娘』
蘇烏水が五娘に扮し、蘇鷗が益春に扮し、蔡自強が陳三に扮する。

図209　梨園戯『朱文走鬼』（写本）

図210　梨園戯『朱文太平銭・走鬼』
福建晋江地区梨園劇団による上演。
『朱文太平銭』は宋元間の南戯であるが、原作はすでに失われている。現在、梨園戯にこの演目が現存する。朱文は旅籠の中で少女の霊に出会い、少女の霊は朱文に五百太平銭を贈る。後に二人は結ばれて夫婦となる。

第3章　明清伝奇と雑劇

図211　青陽腔『出猟回猟』
『白兎記』の物語に由来する。

図212　正字戯『擲釵』
広東海豊劇団による上演。

第2節　作家と作品

　明代以後、伝奇・雑劇の創作は南戯と北雑劇の伝統を継承し、多くの作家と作品が現れた。明代の隆慶・万暦年間には崑山腔が盛行し、伝奇の創作はますます盛んになった。弋陽腔などの声腔は長きにわたり舞台での実際の上演を通じて、崑山腔と相互に交流し、崑山腔の作品を「曲調をあらためて舞台にかける」こともあった。また民間の文人や芸人が制作した演目の多くは、通俗的でわかりやすく、独特のスタイルを備えていた。

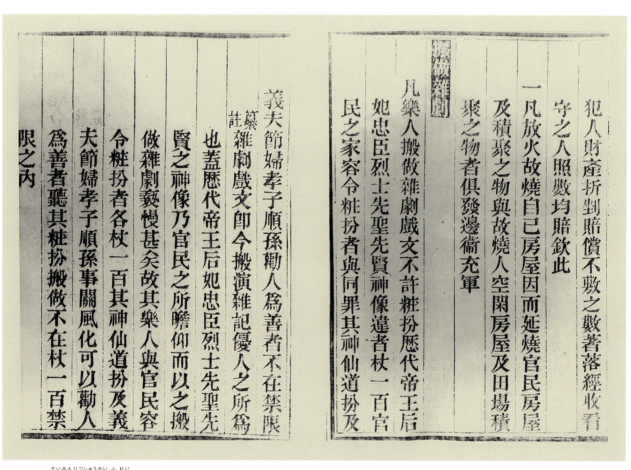

図213　『大明律集解附例』に見える演劇の上演禁止に関する法令

第3章　明清伝奇と雑劇

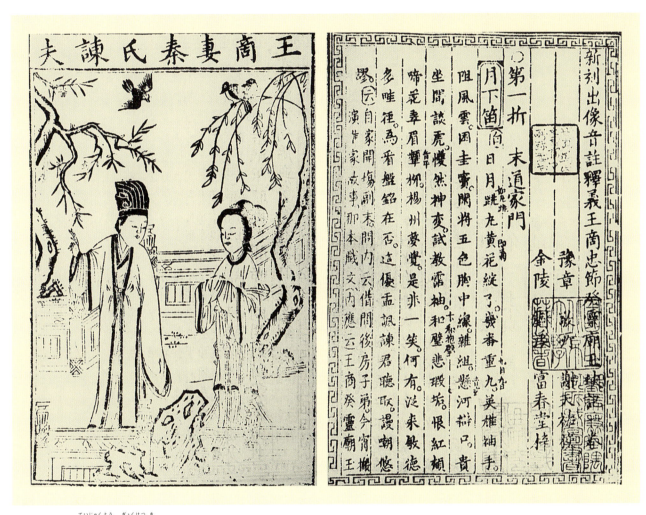

図214　明・鄭若庸『玉玦記』（本文と挿絵）

書生の王商が都の臨安に科挙の受験に赴き、妻の秦氏は彼に玉玦を贈る。王商は科挙に及第せず、しばらく臨安に留まり、妓楼で金を使い果たして追い出される。秦氏は反乱軍の将軍張安国に連れ去られるが、髪を切り、顔を傷つけて妾になることを拒む。数年後、王商は科挙に状元として及第し、張安国は宋の将軍張浚に捕われて斬られ、王商は秦氏と再び共に暮らす。

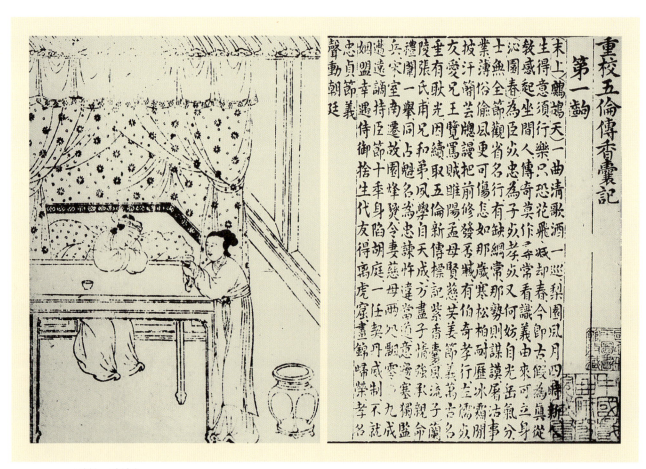

図215　明・邵燦『香囊記（こうのうき）』（本文と挿絵）

宋代の張九成（ちょうきゅうせい）が科挙に状元として及第した後、命令を受けて金国に使者に立つが捕えられる。乞食が張九成の紫の香り袋を張九成の妻と母のもとに持って行き食糧に替えようとし、張九成がすでに死んでいると嘘をつく。張九成の妻と母は金軍が都の汴京（べんけい）を陥落した際に離れ離れになる。趙運使（ちょううんし）の子は、乞食から香り袋を買ってそれを贈り物にし、張九成の妻を娶ろうとする。張九成は金から逃げ戻って観察使に任じられていたところ、妻が香り袋を持って訴え出てくるのに出会い、ついに一家団円となる。

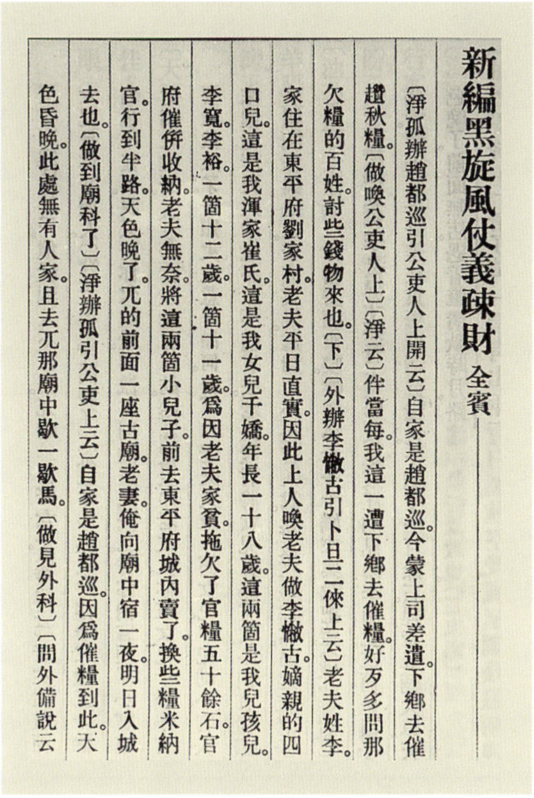

第3章 明清伝奇と雑劇

新編黑旋風仗義疏財 全賓

〔淨孤辦趙都巡引公吏人上開云〕自家是趙都巡今蒙上司差遣下鄉去催趱秋糧〔做喚公吏人上〕件當每我這一遭下鄉去催糧好歹多問那欠糧的百姓討些錢物來也〔下〕〔外辦李憨古引卜旦二俠上云〕老夫姓李。家住在東平府劉家村老夫平日直實因此上人喚老夫做李憨古嫡親的四口兒這是我渾家崔氏這是我女兒千嬌年長一十八歲這兩箇是我兒孩兒。李寬李裕一箇十二歲一箇十一歲爲因老夫家貧拖欠了官糧五十餘石官府催併收納老夫無奈將遺兩箇小兒子前去東平府城内賣了一夜明日入城官行到半路天色晚了兀的前面一座古廟老妻俺向廟中宿一宵明日入城去也〔做到廟科了〕〔淨辦孤引公吏上云〕自家是趙都巡因爲催糧到此天色昏晚此處無有人家且去兀那廟中歇一歇馬〔做見外科〕問外備說云

図216　明・朱有燉『黒旋風仗義疏財』雑劇

李憨古は娘を趙都巡に無理に娶られ、梁山泊に助けを求める。宋江は李逵らを遣わして下山させ助けに行かせる。李逵は花嫁に化け、趙都巡を懲らしめる。

図217　京劇『丁甲山』

『黒旋風仗義疏財』の前半部分の筋立てを京劇に改めた演目。
侯喜瑞が李逵に扮する。

141

新編林冲寶劍記巻上　中麓放客撰
第一出　末上白　西江月
秋月照窮今古。春花開滿樓臺。春花落盡更還開。秋
月年年長在。惟有浮生若夢。須知逝水難迴。得時歓
笑且啣盃。鏡裏朱顔易改　鷓鴣天　一曲高歌勸
玉巵。閒收風月入吟囊。聯金綴玉成新傳。換羽移宮
按舊腔。誅讒佞。表忠良。提真托假振綱常。古今得失
興亡事。眼底分明夢一場　試問當行作家。今日扮
演那本傳奇。内應扮的是林冲寶劍記。呀。原來是這
本故事。聽道出處　滿庭芳　義士林冲。孝妻張氏

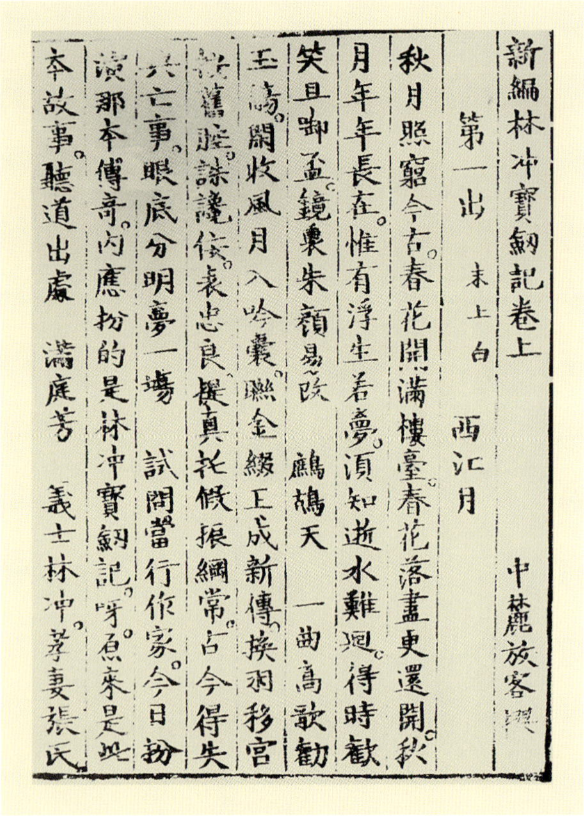

図 218　明・李開先『宝剣記』

林冲が高俅に罪を着せられ、出奔して梁山泊に逃げこむ。後に林冲は兵を率いて都を攻め、皇帝はなす術なく、高俅を梁山泊軍の前で処刑し、梁山泊軍をなだめる。

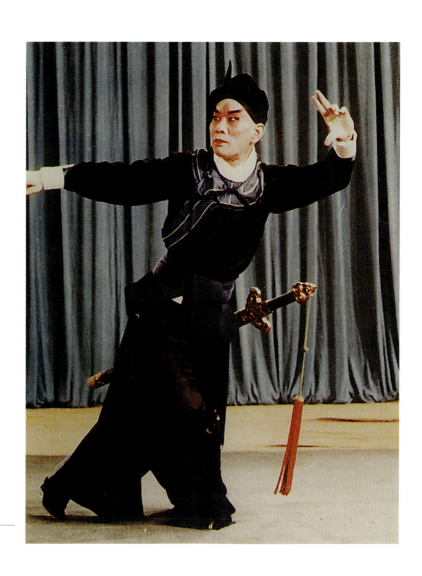

図 219　昆劇『宝剣記』「夜奔」

侯永奎が林冲に扮する。

第3章 明清伝奇と雑劇

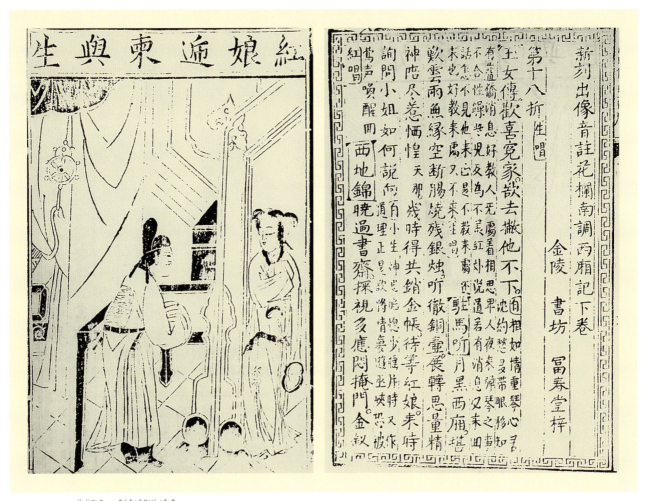

図220　明・李日華『南調西廂記』（本文と挿絵）
先に明・崔時佩が元・王実甫の『西廂記』雑劇に基づいて伝奇に改めた作品があったが、現存しない。明・李日華はこれにさらに増訂し、『南調西廂記』と名づけた。曲牌は南曲を用いており、歌詞も書き改めている。

143

図221　昆劇『南調西廂記』「遊殿(ゆうでん)」
石小梅(せきしょうばい)が張珙(ちょうきょう)に扮し、林継凡(りんけいはん)が法聡(ほうそう)に扮する。

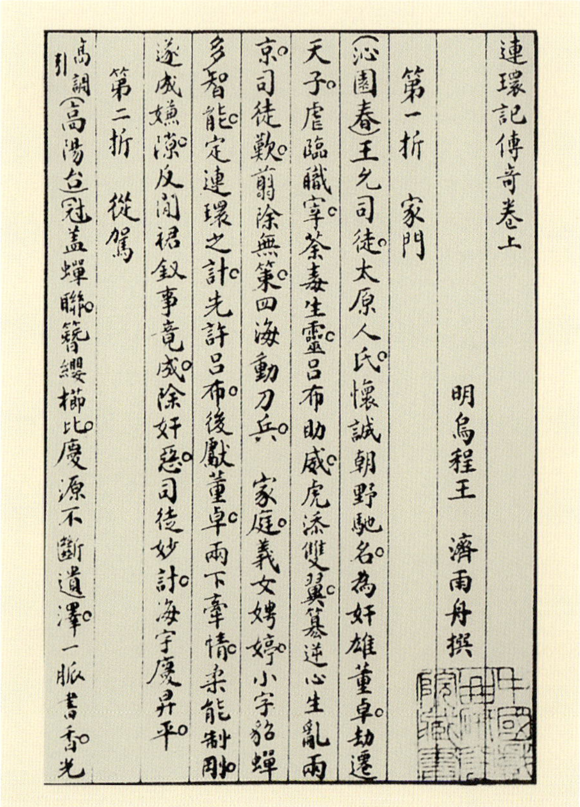

図222　明・王済(おうさい)『連環記(れんかんき)』
後漢の末、司徒の王允は奸雄董卓を除くため、養女の貂蝉をつかわして董卓と義子の呂布との関係を割き、呂布が董卓を殺す。

図223 川劇『小宴』
鄭雅蘭（ていがらん）が呂布に扮し、于英蘭（うえいらん）が貂蝉に扮する。

図224 昆劇『連環記』「小宴」
兪振飛（ゆしんひ）が呂布に扮し、徐凌雲（じょりょううん）が貂蝉に扮する。

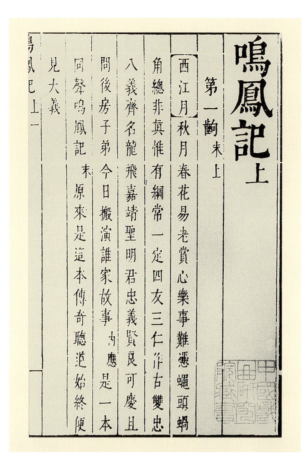

図 225　明・王世貞『鳴鳳記』
明代、宰相の厳嵩らが権力を握り、朝廷の政治をわがものとしていたために、政治は暗黒に包まれていた。諫官の楊継盛ら八人はたびたび厳嵩らと闘争するが、いずれも失敗する。最後に厳嵩一党の罪が暴かれて処刑される。

図 226　昆劇『鳴鳳記』「写本」
黄小午が楊継盛に扮する。

第3章 明清伝奇と雑劇

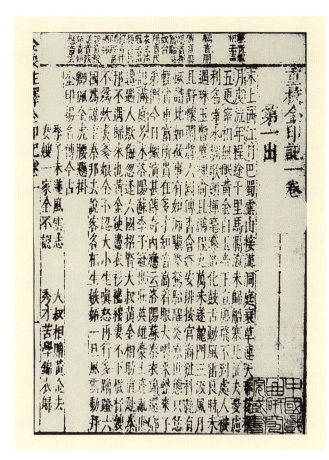

図227　明・蘇復之『金印記』
戦国時代の蘇秦がまだ世に出ないころには一族から疎んじられ、世に出て丞相となった後には一族から阿諛追従を受ける。

図228　婺劇『黄金印』
周越桂が蘇秦に扮し、鄭蘭香が周氏に扮する。

147

図229 明・康海『中山狼』雑劇

戦国時代の趙簡子が狩りの途中で1匹の狼を追う。狼は東郭先生に救われるが、逆に東郭先生を食らってしまう。後に狼は打ち殺される。

図230 粤劇『六国封相』

徐 渭（1521～1593）

　字は文長、号は天池、青藤道人、田水月など。山陰（浙江紹興）の人。人となりは豪放であり、官途においては不遇であった。詩文・書画をみな得意とし、多くの著述がある。劇作には『四声猿』・『歌代嘯』などがある。上演に向く劇作を主張し、美辞麗句をちりばめた劇作に反対した。また著に『南詞叙録』があり、これは南戯研究の最初の専著である。

図231　徐渭像

図232　徐渭石刻像と自題の画賛
浙江紹興にある徐渭の故居、青藤書屋内にある。

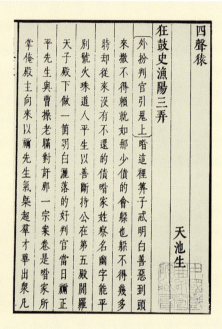

図233　明・徐渭『四声猿（しせいえん）』雑劇（本文と挿絵）

『四声猿』は4種の雑劇からなる。一、『狂鼓史（きょうこし）』：あの世の裁判官が曹操（そうそう）の魂を呼び寄せ、禰衡（でいこう）は太鼓を叩いて曹操を罵る。二、『翠郷夢（すいきょうむ）』：月明（げつめい）和尚（おしょう）が柳翠（りゅうすい）に仏道を説いて出家させる。三、『雌木蘭（しもくらん）』：花木蘭（かもくらん）が父に代わって従軍する。四、『女状元（じょじょうげん）』：黄崇嘏（こうすうか）が男装して状元になり、最後に丞相の息子の妻となる。

図234 明・西湖居士『鬱輪袍』（本文と挿絵）
明・王衡の『鬱輪袍』雑劇を伝奇に改めたもの。唐代の詩人王維が功名利禄を疎んじて安禄山に投降しなかったことなどを演ずる。

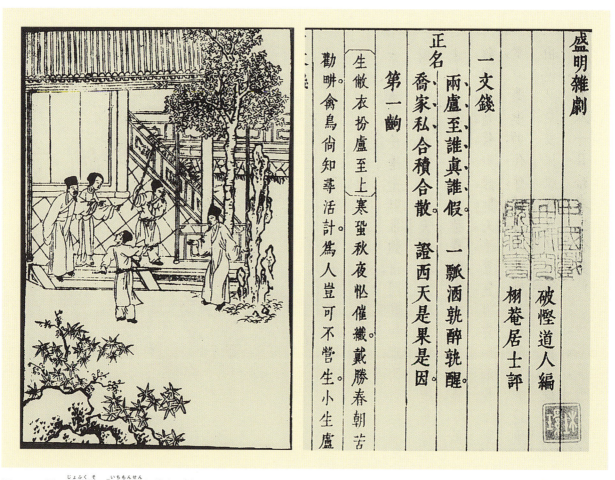

図235　明・徐復祚『一文銭』雑劇（本文と挿絵）
仏祖釈迦牟尼が富豪の盧至を導き、吝嗇であった盧至に、ついにはこの世の一切がすべて幻にすぎないという道理を悟らせる。

湯顕祖 (1550〜1616)

劇作家。字は義仍、号は海若、若士、清遠道人。江西臨川の人。居所を「玉茗堂」と名づけた。作品に『紫釵記』・『牡丹亭（還魂記）』・『南柯記』・『邯鄲記』伝奇があり、合わせて『臨川四夢』もしくは『玉茗堂四夢』と呼ぶ。人となりは謹厳正直、官僚としては清廉であり、民衆に慕われた。詩文と戯曲の創作においては「至情」、「尽才」をとなえ、感情の極まるところ、生死をも超えると主張した。「およそ文というものは、意・趣・神・色を主とする。四者が揃ったとき、あるいは凝った麗句や優れた音曲を作ることができるかもしれない。そのようなときにいちいち九宮四声を気にすることができようか。もし逐一字音や声調を確かめていれば、滞りやはみ出しの労苦ばかりとなり、詩句を作り出すことはできなくなってしまうだろう。」（書簡「呂姜山に答える」より）このように湯顕祖は、声律は「情至」の足かせになるべきではないと考えていたのである。

図236　湯顕祖画像（清・陳作霖画）

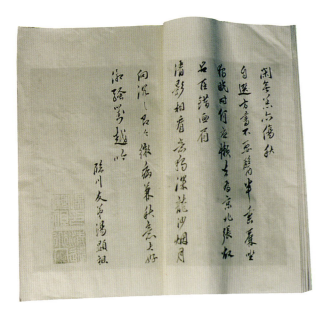

図 237　湯顕祖手蹟

図 238　湯顕祖の著作の木版

図 239　湯顕祖の故居の裏庭

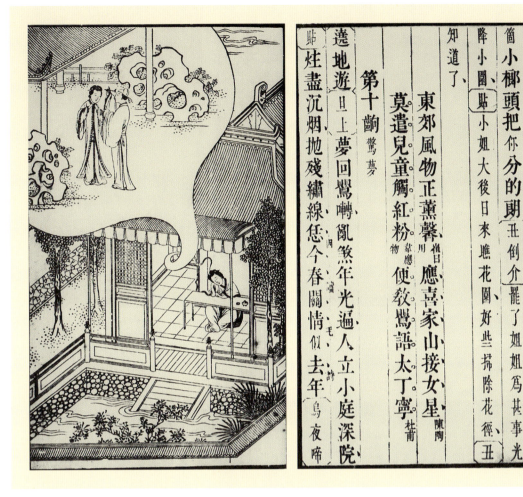

図240 『還魂記』（本文と挿絵）
少女杜麗娘が夢の中で書生柳夢梅と出会い、目覚めた後に思いを募らせて病に倒れて死んでしまう。柳夢梅は再び杜麗娘の魂と出会い、ついには杜麗娘は蘇り、二人は夫婦となる。

図241 昆劇『牡丹亭』「春香鬧学」
韓世昌が侍女の春香に扮する。

図242　贛劇高腔『還魂記』
潘鳳霞が杜麗娘に扮する。

図243　昆劇『牡丹亭』「遊園」
張継青が杜麗娘に扮し、徐華が春香に扮する。

図244　昆劇『牡丹亭』「遊園驚夢」
梅蘭芳が杜麗娘に扮し、姜妙香が柳夢梅に扮する。

図 245 『紫釵記』（本文と挿絵）

唐代の李益が、名妓霍小玉が失くした紫玉の釵を拾い、その釵をきっかけに霍小玉を娶る。李益が科挙に状元として及第し軍功をたてた後に、盧大尉は娘を李益に嫁がせようとし、紫玉の釵を買い取り霍小玉がすでに他に嫁いだという嘘をつく。後に黄衫客の手助けを得て、李益と霍小玉は再び夫婦となる。

図246 『南柯記』（本文と挿絵）
淳于棼（じゅんうふん）が夢に槐安国（かいあんこく）に入り、王女と結婚して南柯太守（なんかたいしゅ）に任じられ、ついで昇進して左丞相（さじょうしょう）となるが、後に汚職の罪により放逐される。そこで夢から覚め、この世が幻であると悟って昇仙する。

158

第3章 明清伝奇と雑劇

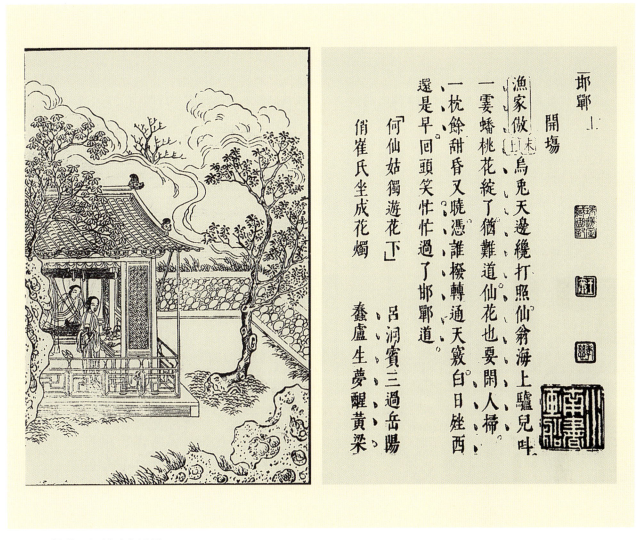

図247 『邯鄲記』（本文と挿絵）
盧生（ろせい）は邯鄲の宿屋で仙人呂洞賓（りょどうひん）に導かれて夢を見る。夢の中で賄賂によって官職を得、一度は位を追われるものの再び官位につき、栄華と富貴をほしいままにして一生を終える。夢から覚めて悟り、呂洞賓に従って仙人となってこの世を去る。

沈 璟 (1553〜1610)

　明代の劇作家。字は伯英、号は寧庵、詞隠。江蘇呉江の人。著作には『義俠記』・『博笑記』など伝奇17種があり、合わせて『属玉堂伝奇』と呼ばれる。音律を研究し、上演に向く劇作を主張した。南北曲を集め、曲名・句式・拍節・四声・曲韻を考証校訂した。著作に『南九宮十三調』がある。これは南九宮719種の曲牌を劇作家と演者にとって依拠すべき典範としたものであった。彼は「楽府と名づけるからには、曲律と声腔にかなうべきである」ことを強調した。「たとえ今の人々が讃えるものでなくなろうとも、曲律と声腔にかなわないものにしてはならない」(套曲『二郎神』)とも述べている。これは湯顕祖の見解とは明確に異なる。

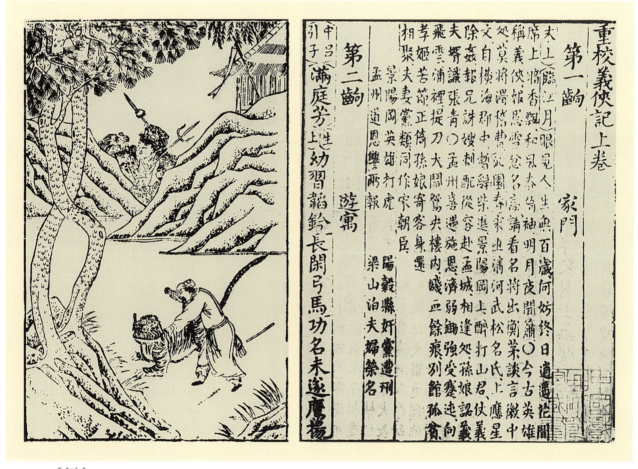

図248　『義俠記』(本文と挿絵)

『水滸伝』の武松の物語。武松が景陽崗で虎を退治する場面から始まり、武松らが朝廷に招かれて官軍となる場面で終わる。

第3章 明清伝奇と雑劇

図249 昆劇『遊街』
張継蝶が武植に扮する。

図250 昆劇『打虎』
蓋叫天が武松に扮する。

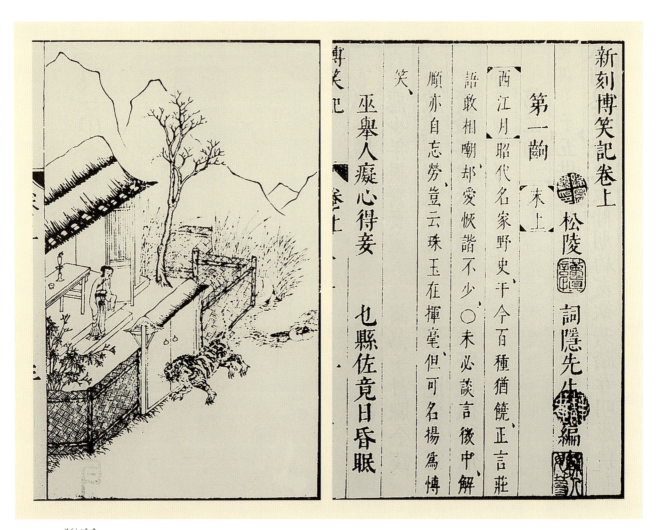

図251 『博笑記』(本文と挿絵)

『博笑記』は『巫孝廉』・『乜県丞』・『虎叩門』・『仮活仏』・『売嫂』・『仮婦人』・『義虎』・『賊救人』・『売臉人捉鬼』・『出猟治盗』の10種の短編演目からなる。

第3章 明清伝奇と雑劇

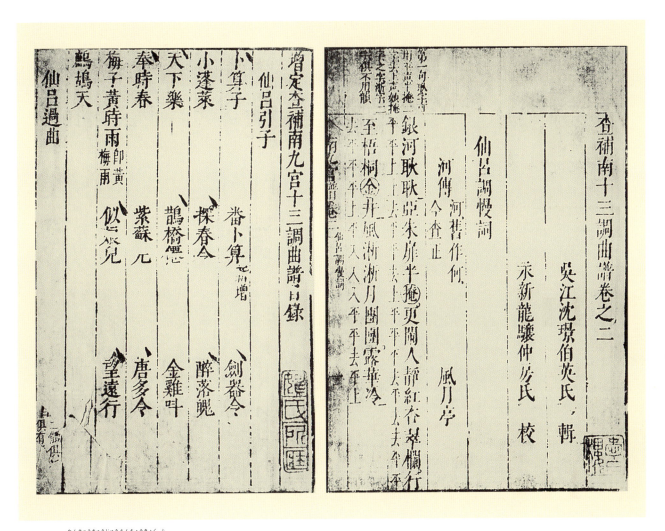

図252 『南九宮十三調曲譜』
沈璟が明・蔣孝の『南九宮譜』を考証校訂し、719種の南曲の曲牌の形式を収録している。

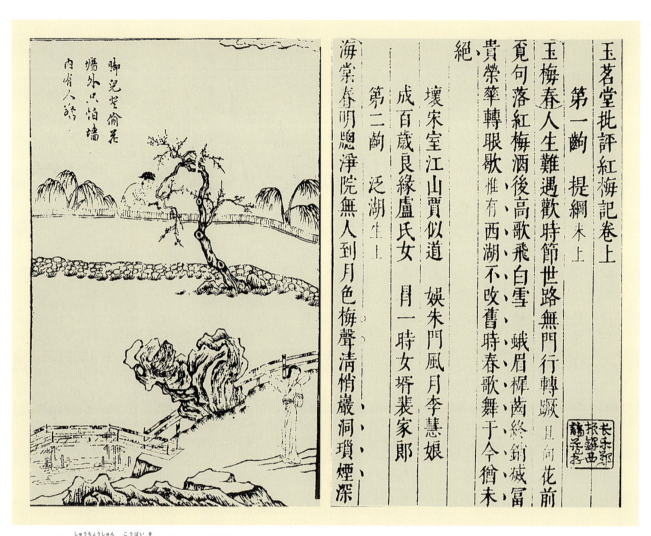

図253　明・周朝俊『紅梅記』（本文と挿絵）

南宋時代の書生裴禹らと宰相賈似道の間の闘争を描く。劇中には裴禹と盧昭容の愛情、賈似道の侍女の李慧娘が偶然から裴禹を振り返って見たことで嫉妬から賈似道に殺されること、李慧娘の魂が裴禹の危機を救うことなどの筋立てがある。

図254　秦腔『遊西湖』
『紅梅記』の一部から秦腔に改めたもの。馬蘭魚が李慧娘に扮する。

図255　川劇高腔『紅梅記』
劉世玉が李慧娘に扮し、劉又全が裴禹に扮する。

図256　昆劇『李慧娘』
李淑君が李慧娘に扮する。

図257　晋劇『遊西湖』「放裴」
程伶仙が李慧娘に扮する。

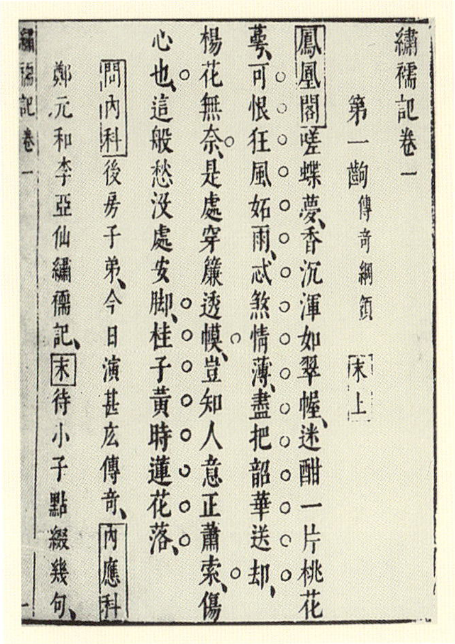

繡襦記卷一

第一齣 傳奇綱領 末上

鳳凰閣 嗟蝶夢香沉渾如翠幄、迷酣一片桃花

蕚可恨任風妬雨、忒煞情薄、盡把韶華送却、

楊花無奈是處穿簾透幙、豈知人意正蕭索傷

心也、這般愁沒處安脚、桂子黄時蓮花落、

問內科 後房子弟、今日演甚麼傳奇、內應科

鄭元和李亞仙繡襦記、末 待小子點綴幾句、

繡襦記卷一　一

図 258　明・徐霖（じょりん）『繡襦記（しゅうじゅき）』

唐代の鄭元和（ていげんわ）と妓女李亜仙（りあせん）の愛情物語である。

図 259　梨園戯『繡襦記』「教歌（きょうか）」

図 260　川劇『繡襦記』

蕭楷成（しょうかいせい）が鄭元和に扮し、唐蔭甫（とういんほ）が鄭元和の父に扮する。

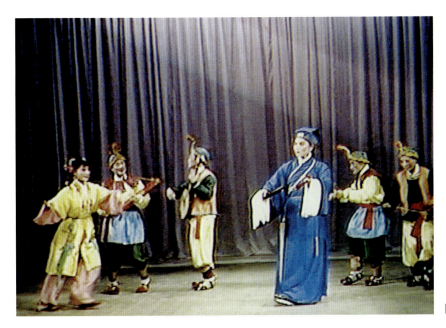

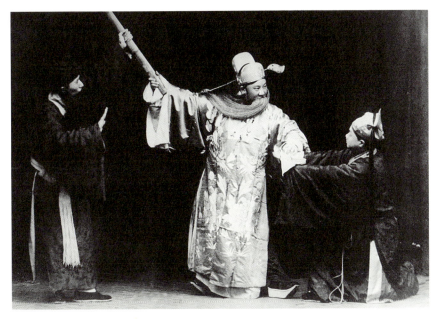

図261　明・王玉峰『焚香記』
王魁が妓女の敷桂英の援助のもとで学び科挙試験に状元として及第するが、ある日、王魁を騙った人物が敷桂英を離縁にしたため、敷桂英は憤って自殺する。死後、真相が明らかになると、再び生き返り王魁とめでたく結ばれる。これは宋代の南戯『王魁負桂英』の悲劇的な結末を大団円に改めたものである。

図262　川劇高腔『打神告廟』
胡淑芳が敷桂英に扮する。

図263　川劇高腔『憤探』
周慕蓮が敷桂英に扮する。

図264 明・高濂『玉簪記』

宋代、潘必正は玉簪〔玉でできた髪飾り〕と鴛鴦扇墜〔扇の柄に下げる鴛鴦をあしらった飾り物〕を交換することで陳嬌蓮と婚約する。戦乱により、陳嬌蓮は出家し尼となって妙常と改名する。潘必正は科挙に落第し道観に伯母を訪ねに行き、陳嬌蓮と偶然出会う。伯母に気づかれ、再び科挙試験を受けるよう促される。後に合格し、二人は夫婦として結ばれる。

図265 川劇高腔『玉簪記・秋江』
陳書舫が陳妙常に扮し、周企何が艄翁〔船頭〕に扮する。

図266 崑劇『玉簪記』
胡錦芳が陳妙常に扮し、王恒愷が潘必正に扮する。

東郭記卷上
第一齣　離婁章句下　白雪樓主人編本
西江月〔末笑上〕莫怪吾家孟老也知徧國皆公些兒不脫利名中盡是乞墦登壟　長袖妻孥易與高巾仲子難逢而今不貴首陽風索把齊人尊捧
走東郭的齊人英雄本色訕中庭的妻妾兒女深情隱於陵的仲子清廉腐漢爭壟斷的王驩勢利先生〔下〕
第二齣　人之所以求富貴利達者

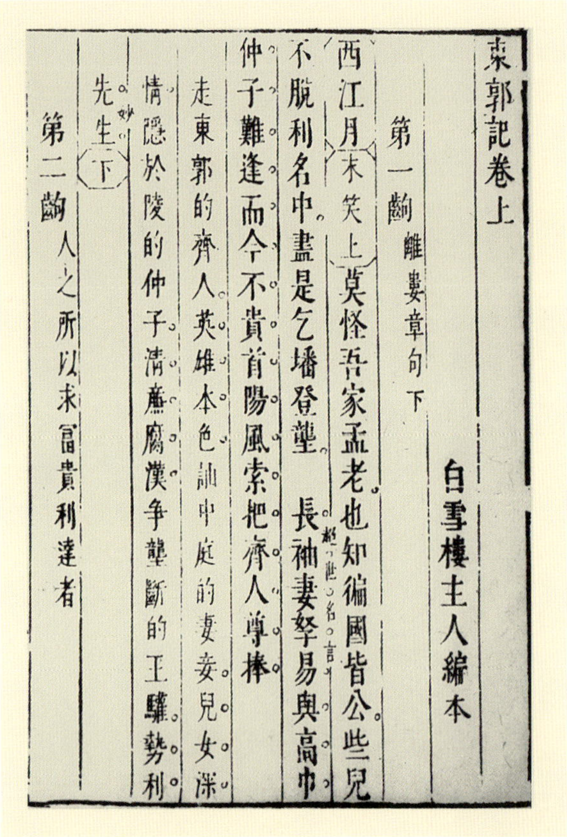

図 267　明・孫鍾齡『東郭記』

『孟子』の「斉人一妻一妾有り」の話に基づく。ある斉人は物乞いをして生計を立てていた。ある日、斉人は東郭の墓場で物乞いをし、古い友人の王驩から辱めを受ける。後に淳于髠の推挙を得て大夫に封じられ、軍功を立てて、富貴を尽くす。しかしその後、陳仲子に従って山中に隠棲する。

西園記卷上
棃花主人編　西園公子評
第一齣　開卷
西江月〔末上〕買到蘭陵美酒烹來陽羨新茶靜聽檀板按琵琶莫道今朝少暇　俗子開談即倦佳人佐口尤佳扇頭羞落滿簷花惱得春風欲罵
沁園春楚國張郎武林遊學偶過園亭遇玉真嬌女把梅花折贈賦詩見報一見留情俠友聞之認爲園王錯認嬌名是玉英嗟薄命爲因緣未偶飲恨捐生

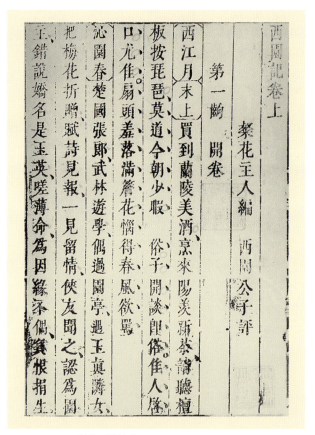

図 268　明・呉炳『西園記』

書生の張継華は少女王玉貞と趙玉英の二人の名を取り違える。趙玉英が病死すると幽霊となり、王玉貞の名をかたって張継華と逢引する。張継華は王玉貞と結婚することになるが、張継華は本物の王玉貞のほうが幽霊だと勘違いする。後に王玉貞の父と趙玉英の魂から説明され、張継華ははじめて自分が二人を取り違えていることを知る。

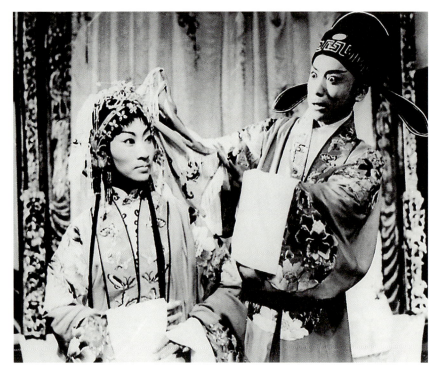

図 269　昆劇『西園記』

汪世瑜が張継華に扮し、沈世華が王玉貞に扮する。

第 3 章　明清伝奇と雑劇

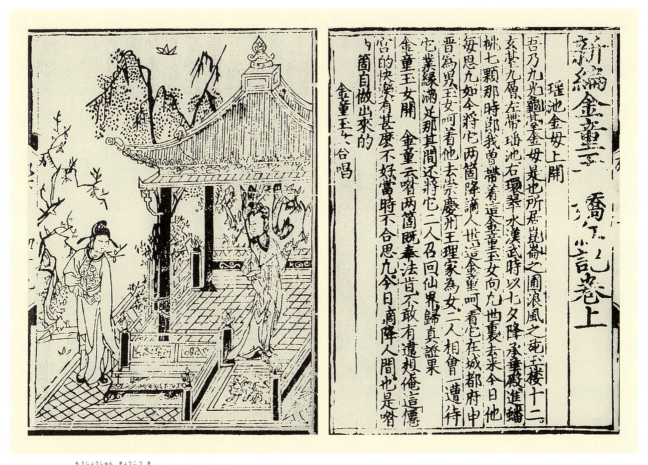

図270　明・孟称舜『嬌紅記』（本文と挿絵）
申純と従妹の王嬌娘が恋仲になるが、王嬌娘の父は許さない。楊都督が王嬌娘に結婚を迫ると、申純と王嬌娘は落胆のあまり死んでしまい、死後に一対の鴛鴦となる。

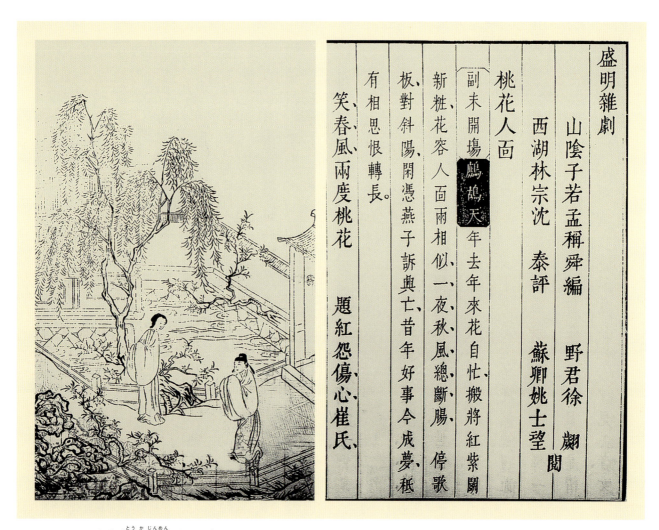

図271　明・孟称舜『桃花人面（とうかじんめん）』雑劇（本文と挿絵）

青年崔護が少女葉蓁児（ようしんじ）の家を通りかかって水をもらって飲んだ出会いから、二人は恋に落ちる。翌年、崔護はまた来訪したが、葉蓁児は不在だったので、崔護は詩を残す。葉蓁児は家に帰って詩を見て、再会できなかった落胆のあまり命を落とす。崔護が再び訪れて亡骸を見て慟哭すると、葉蓁児は息を吹き返し、二人は夫婦となる。元・尚仲賢（しょうちゅうけん）に『崔護謁漿（さいごえつしょう）』雑劇があり、これと題材は同じだが、葉蓁児の名を杜宜春（とぎしゅん）とする。

第3章　明清伝奇と雑劇

図272　桂劇『人面桃花』
尹羲が杜宜春に扮する。

図273　京劇『人面桃花』
江新蓉が杜宜春に扮し、梅葆玥が崔護に扮する。

173

懷遠堂批點燕子箋卷上
百子山樵　撰
第一齣（家門）
西江月（副末）老卻名韁拘管閒充詞苑平章春來秋去酒罏香
爛醉莫愁湖上燕尾雙叉如剪鶯歌全副偷簧曉風殘月按新
腔（依舊是）張緒當年情況
漢宮春扶風才子嫖姚後裔霍姓都梁挈友長安取應爲試期
尚遠追歡笑暫過平康丹青筆聽鶯撲蝶小像寫雲娘〇不料
朱門有女與青樓一樣窈窕相當把春容箋咏燕子啣將被同

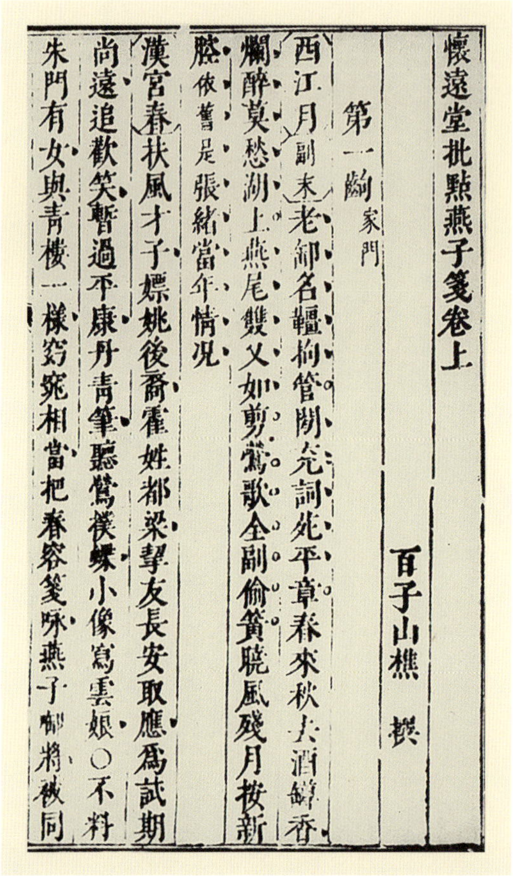

図 274　明・阮大鋮『燕子箋』

唐の書生霍都梁、妓女華行雲、礼部尚書酈安道の娘酈飛雲との間の恋愛物語を描く。

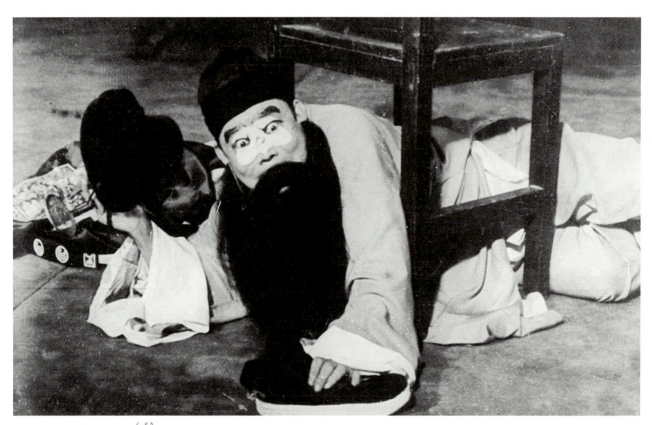

図 275　昆劇『燕子箋・狗洞』

林継凡が鮮于佶に扮する。
鮮于佶が霍都梁の答案を騙し取って状元になり、礼部尚書の酈安道が面接しようとすると、鮮于佶は狗洞〔犬の出入用の壁の穴〕にもぐり込んで逃げる。原作の『燕子箋』伝奇ではこの場面の題は『奸遁』である。

図276 『同窓記』（戯曲選集『秋夜月』所収の本文と挿絵）

『同窓記』は首尾一貫をそなえた脚本は存在せず、戯曲選集に一部が収録されるのみである。祝英台は女だてらに男の姿となり、学友の梁山伯と恋心が生まれるが、祝英台の父親は娘と馬文才を婚約させ、梁山伯は悲しみにくれ死んでしまう。祝英台が梁山伯の墓に参って慟哭するや、墳墓の地面が割れて祝英台はその中に身を投げる。二人の魂は一対の蝶々となる。

図277 越劇『梁山伯と祝英台』
范瑞娟が梁山伯に扮し、袁雪芬が祝英台に扮する。

図278 川劇『柳蔭記』
袁玉堃が梁山伯に扮し、陳書舫が祝英台に扮する。

図279 京劇『柳蔭記』
葉盛蘭が梁山伯に扮し、杜近芳が祝英台に扮する。

図280　明・顧覚宇『織錦記』（戯曲選集『秋夜月』所収、本文と挿絵）

前漢の董永は自ら身売りして父親の葬儀をした後、道中で七仙女に出会い、二人は夫婦となり、董永は田を耕し七仙女は機を織って暮らす。100日後に七仙女は昇天し、董永は七仙女が織った龍鳳錦を皇帝に献上し、「進宝状元」に封じられる。

図281　黄梅戯『天仙配』

厳鳳英が七仙女に扮し、王少舫が董永に扮する。

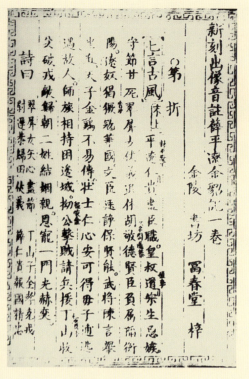

図282 『金貂記』(本文と挿絵)

唐代、薛仁貴一家はしばしば皇帝の叔父李道宗に陥られる。李勣らの助けにより、薛仁貴は復職し遼の討伐のため出征する。薛仁貴の息子薛丁山が薛仁貴の残した金貂の冠飾りを売ろうとしたとき、免職されて故郷に帰る尉遅敬徳と出会い、薛丁山母子は身を寄せる所を得る。薛仁貴は前線で不利となり、程咬金は尉遅敬徳に加勢して敵の包囲を解くよう頼む。それに薛丁山も随行し、仙女から剣を贈られてついに遼軍を破り、勝利して朝廷に復帰する。

図283 京劇『敬徳装瘋』
婁振奎が尉遅敬徳(中央)に扮する。

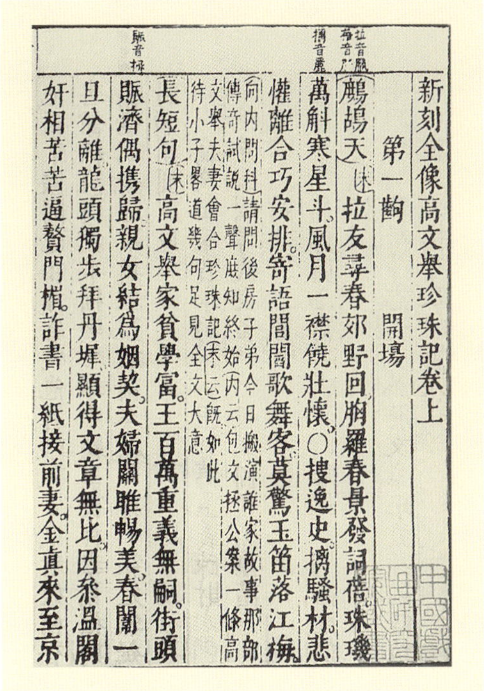

新刻全像高文舉珍珠記卷上

第一齣　開場

鷓鴣天（末）拉友尋春郊野回網羅春景發詞僭珠璣萬斛寒星斗風月一襟饒壯懷○搜逸史摘騷材悲懽離合巧安排寄語閭閻歌舞客莫驚玉笛落江梅（向内問科）請問後房子弟今日搬演誰家故事那部傳奇試說一聲庶知終始（内云）包文拯公案一條高文舉夫妻會合珍珠記（末云）既如此待小子畧道幾句足見全文大意

長短句（末）高文舉家貧學富王百萬重義無嗣街頭賑濟偶携歸親女結爲姻契夫婦關雎暢美春闈一旦分離龍頭獨步拜丹墀顯得文章無比因叅溫閣奸相苦苦逼贅門楣詐書一紙接前妻金真來至京

図 284　『珍珠記（ちんじゅき）』

富豪の王百万（おうひゃくまん）は貧乏書生の高文挙（こうぶんきょ）の役所への借金を肩代わりし、娘の王金貞（おうきんてい）を嫁がせる。高文挙が科挙に状元で及第すると、丞相の温閣（おんかく）は彼を招き娘婿にする。王金貞は夫を尋ねて都まで来るが、温氏（おんし）の奴婢にされてしまう。王金貞は包拯（ほうじょう）に無実を訴え、包拯が事実を明らかにして皇帝に奏上すると、皇帝は温閣を罰して左遷の詔を下し、王金貞に温氏を処罰させる。後に王百万夫婦の仲裁により、王金貞と温氏は和解する。

図 285　贛劇高腔（かんげきこうこう）『珍珠記・疑書上路（ぎしょじょうろ）』

江西省贛劇団による上演。

図 286　潮劇（ちょうげき）『掃窓会（そうそうかい）』

広東省潮劇団による上演。

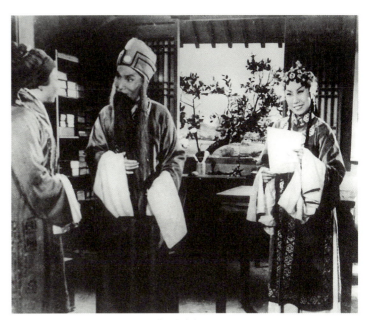

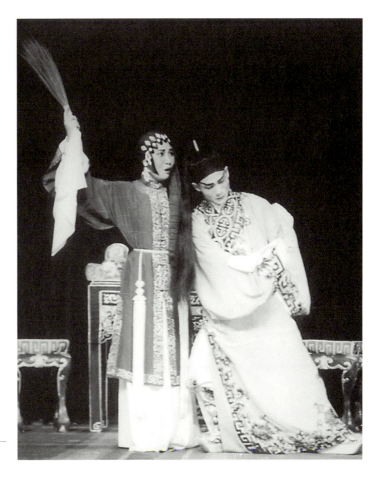

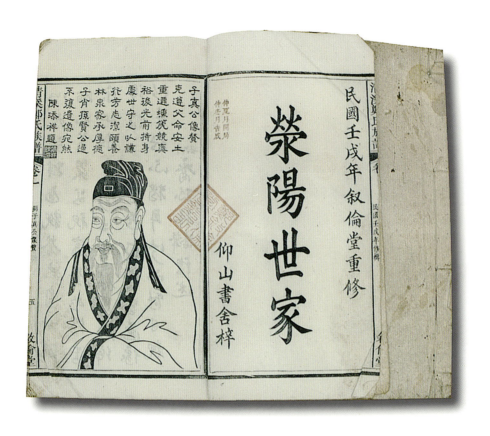

図287　上：『清溪鄭氏族譜』　下：明・鄭之珍『目連救母勧善記』（本文と挿絵）

傅相は生涯善行を積んだが、夫の死後に妻の劉青は神仏を冒涜し、精進を破り殺生をしたため、あの世の使者により地獄に落とされ苦難に遭う。その子の傅羅卜は西天へ行き釈迦に済度を懇願し、釈迦に仏門に帰依することを許され、大目犍連と改名する。目連が母を尋ねて10の地獄を巡ると、神は心を打たれ、母子を再会させ、共に天界へ昇らせる。この劇は100齣にも及ぶ連台本戯であり、その中には民間の小戯や雑技が多く挿入される。上は作者鄭之珍の家系についての記録。

図288　祁劇『目連伝・無常行路』

図289　祁劇『目連伝・海氏懸梁』

李玉と蘇州作家群

李玉(りぎょく)

　明末清初の戯曲作家。字は玄玉(げんぎょく)、号は蘇門嘯侶(しょうりょ)、一笠庵主人(いちりゅうあんしゅじん)。江蘇呉県(ごけん)の人。著作に『清忠譜(せいちゅうふ)』などの伝奇が40種あり、そのうち18種が現存する。「一、人、永、占」(『一捧雪(いちほうせつ)』・『人獣関(じんじゅうかん)』・『永団円(えいだんえん)』・『占花魁(せんかかい)』)の4作品がその代表作である。李玉と同時期の蘇州の戯曲作家たちは「蘇州作家群(そしゅうさっかぐん)」と呼ばれる。

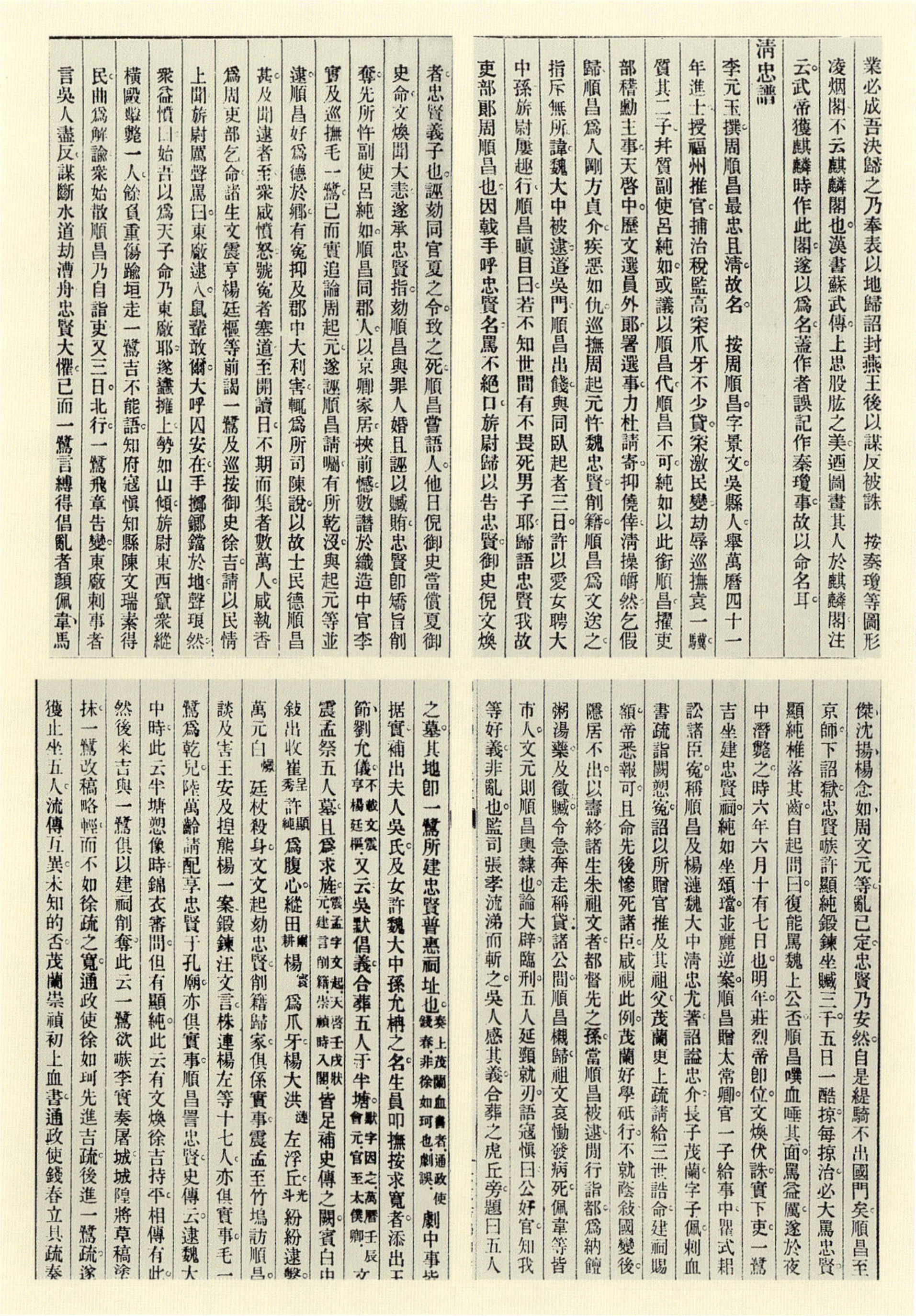

図290　『曲海総目提要』に記された『清忠譜』の題材の由来と物語の梗概

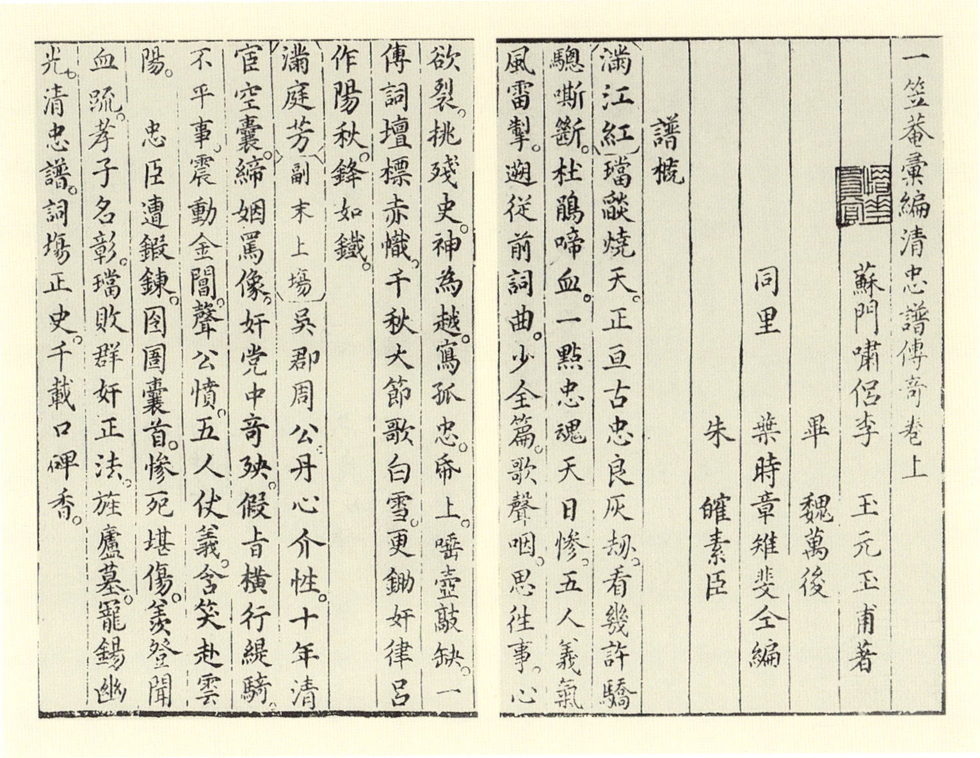

図291 『清忠譜』

図292 蘇州五人義墓碑

図293 京劇『五人義』
劉連栄（りゅうれんえい）が顔佩偉（がんはいい）に扮し、李洪春（りこうしゅん）が周文元（しゅうぶんげん）に扮する。

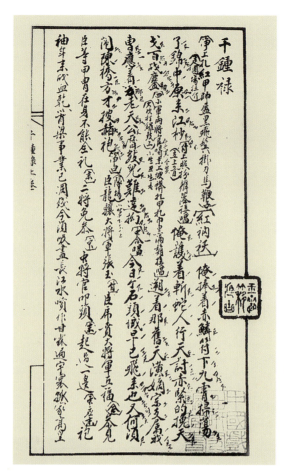

図294 『千鍾禄(千忠戮)』
明代、燕王朱棣が挙兵して首都南京を攻め落とし、建文帝と大臣程済は僧と道士に変装することを余儀なくされて、湖北・湖南、雲南などの地を流浪する。

図295 昆劇『千鍾禄・惨睹』
兪振飛が建文帝に扮し、鄭伝鑑が程済に扮する。

第3章 明清伝奇と雑劇

図296 『一捧雪』
明代、奸臣厳世蕃は玉杯「一捧雪」を奪い取るために、莫懐古の一家を迫害する。莫懐古の下男の莫誠は主人の代わりに斬られ、莫懐古の妾の雪艶は密告者の湯勤を刺殺したのち、自ら命を絶つ。後に厳世蕃の勢力が衰え、莫一家は再び一つに集う。

図297 京劇『審頭刺湯』
梅蘭芳が雪艶に扮する。

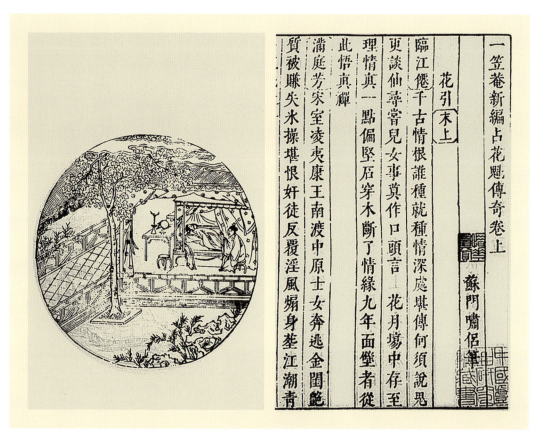

図298 『占花魁』（本文と挿絵）
油売りの秦鍾が妓女花魁と恋仲になる。花魁は自ら身請けして秦鍾に嫁ぐ。

図299 蘇劇『酔帰』
蔣玉芳が秦鍾に扮し、荘再春が花魁に扮する。

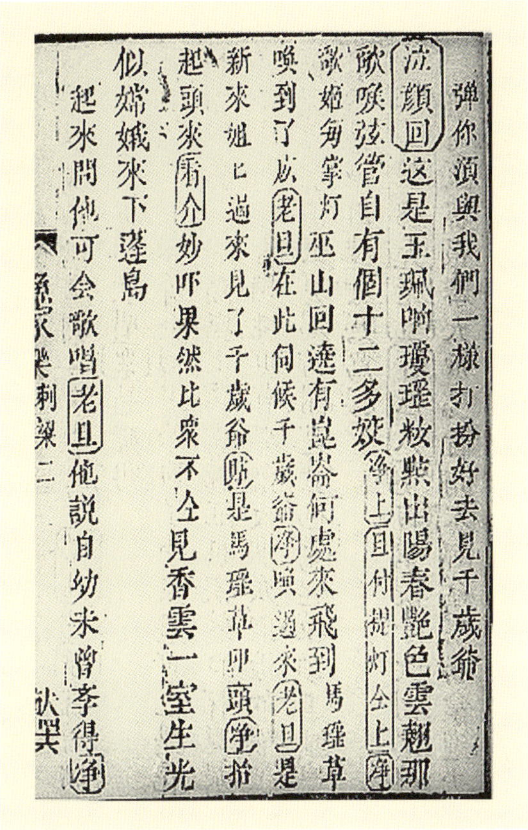

彈你須與我們一樣打扮好去見千歲爺
泣顏回 這是玉珮响瓔珞掀紫出陽春艷色雲翹那
欹唉弦管自有個十二多姣 淨上 旦付提灯仝上 淨
歌姬匊掌灯巫山回遶有崑崙何處來飛到 馬瑤草
嗅到了太 老旦 在此伺候千歲爺 淨 喚過來 老旦 是
新來姐々過來見了千歲爺 貼 是馬瑤草 叩頭 淨 揣
起頭來 看介 妙呵果然比衆不仝見香雲一室生光
似嫦娥來下蓬島
起來問他可会歌唱 老旦 他說自幼未曾李得 淨
漁家樂 刺梁二

図300　清・朱佐朝『漁家楽』

後漢の大将軍梁冀は兵を派遣して清河王劉蒜を殺そうとするが、誤って老漁夫鄔某を射殺し、劉蒜は鄔某の娘飛霞に救出される。後に飛霞は梁冀の屋敷に入り込み、天女から授かった神針で梁冀を刺殺する。劉蒜は帝位に就き、飛霞を皇后に封ずる。

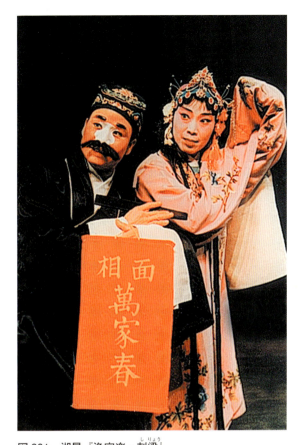

図301　湘昆『漁家楽・刺梁』

孫金雲が鄔飛霞に扮し、李忠良が万家春に扮する。

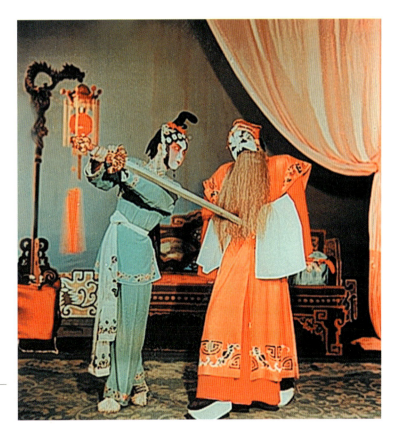

図302　隴劇『楓洛池』

『漁家楽』を隴劇に改めたもの。
楊連珠が鄔飛霞に扮する。

十五貫上卷
第壹出　開場
［沁園春］熊氏二雛以家貧廢學受值為傭豈金環偶
得村郎誤殺無辜士女屈陷樊籠旅客晨歸閨貞曉
遁邂逅高橋片語通十五貫冤沉獄底兄弟宵逢
況公入夢憐熊乞命烏于夜中往淮陰踏勘明探鼠
穴錫山廡訪暗獲窮兇兩案重翻四冤同白桂杏齊
攀帝眷隆喬姊妹共聯姻婭並沐恩榮來者熊友蘭

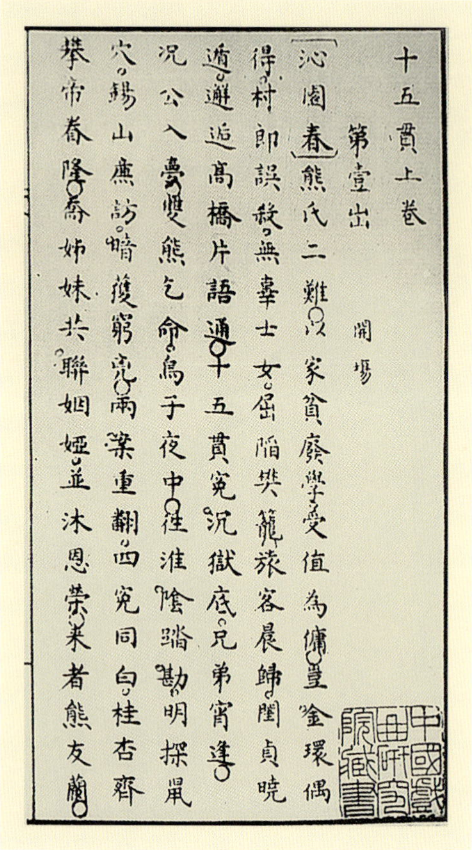

図 303　清・朱素臣『十五貫』

熊友蘭、熊友蕙の兄弟は、十五貫の銭によって誤解を招き、殺人の罪を着せられる。蘇州知府の況鍾は夜に熊兄弟が助けを請う夢を見て、再審を要請し、自ら調査に赴き、ついに真犯人を見つけ出し、無実の罪を晴らす。

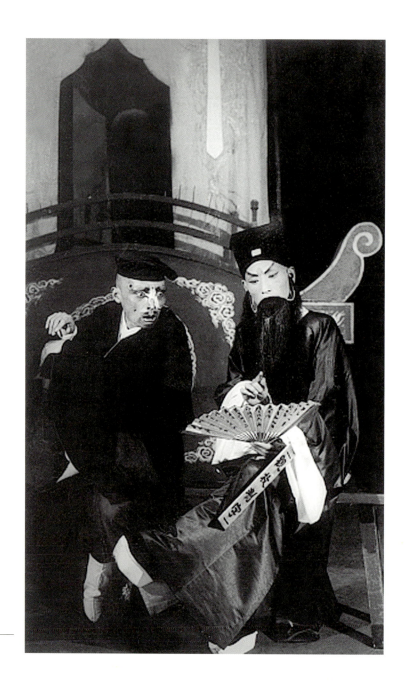

図 304　昆劇『十五貫・訪鼠』

周伝瑛が況鍾に扮し、王伝淞が婁阿鼠に扮する。

第一出　家門
（沁園春）（末上）吳士胥生、進香天竺、假寓園亭。遇多情桃女、新弦調撥、詞箋答和、締結三生。笠桃家父母、霹遭奇禍、孝女捐身始償親。嗟薄倖、托姻小妹、不負前盟。娉婷惜金陵、節守閨房立志貞。義夫弃職天涯負骨、兒逗真情、更進奇妬、挾刺江濱、賴俠盜金髯指證明。天門上、先應坊表、勅尔嘉旌。來者、桃佛奴是也。（下）
第二出（旦）（蒲庭芳）貴雪容漿、烹梅瀍瀋、寒香滌透詩脾、寫情摛景、拈盡眼前題。花乳滴研雀尾、喜濡毫翰染璃溪。閑春思、飛花点點都

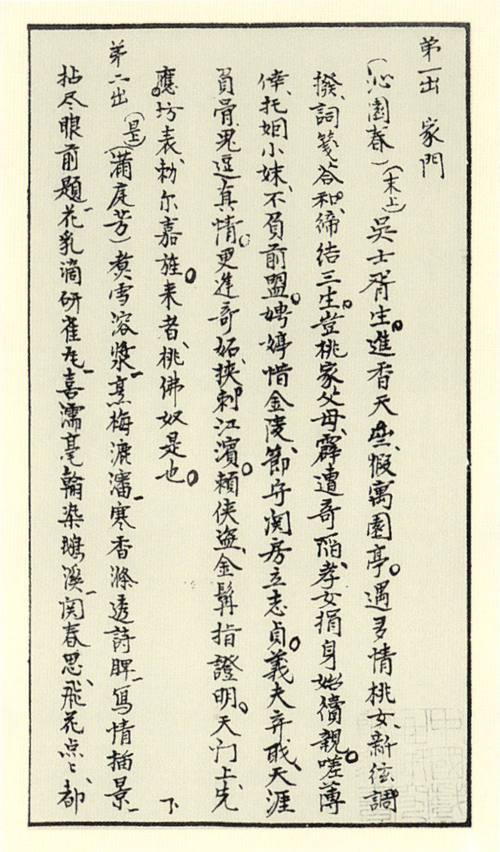

図305　清・葉時章『琥珀匙』

桃仏奴は楽器琥珀匙の演奏に秀でていたことから、秀才の胥塤と婚約する。桃仏奴の父の桃南洲は太湖の大盗賊の金髯翁と取引をしたかどで逮捕されてしまう。桃仏奴は父親を救うため身売りして妓楼に入ると、東生に身請けされて妾となり、苦難をなめ尽くした後に金髯翁に助けられ、桃父娘は再会し、桃仏奴は胥塤と結婚する。

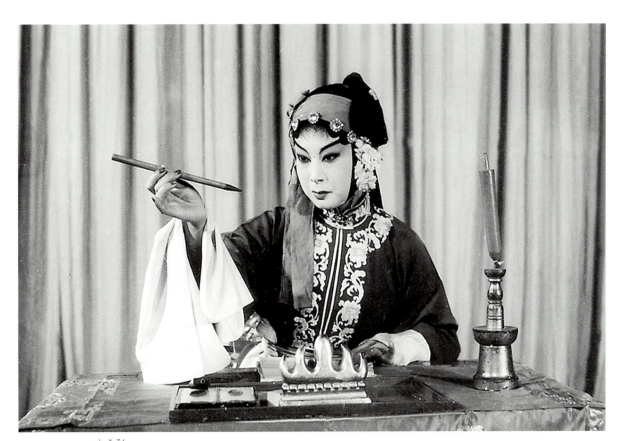

図306　川劇『芙奴伝』

『琥珀匙』を川劇に改めたもの。
許倩雲が陶芙奴（すなわち桃仏奴）に扮する。

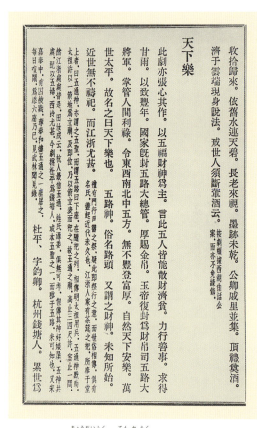

図307 清・張大復『天下楽(ちょうだいふく てんからく)』の題材の由来と物語の梗概。『曲海総目提要』に記された。

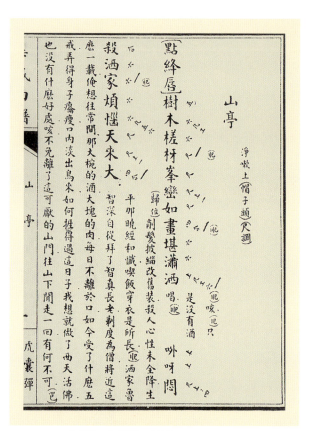

図308 清・邱園(きゅうえん)『虎嚢弾(このうだん)・山亭(さんてい)』曲譜

小説『水滸伝』の魯智深(ろちしん)が金翠蓮(きんすいれん)親子を救う内容に基づいて作られたが、劇全体は現在伝わらず、『山亭』(すなわち『酔打山門(すいださんもん)』)の場面のみが伝わる。

図309 昆劇『嫁妹(かまい)』

侯玉山(こうぎょくざん)が鍾馗(しょうき)に扮する。
『天下楽』の一場面。鍾馗が死後に神に封じられ、生前の約束を果たすために、妹を書生の杜平(とへい)のもとに送り結婚させる。

第3章 明清伝奇と雑劇

図310　昆劇『酔打山門』
何桂山が魯智深に扮する。

図311　湘昆『酔打山門』
譚保成が魯智深に扮する。

191

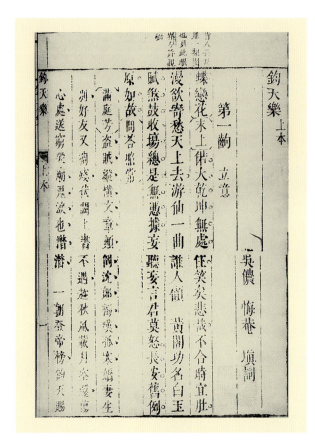

図312　清・尤侗『鈞天楽』

沈白は何度も科挙に落第し、意見書を出して試験場での不正を暴き、さらに攻撃される。学問の神文昌帝君はこの世で科挙が腐敗していることに鑑みて天上で試験を行い、沈白とその他の才子たちは合格する。文昌帝君は酒宴を賜り、楽団は『鈞天楽』の曲を演奏して興を添える。

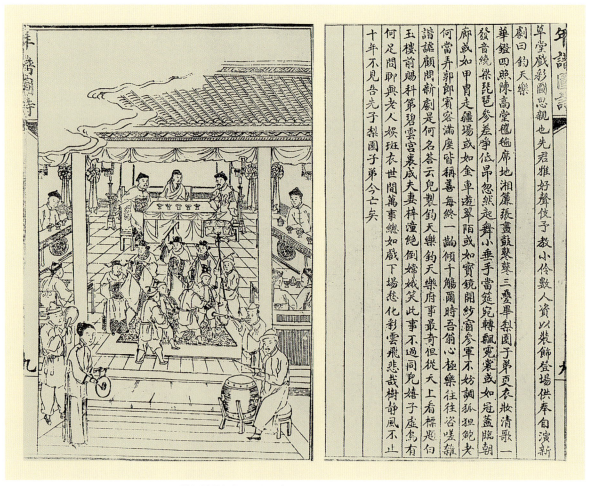

図313　『鈞天楽』上演図と説明（『尤西堂全集』・「年譜図詩」）

南洪北孔

南洪北孔は、清初の著名な戯曲作家である洪昇・孔尚任の並称。彼らが創作した『長生殿』・『桃花扇』は、明清伝奇作品の中でも圧巻の作とされる。

洪　昇（1645-1704）

字は昉思、号は稗畦。浙江銭塘の人。代表作に『長生殿』がある。他に『回文錦』伝奇などの作品もあったが、現存しない。現存するものに『四嬋娟』雑劇がある。

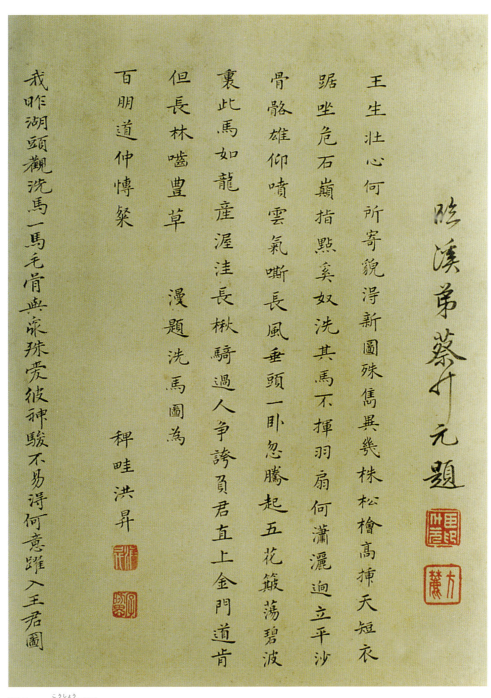

図314　洪昇手跡

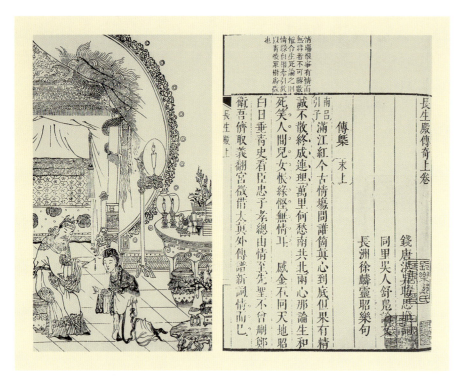

図315 『長生殿』（本文と挿絵）
唐の明皇李隆基（りりゅうき）と貴妃楊玉環（ようぎょくかん）の恋愛物語であり、劇中には安禄山（あんろくざん）の乱、楊玉環の馬嵬坡（ばかいは）での自害、帝と貴妃の天上での再会などの筋立てが織り込まれる。

図316 昆劇『長生殿』
言慧珠（げんけいじゅ）が楊玉環に扮する。

図317 昆劇『長生殿・小宴（しょうえん）』
張継青（ちょうけいせい）が楊貴妃に扮し、董継浩（とうけいこう）が玄宗に扮する。

孔尚任 (1648-1718)

　字は聘之、季重、岸堂、東塘、号は雲亭山人。山東曲阜の人。『桃花扇』が代表作である。ほかに顧彩との共著『小忽雷』伝奇がある。

図318　孔尚任画像

図319　孔尚任の墓

図320　孔尚任が隠居し読書した場所

図321 『桃花扇』（本文と挿絵）
明末の貴公子侯方域と妓女李香君の恋愛物語。物語中には明末の歴史事件として左良玉ら四鎮の跋扈、馬士英と阮大鍼による福王の擁立、李自成による北京の陥落、清兵の南下、史可法の入水自殺などが織り込まれる。

図322 桂劇『桃花扇』
尹羲が李香君に扮する。

図323 京劇『桃花扇』
杜近芳が李香君に扮する。

李漁　その作品と理論

李　漁 (1610-1680)

　清初の戯曲作家、理論家。字は笠鴻、謫凡、号は笠翁。浙江蘭渓の人。著作には伝奇作品が16種あり、そのうち『風筝誤』・『意中縁』・『比目魚』など10種を合わせて刊行し、「笠翁十種曲」と称される。彼の著した『閑情偶寄』の中の「詞曲部」と「演習部」は、後人によ
り抜粋されて『李笠翁曲話』と題された。これは戯曲の創作、上演などを論ずる著作であり、戯曲の創作と上演の実践との結びつきを主張したもので、実践的で確かな見解に富み、優れた理論的価値と実用的価値を持つ。

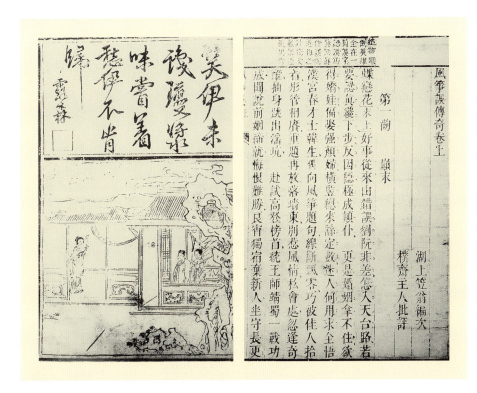

図324　『風筝誤』（本文と挿絵）
書生の韓世勛が詩を書きつけた風筝〔凧〕が詹家の屋敷に落ちる。詹家の美しい娘の詹淑娟がその凧に詩を唱和する。韓世勛は凧を取り戻すと、また凧に詩を一首書き、わざと糸を切って再び詹家に落とすが、こんどは詹家の不美人の娘の詹愛娟が手に入れてしまったことで、一連の誤解が生まれる。後に詹愛娟は醜男の戚施に嫁ぎ、韓世勛は詹淑娟と結婚する。

図325　昆腔『風筝誤』
俞振飛が韓世勛に扮し、朱伝茗が詹淑娟に扮する。

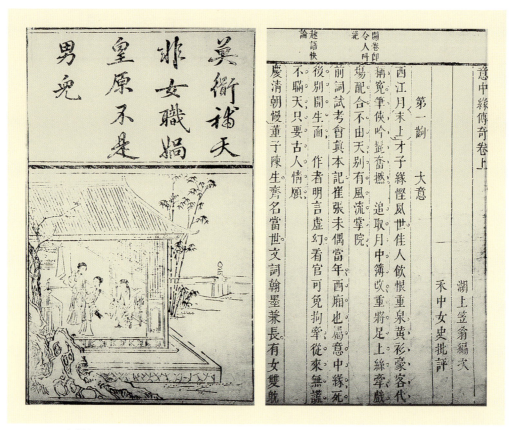

図 326　『意中縁』（本文と挿絵）
明代、書画家の董其昌と陳継儒が、それぞれ才女楊雲友および名妓林天素と夫婦の契りを結ぶ。

図 327　蒲劇『意中縁』
張玉蘭が楊雲友（左から二人目）に扮する。

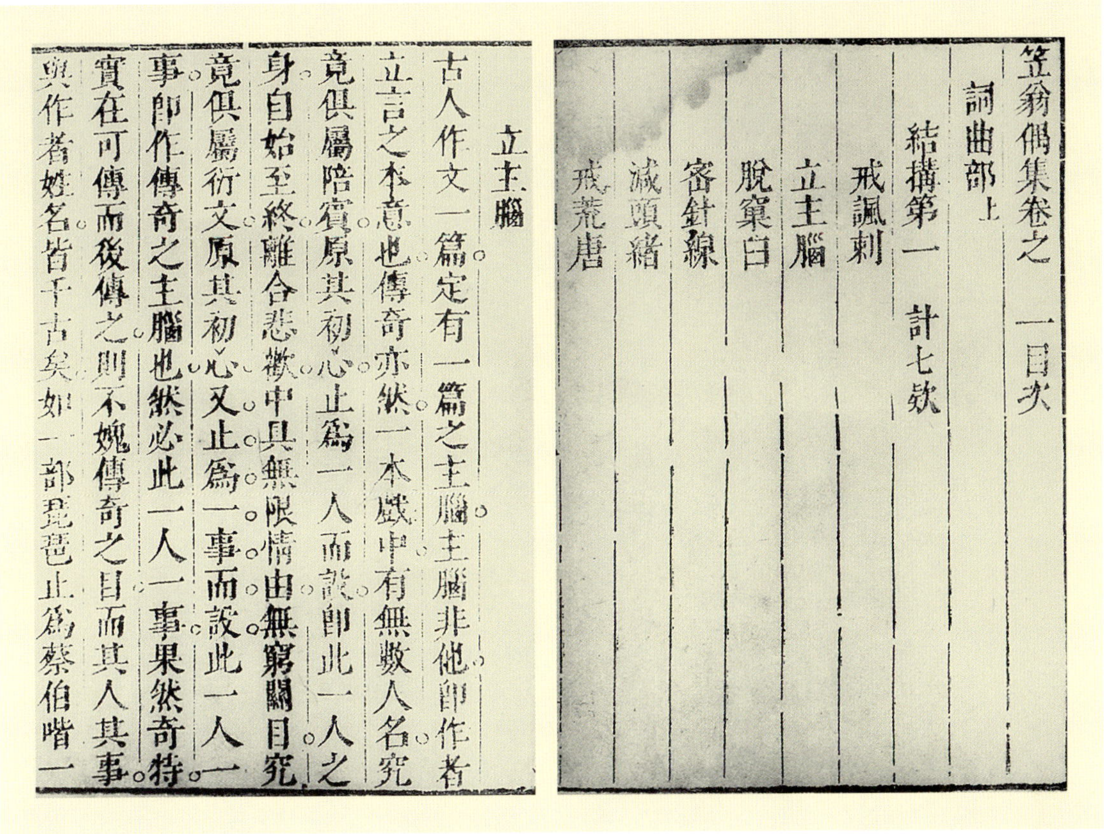

笠翁偶集卷之一　目次

詞曲部上

結構第一　計七欵

戒諷刺

立主腦

脫窠臼

密針線

減頭緒

戒荒唐

立主腦

古人作文一篇定有一篇之主腦主腦非他即作者立言之本意也傳奇亦然一本戲中有無數人名究竟俱屬陪賓原其初心止爲一人而設即此一人之身自始至終離合悲歡中具無限情由無窮關目究竟俱屬衍文原其初心又止爲一事而設此一人一事即作傳奇之主腦也然必此一人一事果然奇特實在可傳而後傳之則不媿傳奇之目而其人其事與作者姓名皆千古矣如一部琵琶止爲蔡伯喈一

図 328 『閑情偶寄・詞曲部』

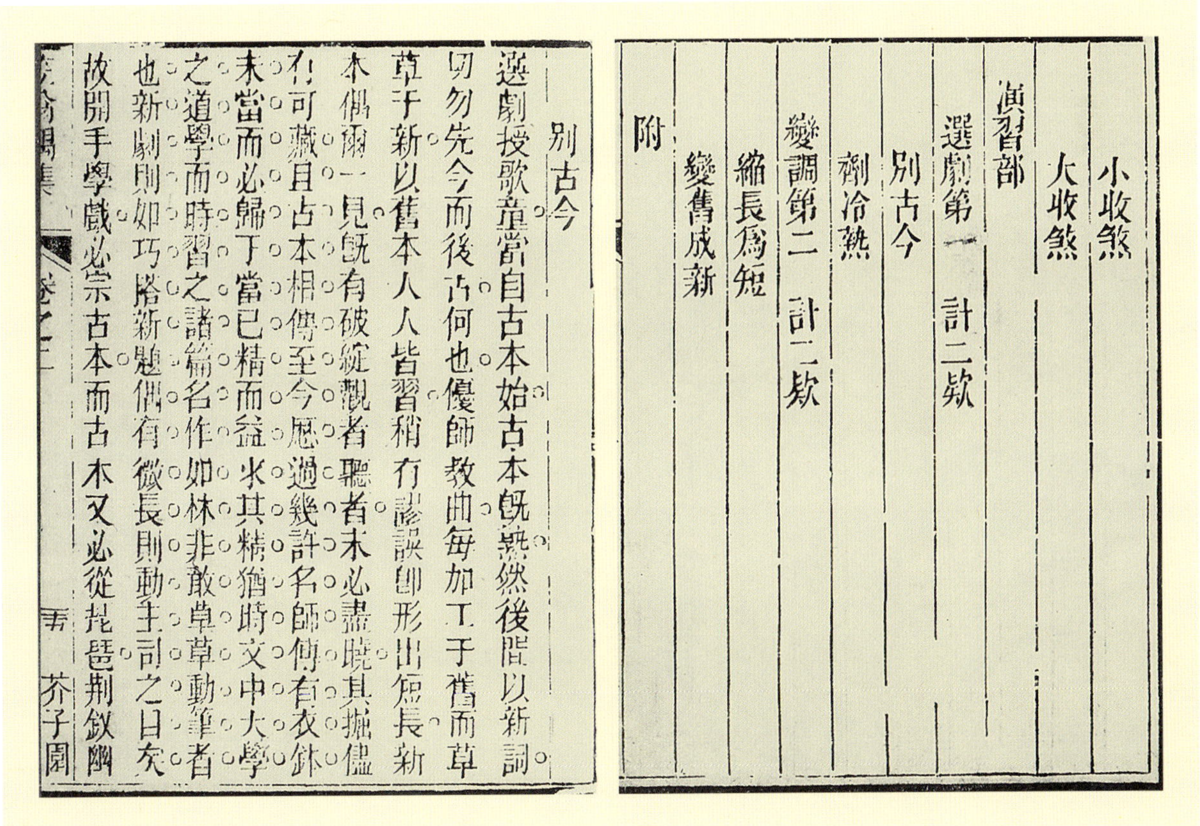

小收煞

大收煞

演習部

選劇第一　計二欵

別古今

劑冷熱

變調第二　計二欵

縮長爲短

變舊成新

附

別古今

選劇授歌童當自古本始古本既熟然後間以新詞切勿先今而後古何也優師教曲每加工于舊而草草于新以舊本人人皆習稍有謬誤即形出短長新本偶爾一見既有破綻觀者聽者未必盡曉其拙儘有可藏且古本相傳至今歷過幾許名師傳有衣鉢未當而必歸于當已精而益求其精猶時文中大學之道學而時習之諸篇名作如林非敢草草動筆者也新劇則如巧搭新題偶有微長則動主司之目矣故開手學戲必宗古本而古本又必從琵琶荆釵幽

芥子園

図 329 『閑情偶寄・演習部』

清朝宮廷演劇

　清の康熙年間、宮廷は伝統演劇の上演と養成を掌る機関「南府」を設立し、宮廷の俳優と楽人によって慶賀戯〔祝いごとで演じる劇〕、節令戯〔節句の際演じる劇〕と全幕通しの大戯を上演した。道光7年（1827）に「南府」は「昇平署」に改められた。宮廷内および皇室が所有する庭園には、それぞれ上演専用の舞台が建てられ、その形状と構造は精緻を極めた。

図330　清・円明園の舞台模型

舞台は三層からなり、円明園にある同楽園の清音閣に位置した。火災により焼失した。

図331 清・南府の戯台

南府とは清朝の皇宮が祝賀の儀式のおりの演劇を監督した部署である。康熙年間に作られ、現在の北京の南長街南口路の西に位置した。戯台は乾隆年間に建てられ、宮廷内の演劇の稽古のために用いられた。舞台の後方には登場のための上場門と退場のための下場門が設けられている。上場門は城門を模した形式を取り、下場門は廟の門を模した形式を取る。上場門と下場門の間は両開きの廟の門を模した形となっており、「出将入相」〔将軍が城門から出撃し、宰相が宮廷に入る〕の意味を表す。乾隆帝はしばしばここで演劇の稽古を見た。

図332 清・承徳避暑山荘の戯台

戯台は三層からなり、熱河離宮にある福寿園の清音閣に位置した。火災により焼失した。

図333 清・頤和園の戯台
戯台は三層からなり、頤和園内の徳和園の中に位置する。現在も完全な姿を遺している。

第3章　明清伝奇と雑劇

図335　清・恭王府の戯台
恭王府の庭園の東北の角に位置する屋内戯台である。

図334　清朝皇宮の暢音閣の戯台
寧寿宮内に位置する。戯台は三層からなり、それぞれ福台、禄台、寿台と呼ぶ。上部二層にはいずれも吹き抜けの揚げ板があり、滑車と籠を備える。これは神仙が舞台を上下する必要に応じたもので、最下層には奈落があり、幽霊や妖怪の登場・退場に用いられた。大きな祝い事の際には、全幕通しの大戯を、必ずこの三層の戯台で上演した。向かいの閲是楼では、皇帝や皇后、妃嬪が観劇し、戯台の左右にある東廂、西廂では、恩賞を受けた王公、百官が観劇した。

203

図336　清・昇平署外学腰牌

「腰牌」は民間の役者が宮廷に出入するための証明書である。木製で、高さ15.8cm、幅8.8cm、表面には「腰牌内務府頒発」という7字の焼印と、その下に内務府印が押され、裏面には「昇平署、光緒三十四年製造」という11字の焼印が押される。その他に墨筆で「民籍学生王鳳卿年二十六歳」、「第一百三十八号」、「面黄無鬚（顔は黄みがかってひげはない）」などの俳優の姓名と番号、特徴を表す3行が書かれる。外側には黄色い布の覆いがあり、一面には「昇平署」、もう一面には「外学腰牌」と記されている。

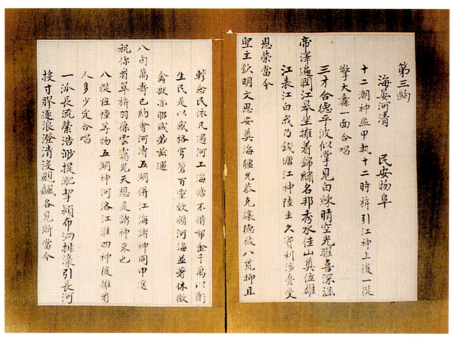

図337　清・乾隆八旬万寿承応戯安殿本

脚本は精緻な楷書で書かれ、毎葉9行、冊子として装丁された。高さ24cm、幅16cm。上演時に皇帝の「御覧」に供された。

第 3 章　明清伝奇と雑劇

図338　大本戯『勧善金科』色刷り本
脚本は雍正年間に刑部尚書の張照が『目連記』などに基づいて作り、乾隆年間に刊行された。崑腔、弋陽腔を用いた大戯である。

205

図339 大本戯『昭代簫韶』写本
脚本は王廷章が小説『北宋志伝』などに基づいて作ったもので、昆腔、弋陽腔を用い、楊家将の物語を描く。光緒年間、西太后が自ら主導して皮黄腔の脚本に改めさせた。

図340 承応戯『福禄寿』写本

図341 承応戯『万国呼嵩』写本

第3章　明清伝奇と雑劇

図342　昇平署衣装―大鎧
　　　（武官の礼装）

図343　昇平署衣装―宮衣
　　　（後官の女性の衣装）

図344 昇平署仮面—判官

図345 昇平署仮面—閻王

図346 昇平署仮面—大鬼

図347 昇平署仮面—魁星

図348 昇平署仮面—雷公

図349 昇平署仮面—羅漢

〔各図の名称は『中国戯曲志・北京巻』などを参照して原著の記載を訂正した〕

第3章 明清伝奇と雑劇

図350 昇平署小道具—水牌

図351 昇平署小道具—宝瓶

図353 昇平署小道具—盾牌

図352 昇平署小道具—葫蘆灯

図354 昇平署小道具—蝙蝠灯

1 趙雲　　2 高登　　3 劉備

(『水滸伝』の続篇物語『艶陽楼』の悪役)

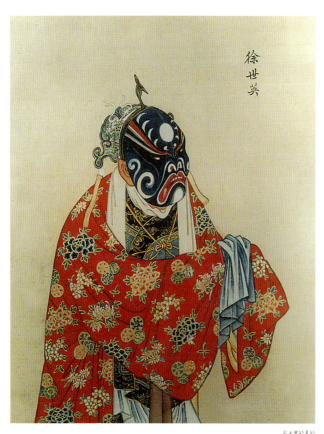

4 徐世英　　　　　　　　5 馬盛莫（麻叔謀）

(『艶陽楼』の主役)　　　(隋唐物語の武将)

第3章　明清伝奇と雑劇

6　太監〔宦官〕

7　李世民(りせいみん)

8　韓氏(かんし)

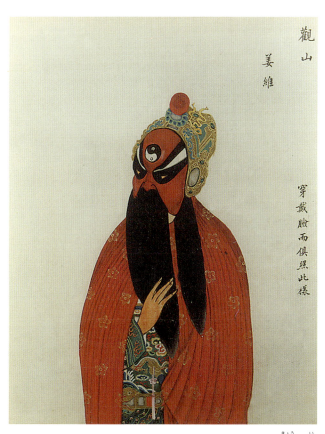

9　姜維(きょうい)

図355　清朝宮廷演劇画9幅

絹本。細密彩色画帳。高さ27cm、幅21.5cm。内務府(ないむふ)如意館(にょいかん)の絵師の手になる役者が役柄に扮装した図。題はいずれも役名。

第4章 花部乱弾およびその他

（18世紀——19世紀）

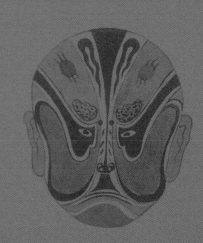

明末清初、中国の伝統演劇は南北曲を用いる伝奇という体裁によった昆腔、および弋陽腔など各種の高腔のほかに、さらに一連の新しい地方劇が雨後の筍のごとく勃興した。康熙末年から光緒年間にかけて、それらは旺盛な生命力によって次第に舞台における優位性を勝ち取っていった。各種の新しい声腔、およびそれらが各地で地方化して生まれた劇種が、互いに競いながら発展する、という局面が出現したのである。主なものとしては柳子（弦索）、梆子、乱弾、皮黄などの声腔の系統（腔系）があった。なかでも、梆子腔と皮黄腔およびそれを用いる劇種は、より成熟し完成されたものとなった。

　乾隆年間、伝統演劇にもいわゆる「雅」と「俗」の別が出現し、それらは「雅部」および「花部」と呼ばれた（呉長元『燕蘭小譜』、李斗『揚州画舫録』などに見える）。雅部とは、社会上層によって重視された昆腔を指し、規律謹厳かつ文辞は雅やかで、一般の庶民には理解の難しいものであった。一方の花部とは、昆腔以外の各種声腔や劇種を指し、「その文辞は直接的で、女子供にも理解しやすく、メロディーは慷慨に富み、血気が揺り動かされるもの」（焦循『花部農譚』）で、社会下層の庶民に親しまれた。花部の諸声腔をまとめて「乱弾」とも呼ぶ。花部乱弾は、伝奇の後を受けて、伝統演劇の大いなる発展期を形成した。道光20年（1840年）前後に、北京において皮黄腔を主とし、花部と雅部の長所を併せ持った「京劇」が形成され、近代の伝統演劇に新たなピークをもたらすことになった。

翻訳者概要

　本章のテーマは「花部乱弾」である。花部乱弾とは、雅部として尊ばれた昆曲を除くその他もろもろの演劇、という意味である。中国全土に広がる膨大な数の花部乱弾をいくつかのカテゴリーに分けるとき、「声腔」がその重要な指標となる。

　声腔は「節回し」とも訳され、一義的には「歌い方」の意味だが、実際には発声法や主要なメロディー、伴奏楽器など歌唱に関する事象全般を包み込む概念として用いられる。日本で浄瑠璃といえば、太夫の声色や太棹の音色その他もろもろをまとめて想起するが、中国の声腔もほぼ同様なものと考えてよい。

　本章第1節から第5節までが扱う弦索、梆子、乱弾、吹撥、皮黄その他の各声腔が、それぞれ発祥地から各地に伝播し、その土地の言語その他と結びついて土着化する。それがすなわち花部乱弾に含まれる種々の演劇であり、また現代中国語でいうところの劇種もしくは地方劇である。河北梆子のように、花部乱弾の名称の多くが地名＋声腔という形になっているのも、こうした由来の端的な現れである。

　さて、このように花部乱弾自体がもともと「その他もろもろ」を意味するのだが、さらにそれらの「その他」として扱われるのが、第6節から第8節で述べられる少数民族の演劇、京劇、民間小戯である。漢族に対する異民族である少数民族の演劇、およびより民間に近く規模も小さい民間小戯は、花部乱弾といったときに通常想起されないという意味では正に「その他」といってよい。

　一方の京劇については、少々位置づけが異なる。京劇は皮黄が北京で土着化したという点では、まさに代表的な花部乱弾の一つである。しかし、昆曲の衰微とともに宮廷の寵を得、またその勃興が中国の近代と重なり、民国期以降は国劇と呼ばれたことなどから、現代の雅部と称しうる地位を獲得している。また声腔よりも微細な「流派」、および流派を生み出す個々の俳優たちが特に注目されるという点においても、京劇は花部乱弾のあり方に新風をもたらした先駆的存在といえるだろう。

　本章のタイトルは時代を19世紀で区切るが、実際には20世紀以降の様相も種々含まれる。第1章から第3章において扱われた演劇史は、昆曲その他現行の演劇を一部含むものの、基本的には文字、文物、文学などの間接的な資料を土台に構築された演劇史であった。一方、本章で記述される演劇史の多くは、清代中葉以降現在に至るまで実際に舞台で上演されている演劇と地続きである。それゆえに京劇など一部を除くと、中国の現状を知らない外国人にとっては少々縁遠く、また新鮮に感じられる一章でもあるだろう。

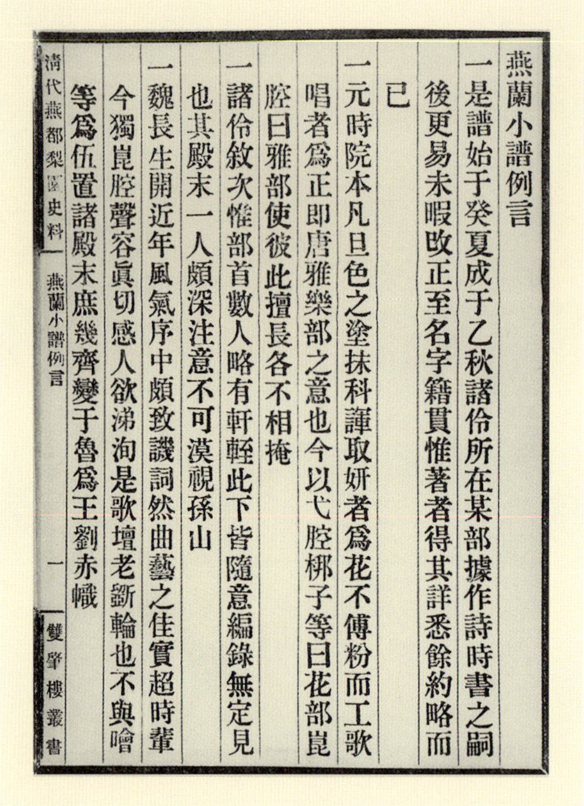

燕蘭小譜例言

一是譜始于癸夏成于乙秋諸伶所在某部據作詩時書之嗣後更易未暇改正至名字籍貫惟著者得其詳悉餘約略而已

一元時院本凡旦色之塗抹科諢取妍者爲花不傳粉而工歌唱者爲正即唐雅樂部之意也今以弋腔梆子等曰花部崑腔曰雅部使彼此擅長各不相掩

一諸伶敘次惟部首數人略有軒輊此下皆隨意編錄無定見也其殿末一人頗深注意不可漠視孫山

一魏長生開近年風氣序中頗致譏詞然曲藝之佳實超時輩今獨崑腔聲容眞切感人欲涕洵是歌壇老斵輪也不與噲等爲伍置諸殿末庶幾齊變于魯爲王劉赤幟

清代燕都梨園史料　燕蘭小譜例言　一　雙肇樓叢書

図 356　清・呉長元『燕蘭小譜』の「花部」に関する記載

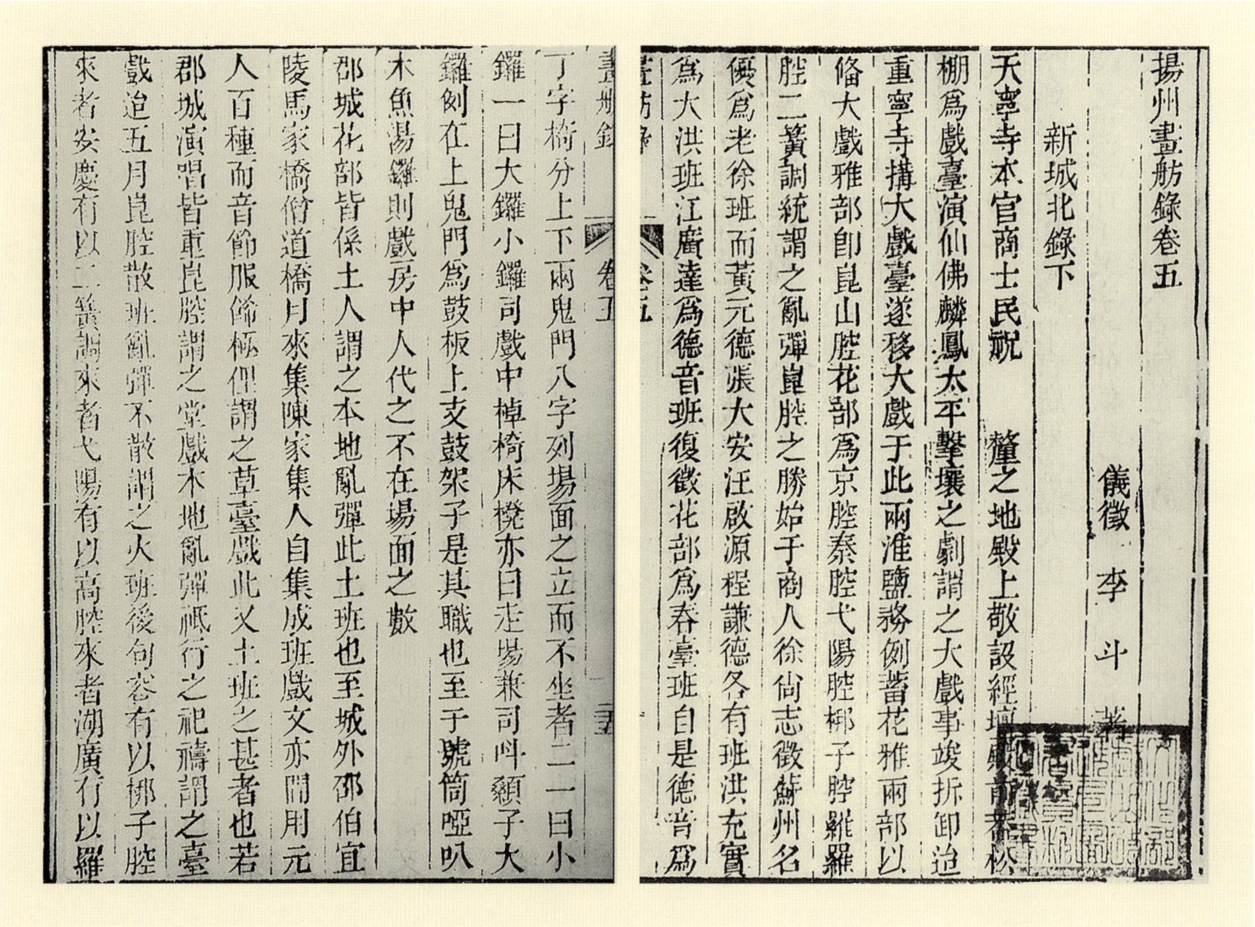

揚州畫舫錄卷五

儀徵 李斗 著

新城北錄下

天寧寺本官商士民祝釐之地殿上敬設經壇殿前蓋松棚爲戲臺演仙佛麟鳳太平擊壤之劇謂之大戲事竣拆卸迨重寧寺構大戲臺遂移大戲于此兩淮鹽務例蓄花雅兩部以備大戲雅部卽崑山腔花部爲京腔秦腔弋陽腔梆子腔羅羅腔二簧調統謂之亂彈崑腔之勝始于商人徐尚志徵蘇州名優爲老徐班而黃元德張大安汪啟源程謙德各有班洪充實爲大洪班江廣達爲德音班復徵花部爲春臺班自是德音爲

畫舫錄　卷五

丁字椅分上下兩鬼門八字列場面之立而不坐者二一曰小鑼一曰大鑼小鑼司戲中桌椅床凳亦曰走場兼司斟頸子大鑼例在上鬼門爲鼓板上支鼓架子是其職也至于號筒啞叭木魚湯鑼則戲房中人代之不在場面之數

郡城花部皆係土人謂之本地亂彈此土班也至城外邵伯宜陵馬家橋僧道橋月來集陳家集人自集成班戲文亦間用元人百種而音節服飾極俚謂之草臺戲此又土班之甚者也若郡城演唱皆重崑腔謂之堂戲本地亂彈祇行之祀禱謂之臺戲迨五月崑腔散班亂彈不散謂之火班後句容有以梆子腔來者安慶有以二簧調來者弋陽有以高腔來者湖廣有以羅

図 357　清・李斗『揚州画舫録』の「花部」に関する記載

第4章　花部乱弾およびその他

図358　清・焦循『花部農譚』の「花部」についての評価

図359　蘇州老郎廟碑文（拓本）にある「花部」諸腔禁止に関する清代の法令

第1節　弦索腔系

　清代の康熙・乾隆年間、当時北京で流行していた声腔に対し、民間では「南昆（昆腔）、北弋（京腔）、東柳（柳子）、西梆（梆子、秦腔）」という言い方があった。伝えるところでは、「東柳」は山東に由来するもので、「明清俗曲」を歌い、「時尚小令」あるいは「小曲」などとも呼ばれていた。それは昆、弋の大曲（すなわち南北曲）とは異なり、多くは弦索楽器（弦楽器）を伴奏楽器としたため、「弦索腔」とも呼ばれた。俗曲は民間において抒情や述懐、物語を歌い語ることに用いられ、意味は明白で文辞も自然なものである。芝居の上演に用いられれば、それは地方劇へと変化し、山東、河南、冀南などの地方で行われる多くの劇種は、軒並み「弦索腔系」に属している。

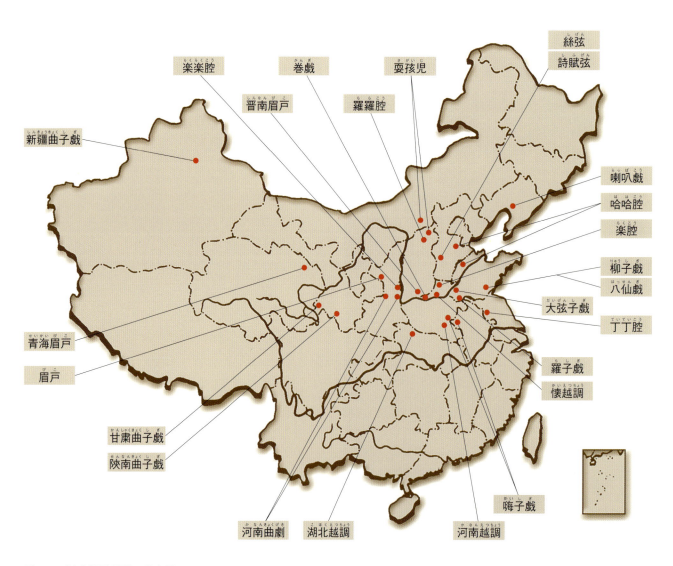

図360　弦索腔系劇種の分布図

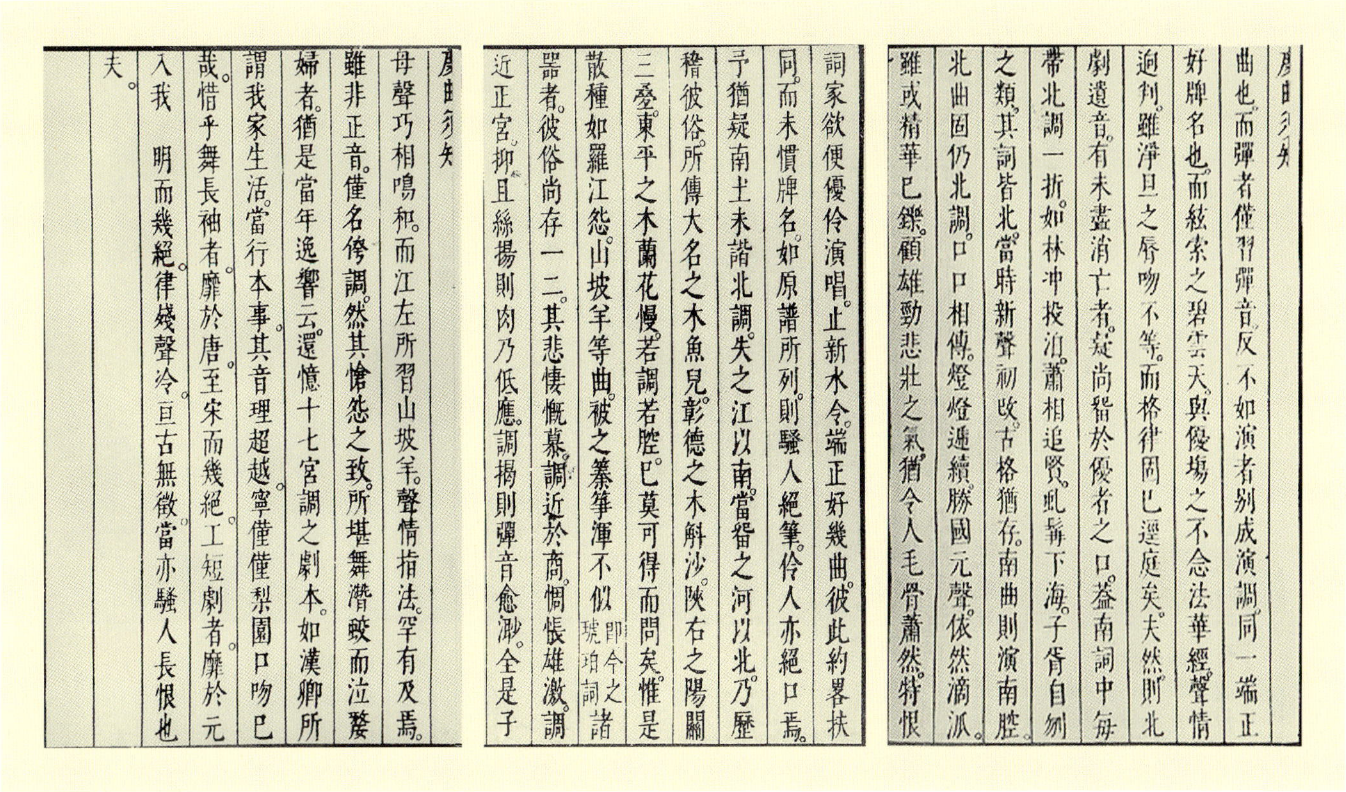

図361　明・沈寵綏『度曲須知』(しんちょうすい)(どきょくしゅち)の俗曲に関する記載

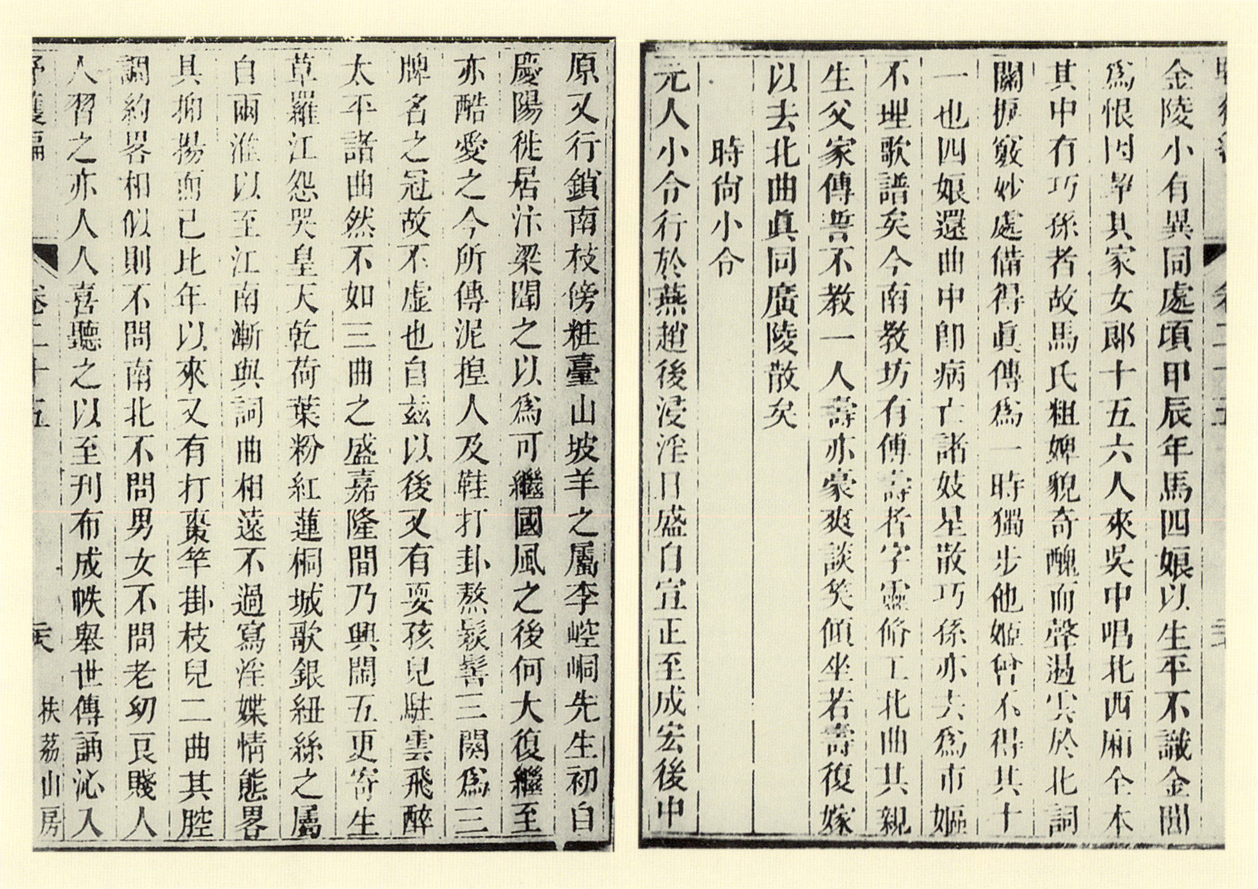

金陵小有異同處頃甲辰年馬四娘以生平不識金閶
爲恨因挈其家女郎十五六人來吳中唱北西廂全本
其中有巧孫者故馬氏粗婢貌奇醜而聲遏雲於北詞
關捩竅妙處備得眞傳爲一時獨步他姬皆不得其十
一也四娘還曲中卽病亡諸妓星散巧孫亦去爲市嫗
不理歌譜矣今南教坊有傳壽者字靈脩工北曲其親
生父家傳誓不教一人壽亦豪爽談笑傾坐若壽復嫁
以去北曲眞同廣陵散矣

時尚小令

元人小令行於燕趙後浸淫日盛自宣正至成宏後中
原又行鎖南枝傍粧臺山坡羊之屬李崆峒先生初自
慶陽徙居汴梁聞之以爲可繼國風之後何大復繼至
亦酷愛之今所傳泥捏人及鞋打卦熬䯼髻三闋爲三
牌名之冠故不虛也自玆以後又有耍孩兒駐雲飛醉
太平諸曲然不如三曲之盛嘉隆間乃興鬧五更寄生
草羅江怨哭皇天乾荷葉粉紅蓮桐城歌銀紐絲之屬
自兩淮以至江南漸與詞曲相遠不過寫淫媟情態畧
具抑揚而已比年以來又有打棗竿掛枝兒二曲其腔
調約畧相似則不問南北不問男女不問老幼良賤人
人習之亦人人喜聽之以至刊布成帙舉世傳誦沁入

野獲編　卷二十五　扶荔山房

図 362　明・沈徳符『万暦野獲編』の「時尚小令」に関する記載

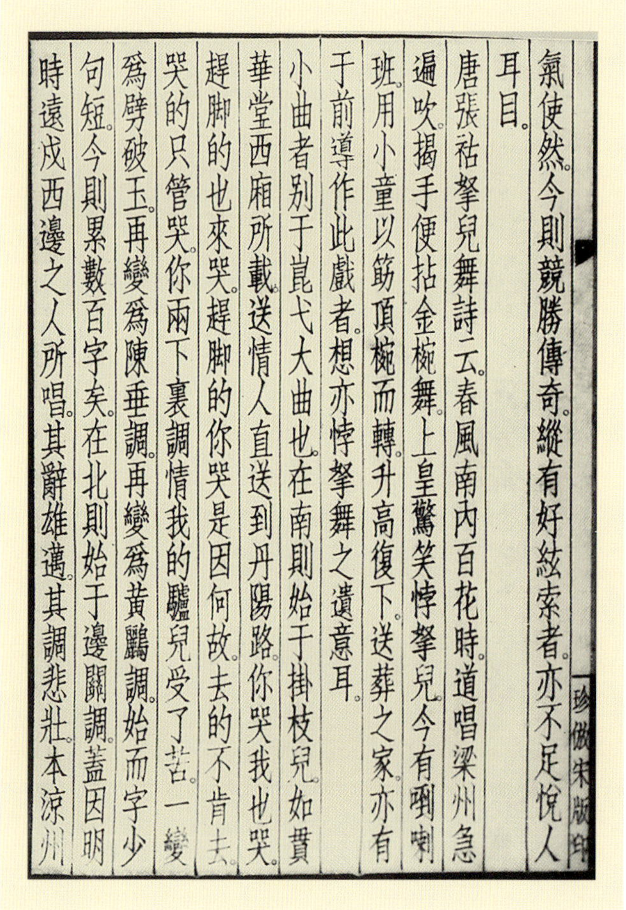

氣使然。今則競勝傳奇。縱有好絃索者。亦不足悅人
耳目。
唐張祜挐兒舞詩云。春風南內百花時。道唱梁州急
遍吹。揭手便拈金椀舞。上皇驚笑悖挐兒。今有唎喇
班。用小童以筋頂椀而轉。升高復下。送葬之家。亦有
于前導作此戲者。想亦悖挐舞之遺意耳。
小曲者別于崑弋大曲也。在南則始于掛枝兒。如貫
華堂西廂所載。送情人直送到丹陽路。你哭我也哭。
趕脚的也來哭。趕脚的你哭是因何故。去的不肯去。
哭的只管哭。你兩下裏調情我的驢兒受了苦。一變
爲劈破玉。再變爲陳垂調。再變爲黃鸝調。始而字少
句短。今則累數百字矣。在北則始于邊關調。蓋因明
時遠戍西邊之人所唱。其辭雄邁。其調悲壯。本涼州

珍倣宋版印

図 363　清・劉廷璣『在園雑誌』の「小曲は昆腔、弋陽腔の大曲とは異なる」という記載

蒲松齢 (1640〜1715)

　清初の文学、戯曲、語り物作家。字は留仙または剣臣、号は柳泉居士、世に聊斎先生と呼ばれ、山東淄川蒲家荘（現在の淄博市淄川区蒲家荘）の人。著作に小説『聊斎志異』があり、自ら「小さな皮を集めて衣を作るように、いたずらに幽冥にまつわる話を書き継いできた。酒を飲んでは筆を執ったが、成ったのは僅かに一人世を憤る書物のみ、こうした形で心情を表現するのもまた悲しいことだ」（『聊斎自志』）と語っている。ほかの作品として『禳妒咒』、『磨難曲』、『墻頭記』などの「俚曲」14種があり、俗曲説唱に属するが、その体裁はむしろ戯曲に近い。劇作としては、『闈窘』、『鍾妹慶寿』、『鬧飯』の3種がある。

図364　清・蒲松齢の人物画

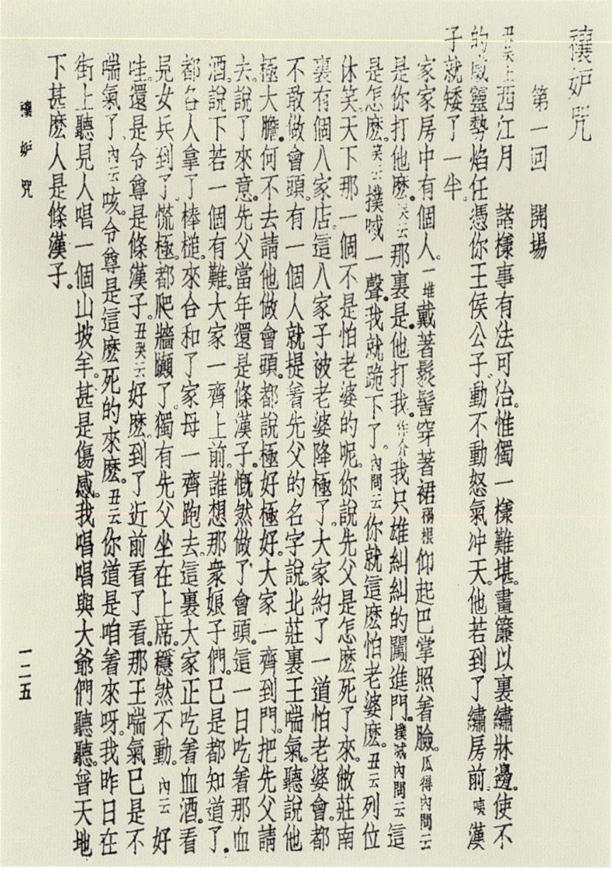

図 365　清・蒲松齢『禳妒咒』

小説『聊斎志異』の『江城』の物語を演劇の形式で描き、「回」で分ける。第1回の幕開きでは、「内場問答〔幕外との対話〕」を行う。本文は歌と語りで書かれており、各回とも2、3種の俗曲の曲牌を用い、「山坡羊」、「皂羅袍」、「耍孩児」、「黄鶯児」、「柳香娘」、「銀紐絲」、「羅江怨」、「劈破玉」、「跌落金銭」などがある。役柄と場の設定があり、戯曲の体裁を用いて書かれた俚曲の唱本である。

図 366　「柳泉」の草亭

伝えるところでは、かつて蒲松齢が茶席を設けて客を招き、物語の素材を集めた場所である。「柳泉」の石碑は1979年に沈雁冰により揮毫された。

柳子戯は弦子戯、弦戯、百調子などとも呼ばれる。語り物から伝統演劇へと変化したもので、歌唱は俗曲を主として、さらに昆腔、青陽、高腔などを吸収した。主に山東西部、河南東部、河北南部などの地区で行われている。清代前期には北京でも流行した。主たる曲牌は俗曲の「黄鶯児」、「山坡羊」、「鎖南枝」、「娃娃（すなわち「耍孩児」）、「駐雲飛」の五大曲および「柳子」である。弦索腔系の代表的劇種となっている。

図367　山東柳子戯『玩会跳船』
李長祥が蕭文勤に、郭素娟が白月娟に、郭蓮芝が雲霞に扮する。

図368　山東柳子戯『張飛闖轅門』
孔啓祥が張飛に、趙洪山が劉備に扮する。

図369　河北絲弦戯『空印盒』
王永春が周能に扮する。
絲弦戯は弦索腔系劇種であり、主に石家荘一帯で行われている。

図370　山西雁北羅羅腔『小二姐做夢』
王艶雲が小二姐に扮する。

図371　哈哈腔『王小打鳥』
河北清苑県哈哈腔劇団による上演

第2節　梆子腔系

　梆子腔はまた秦腔、山陝梆子腔戯とも呼ばれ、陝西の関中、甘粛東部、山西南部、河南北部など、陝西の語音を特色とする地域において形成された。山西陝西の商人の内地での商売や辺境での貿易に伴って広域に流伝し、南北に遍く普及した。陝西、山西、甘粛、河南、山東、安徽北部、江蘇北部、北京、直隷（河北）、天津、張家口、四川、雲南、貴州などの地域で現地の語音や民間の芸術と結合して変化し、その地の風俗に従って各地域の特色を具えた梆子戯の劇種となった。この劇種群が梆子腔声腔系統を構成しており、略して「梆子腔系」と呼ばれる。梆子腔は、南北曲を用いる伝奇の長短句による曲牌制を打破し、斉言対偶上下句〔斉言体で上下の句が対をなす〕による板腔の体裁を採用、発展させて、新たな伝統演劇の様式を創りだした。

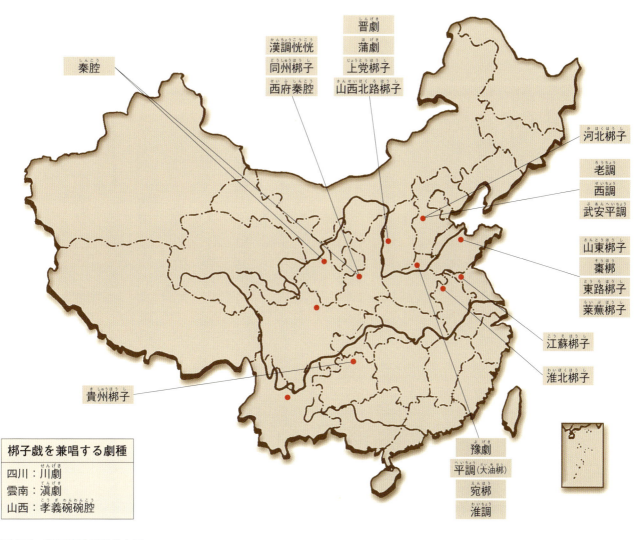

図372　梆子腔系劇種分布図

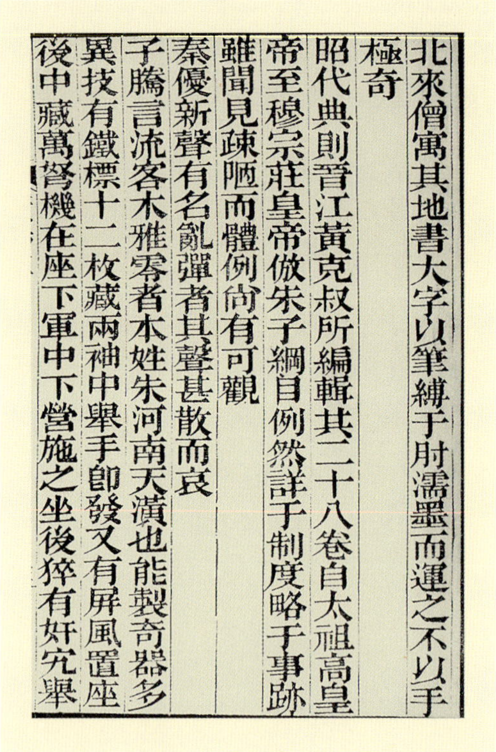

図373 清・劉献廷『広陽雑記』の「秦優新声」に関する記載

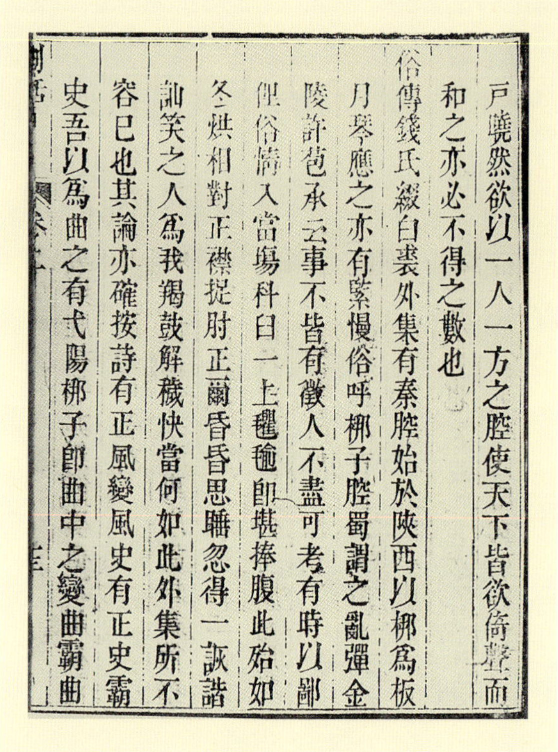

図374 清・李調元『劇話』の「秦腔」に関する記載

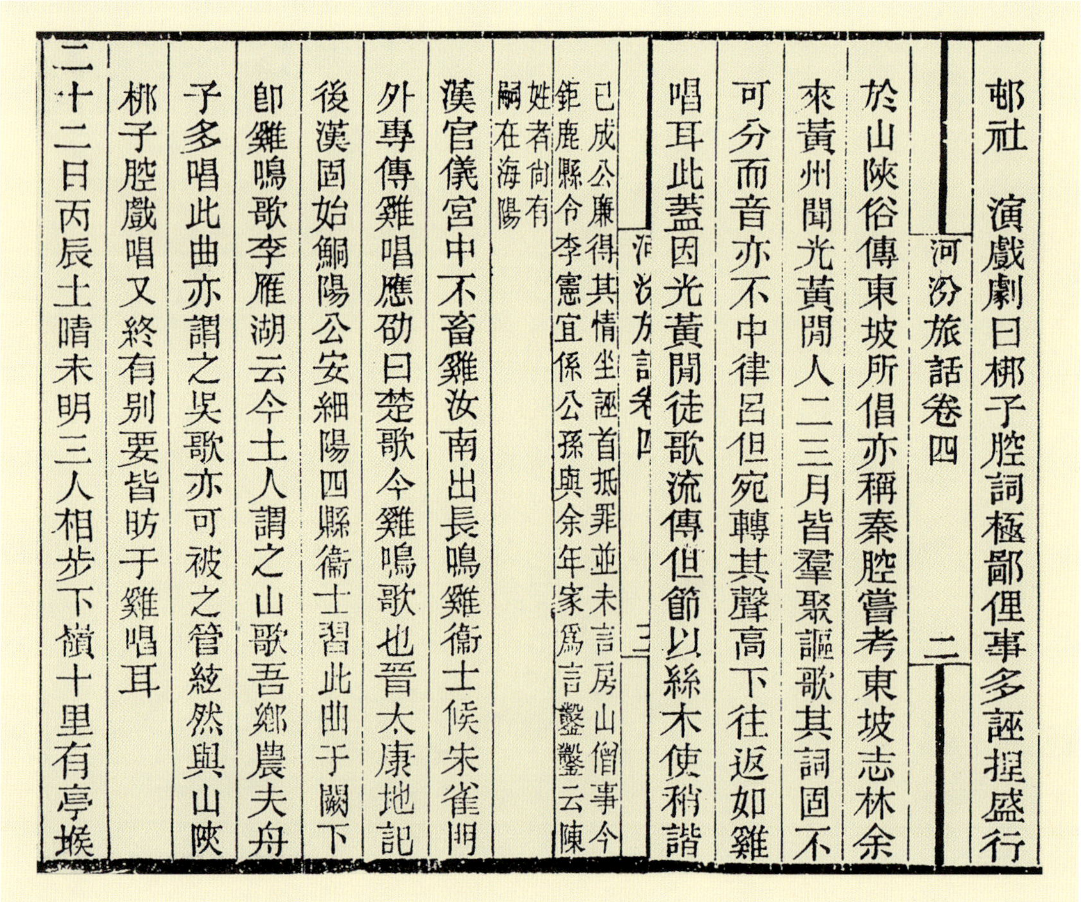

図375 清・朱維魚『河汾旅話』の「山陝梆子腔戯」に関する記載

魏長生（1788〜1802）

秦腔の旦角俳優、四川金堂の人。字は婉卿、三男だったため、世間では「魏三」と呼ばれていた。乾隆44年（1799）に北京に入り、双慶部〔劇団名〕に属して『滾楼』で一躍北京の劇壇に名を馳せた。ほどなくして秦腔は禁演となり、魏も北京を追われて揚州、蘇州などで芝居をしていたが、迫真の演技と巧みな芸で多くの俳優に模倣され、声名はさらに高まった。後に故郷に戻り、嘉慶6年（1801）に再び北京入りしたが、技芸は衰えを見せなかった。北京の舞台裏で病没。義を重んずる豪気な人柄で、演技や扮装にも新たな試みを行い、人々に尊崇、敬愛された。

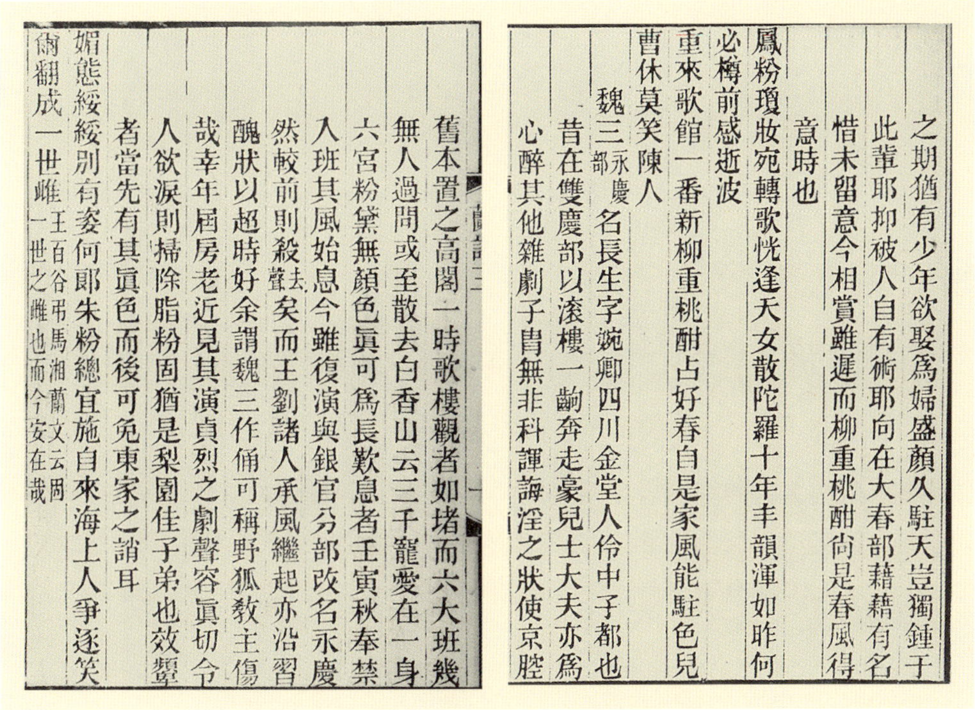

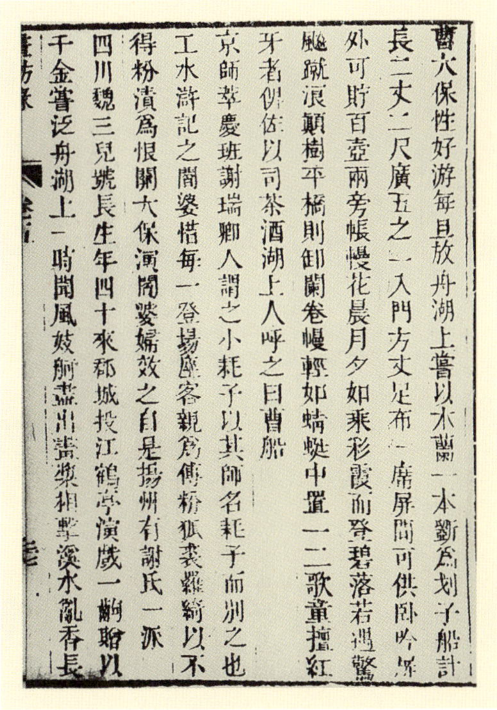

図376　『燕蘭小譜』の魏長生に関する記載

図377　『揚州画舫録』の魏長生に関する記載

同州梆子、またの名を東府秦腔といい、陝西の同州（大荔）、朝邑一帯に行われた。この地域は山西の蒲州（永済）一帯と黄河を挟んで向かい合っており、清代には蒲州梆子の劇団、俳優と互いに行き来があったため、北京では合同で梆子の劇団を組織して芝居を演じた。蒲州の俳優には「東生西旦」〔東部の満州は生角を得意とし、西部の同州は旦角を得意とする〕ということばが伝わっている。「山陝梆子」という記載は、一般的に同・蒲二州の梆子戯を指しており、同時にそれが最も早期の梆子腔であると考えられている。

図378　同州梆子『游泥河』
王頼頼が薛仁貴に、趙東郎が蓋蘇文に扮する。

秦腔、また西安乱弾、中路秦腔とも呼ばれる。『三滴血』は近代西安の「易俗社」が創作上演した有名な作品であり、台本は范紫東が編んだ。五台県令の晋信書が実情を調べもせずに、滴血の法〔血液によって血縁の有無を判断する迷信〕によって判決を下し、父子を離散させる冤罪事件を起こしたことを描いている。「易俗社」は「移風易俗〔風俗習慣を改める〕」によって秦腔を改良することを主旨とし、脚本の創作や歌唱演技の革新といった点で多くの成果を挙げた。その影響は西北の甘粛、寧夏、青海、新疆などの地域の秦腔劇団にも及んでいる。

図379　秦腔『三滴血』

図380 蒲州梆子『帰宗図』（別名『薛剛反唐』）
閻逢春が徐策に、楊虎山が薛剛に、王秀蘭が紀鸞英に扮する。

図381 蒲州梆子『掛画』
王存才が耶律含嫣に扮する。

北路梆子は、山西の忻州、雁北地区および内モンゴルで形成され、流行した。

図382　北路梆子『血手印』
王玉山（芸名「水上飄」）が王桂英に扮する。

山西中路梆子は現在晋劇と呼ばれ、晋中一帯で形成されて、内モンゴルや陝西北部および河北の張家口などに流伝した。丁果仙は著名な女性の鬚生であり、晋劇の鬚生の演技、歌唱の向上発展に歴史的な貢献をした。

図383　中路梆子『日月図』
丁果仙が白茂林に扮する。

河北梆子は、かつて直隷梆子、京梆子、衛梆子などとも呼ばれた。山陝梆子が北京、天津、および直隷（河北）に伝わって変化することにより形成された。『雲羅山』は以下のような物語である。白世永が妻と妹を連れて廟会に行ったところ、ごろつきに因縁をつけられ、禍は一家に及んだ。憤った白世永は仇を討つため、お上に訴え出る。

図384　河北梆子『雲羅山』
李桂嶺が白世永に扮する。

上党梆子は、上党戯の主要な声腔である。上党戯は多声腔の劇種であり、歌唱に使われる声腔には、昆（昆腔）、梆（梆子腔）、羅（羅戯）、巻（巻戯）、黄（皮黄腔）の5種類がある。清代にこれらを統合し、かつての上党地区である晋の東南部で形成され、晋城、長治が中心地となった。近隣の河北南部、山東西部に伝わった後に変化して、それぞれ河北西調、山東棗梆となった。

図385　上党梆子『三関排宴』
郝聘が佘太君に、郭金順が楊延輝に扮する。

豫劇は現在、最も広大な地域に流布する梆子戯の劇種である。豫劇にはもともと「豫西調」と「豫東調」の区分があって、前者は滑らかかつ伸びやか、後者は甲高く激しいという特質があり、それぞれ門派を築いていた。常香玉は豫西調を基礎としながら、門派性を打破して豫東調を吸収運用し、河南の梆子腔の歌唱をより豊富に発展させた。さらに新しい演目を創作上演し、豫劇の革新に対して傑出した貢献をなした。

図386　河南梆子（豫劇）『紅娘』
常香玉が紅娘に扮する。

　山東梆子は一名を高調ともいう。豫劇とは淵源を同じくし、また互いの交流もあった。『墙頭記』は蒲松齢の俚曲の唱本に基づき改編されたもので、以下のような物語を描いている。張木匠の家は貧しかったが、二人の子供、大乖と小乖は後にそれぞれ成功して財をなす。しかし二人とも親に孝行せず、父を虐待した。李銀匠はこの不義理な様子を見て、張木匠には隠し財産があると嘘をついた。二人はこれを聞き争って父に孝養を尽くす。張木匠の死後、二人は壁を削って中に金品がないか探すが、この壁が倒れ二人とも下敷きになって死んでしまう。

図387　山東梆子『墙頭記』

川劇は5種類の声腔を総合した劇種であり、高（高腔）、昆（昆腔）、胡（胡琴、すなわち皮黄）、弾（弾戯、別名を乱弾、川梆子、蓋板子ともいう）、灯（灯戯）を歌唱に用いる。清代後期に各種の劇団が次第に統合されることにより形成された。語音、打楽器の伴奏、演技などは互いに融合して単一の風格を持つが、歌唱は互いに異なり、地域ごとの特色を保っている。雲南、貴州などの地方にも流伝している。

図388　川劇弾戯『贈綈袍』
劉成基が須賈に、徐又如が范雎に扮する。

第4章 花部乱弾およびその他

陳武

卞荘

張飛

燃灯道人

図389 梆子戯の劇種中の臉譜

秦腔臉譜4種：陳武、卞荘、張飛、燃灯道人
蒲州梆子臉譜1種：屠岸賈
北路梆子臉譜1種：程咬金

屠岸賈

程咬金

233

1 翎子功(れいしこう)

2 帽翅功(ぼうしこう)

3 髯口功(ぜんこうこう)

図390 梆子戯の劇種中の特技(とくぎ)〔技高性の高い特殊な演技〕

1 翎子功、2 帽翅功、3 髯口功

第4章　花部乱弾およびその他

図391　甘粛嘉峪関関帝廟戯台
清・嘉慶24年（1819）創建。

図392　蘇州全晋会館戯台
清・乾隆30年（1765）創建、咸豊10年（1860）焼失、光緒5年（1879）移転して再建。

235

第3節　乱弾腔系

　乱弾は花部諸腔の総称であるほかに、「二凡」、「三五七」の2種類の節回しを主に用いる地方劇の声腔を特に指す場合もある。「乱弾腔系」とは、斉言対偶上下句の板腔体に属するもので、浙江で形成され、この地域および近隣の江西、福建の一部地区に分布している。乱弾による歌唱を主とする劇種には、乱弾諸腔の中の「吹腔」と「撥子」、および「西皮」、「二黄」の2組の声腔、さらに南北曲の昆腔と高腔、加えて民間の灘黄などを兼ねて歌うものもある。

注：「乱弾」はここでは「二凡」、「三五七」および「吹腔（あるいは正反乱弾とも）」を用いる劇種のみを指す。

図393　乱弾腔系劇種分布図

紹劇は紹興乱弾、あるいは紹興大班とも呼ばれ、紹興、寧波、杭州などで行われている。紹興乱弾の中の「二凡」は、「整板散唱」〔伴奏には固定したリズムがあるが、歌唱は自由リズムで歌う〕」、また一句の末尾を高音域で歌唱する「海底翻」など際立った特色があり、一名を「流水二凡」ともいう。『龍虎闘』は宋の趙匡胤が北漢征伐の折に自ら出陣し、勇将呼延賛を配下に収めた物語を描く。別名を『呼延賛出世』という。

図394　紹劇『龍虎闘』
浙江紹劇団上演
陳鶴皋が趙匡胤に扮する。

婺劇は一名を金華戯といい、劇団の用いる声腔の多少によって、「三合班」、「二合半」、「二合班」などと呼ばれる。採用する声腔には、乱弾、高腔、昆腔、徽戯、灘黄、時調など6種がある。婺劇の乱弾とは、「二凡」と「三五七」、および「撥子」と「蘆花調」の2組の声腔を指す。「三五七」と「蘆花調」は「吹腔」の節回しと近く、安徽の「石牌腔」に由来する。「二凡」と「撥子」は似通っていて、一般的には北方の梆子が浙江、安徽で変化したものと考えられている。

図395　婺劇『送米記』

浙江婺劇団上演

第4章　花部乱弾およびその他

図396　浙江紹興大舜廟戯台
咸豊年間創建、同治12年（1873）に改修。

図397　浙江黄岩山後村護国廟鼓山寺戯台
清・康熙3年（1664）に創建、光緒年間に改修。

図398　浙江紹興馬安鎮東安村土地廟前の戯台
清初に他の場所より移築、現地では「河台」と呼ばれる。

第4節　吹撥腔系

　「吹腔」と「撥子」の2種類の節回しによって構成されるため、「吹撥腔系」と呼ばれる。清代の「徽調」の主要声腔である。安徽の劇団には、「吹腔」で演じる演目と「撥子」で演じる演目、さらに両者を併用する「吹撥合目」と呼ばれる演目がある。「吹腔」と「撥子」は徽班の移動によって各地に流布し、数多くの劇種が用いる声腔となっている。「吹腔」は一部地方の地方劇では「石牌腔」、「安慶調」、「乱弾」などと呼ばれ、「撥子」もまた「徽撥子」、「高撥子」などと呼ばれる。各劇種におけるそれらの状態はおのおの異なり、それだけを歌う演目もあれば、ほかの声腔と組み合わせて演じる演目もある。

図399　清・厳長明『秦雲擷英小譜』〔扉には『秦雲擷英譜』と題す〕の「吹腔」に関する記載

第4章 花部乱弾およびその他

図400 徽劇『水淹七軍』（吹撥合目）
章其祥が関羽に扮する。

図401 徽劇『水淹七軍』（吹撥合目）
章其祥が関羽（中央）に、谷化民が周倉（右）に扮する。

図402 撥子『徐策跑城』
周信芳が徐策に扮する。

図403 吹腔『奇双会』
姜妙香が趙寵に、梅蘭芳が李桂枝に扮する。

第5節　皮黄腔系

　皮黄腔は、「西皮」と「二黄」という節回しによって構成される声腔の系統で、「皮黄腔系」と略称される。西皮は西北由来の秦腔（梆子腔）もしくは「西秦腔」が湖北で変化したものである。二黄がどこで形成されたかは諸説分かれている。主なものとしては湖北説（黄陂、黄岡一帯）、江西宜黄説、安徽説（安慶一帯）、陝西説（漢水上流）などがある。各説とも根拠となる若干の史料があり研究者による検証もなされているが、いまだ定説にはなっていない。とはいえ、清代の中葉に皮黄腔は実際に湖北、安徽、江西などから起こり、各地の商売人と共に勃興、徽班、漢班、江西班および各地の乱弾芸人によって南北各地に伝わった。さらには、現地化してその地域の皮黄戯になったものもある。各地の劇団は来歴が異なるため、声腔の組み合わせや変化の状況も異なっており、節回しの名称にも差異が現れている。徽戯、漢戯、後の京劇などは西皮と二黄、総称を「皮黄」としている。湖南や広西では二黄を「南路」、西皮を「北路」、総称を「南北路」とする。広東では西皮を「梆子」と呼び、二黄はそのまま「二黄」で、合わせて「梆黄」としている。四川では「胡琴」と呼び、これに二黄と西皮が含まれる。雲南では、西皮を「襄陽」、二黄を「胡琴」と呼ぶ。江西では二黄を「宜黄」と見なして「二凡」と呼び、西皮はそのまま「西皮」である。名称はそれぞれ異なっても節回しは同じなので、総称して「皮黄腔」と呼ばれている。

図404　皮黄腔系劇種分布図

李調元

四川省綿陽の人。乾隆年間に『劇話』を執筆、その中に「胡琴腔」は「江右」に発し、「二黄腔」とも呼ばれる、という記載がある。

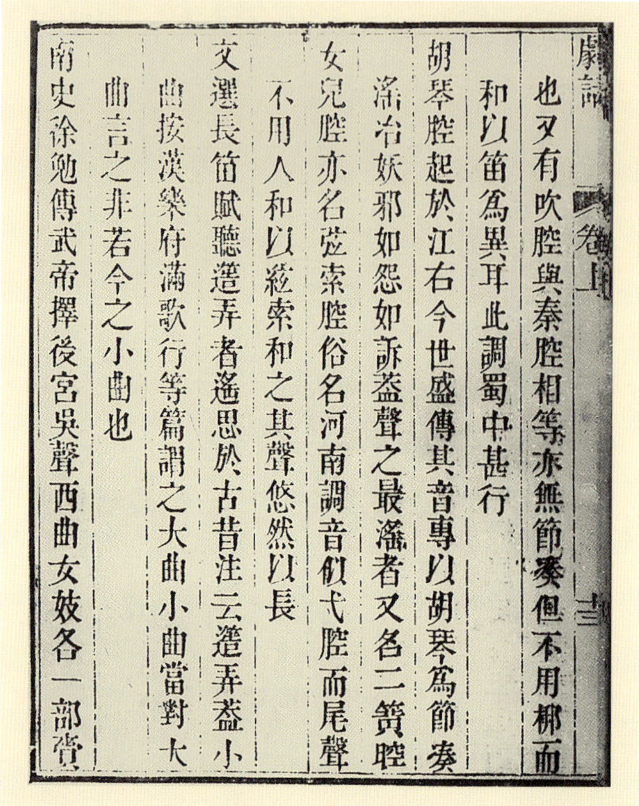
劇話　卷上
也又有吹腔與秦腔相等亦無節奏但不用梆而
和以笛爲異耳此調蜀中甚行
胡琴腔起於江右今世盛傳其音專以胡琴爲節奏
淫冶妖邪如怨如訴蓋聲之最淫者又名二簧腔
女兒腔亦名弦索腔俗名河南調音似弋腔而尾聲
不用人和以弦索和之其聲悠然以長
文選長笛賦聽遝弄者遙思於古昔注云遝弄蓋小
曲按漢樂府滿歌行等篇謂之大曲小曲當對大
曲言之非若今之小曲也
南史徐勉傳武帝擇後宮吳聲西曲女妓各一部賫

図 405　清・李調元『劇話』

清・張際亮作『金台残涙記』は道光8年（1828）に刊行された。書中、「四川の俳優」の歌う「琴腔」を「安徽の俳優がみな習う」との記載が、『燕蘭小譜』にあることを指摘している。「琴腔」は「西秦腔」ともいい、すなわち「甘粛調」のことである。

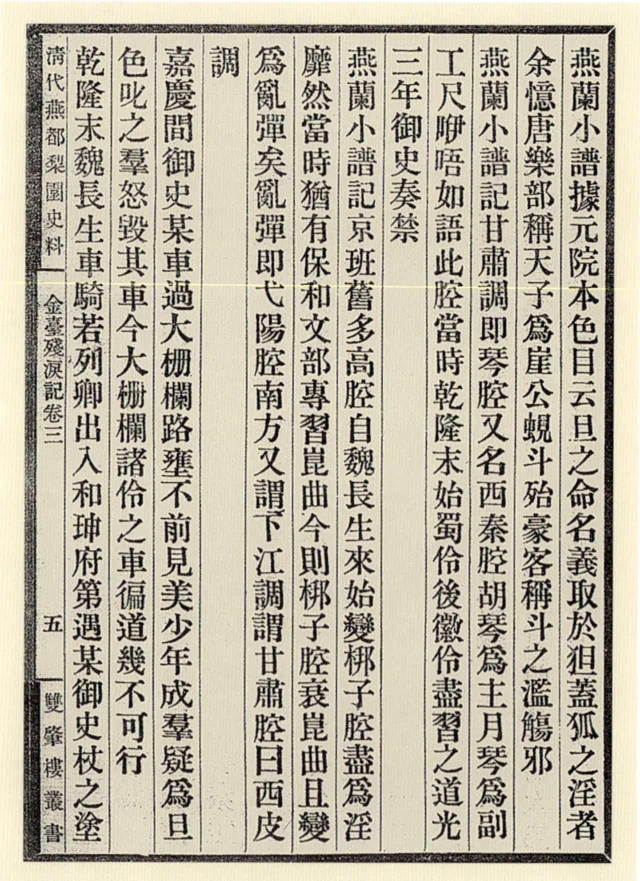
燕蘭小譜據元院本色目云旦之命名義取於狚蓋狐之淫者
余憶唐樂部稱天子爲崖公覘斗殆豪客稱斗之濫觴邪
燕蘭小譜記甘肅調即琴腔又名西秦腔胡琴爲主月琴爲副
工尺咿唔如語此腔當時乾隆末始蜀伶後徽伶盡習之道光
三年御史奏禁
燕蘭小譜記京班舊多高腔自魏長生來始變梆子腔盡爲淫
靡然當時猶有保和文部專習崑曲今則梆子腔衰崑曲且變
爲亂彈矣亂彈即弋陽腔南方又謂下江調謂甘肅腔曰西皮
調
嘉慶間御史某車過大柵欄路壅不前見美少年成羣疑爲旦
色叱之羣怒毀其車今大柵欄諸伶之車偏道幾不可行
乾隆末魏長生車騎若列卿出入和珅府第遇某御史杖之塗
清代燕都梨園史料　金臺殘淚記卷三　五　雙肇樓叢書

図 406　清・張際亮『金台残涙記』

清・葉調元『漢口竹枝詞』には、嘉慶・道光年間の「皮黄合奏」の状況に関する記載がある。

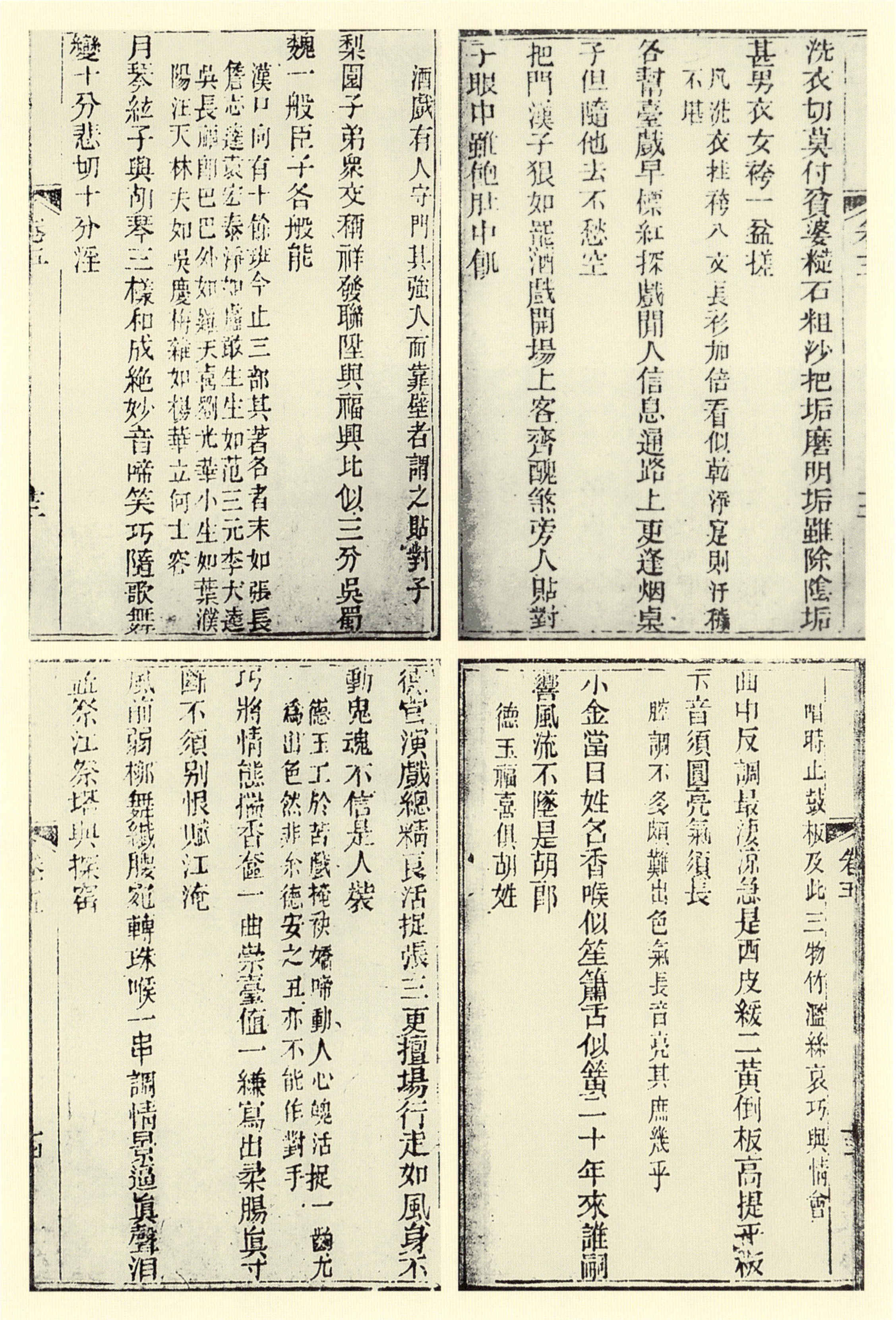

洗衣切莫付貧婆糙石粗沙把垢磨明垢雖除陰垢甚男衣女袴一盆搓
凡洗衣挂袴八文長衫加倍看似乾淨寔則汙穢不堪
各幫臺戲早標紅探戲聞人信息通路上更逢烟桌子但隨他去不愁空
把門漢子狠如龍酒戲開場上客齊醜煞旁人貼對子眼中雖飽肚中飢
酒戲有人守門其強入而靠壁者謂之貼對子
梨園子弟衆交稱祥發聯陞與福興比似三分吳蜀魏一般臣子各般能
漢口向有十餘班今止三部其著名者末如張長詹志達袁宏泰汪如龍敵生生如范三元李大達吳長福郎巴巴外如鍾天壽劉光華小生如葉濮陽汪天林夫如吳慶梅雜如楊華立何士容
月琴絃子與胡琴三樣和成絕妙音啼笑巧隨歌舞變十分悲切十分淫

唱時止鼓板及此三物竹溜絲哀巧與情會
曲中反調最淒涼急是西皮緩二黃倒板高提平板下音須圓亮氣須長
腔調不多頗難出色氣長音亮其庶幾乎
小金當日姓名香喉似笙簫舌似簧二十年來誰嗣響風流不墜是胡郎
德玉福喜俱胡姓
徽班演戲總精良活捉張三更擅場行走如風身不動鬼魂不信是人裝
德玉工於苦戲梗秧嬌啼動人心魄活捉一齣尤爲出色然非余德安之丑亦不能作對手
巧將情態揣香奩一曲崇臺値一緘寫出柔腸眞寸斷不須別恨賦江淹
風前弱柳舞纖腰宛轉珠喉一串調情景逼眞聲淚並祭江祭塔與探窰

図 407　清・葉調元『漢口竹枝詞』二首

漢劇は皮黄腔の劇種であり、かつては「楚調」、「漢調」、「黄腔」、「弾戯」、「漢戯」などと呼ばれていた。武漢を中心に、その周辺地域と漢水下流一帯に伝わっている。

図408　漢劇『審陶大』
李春森が陶大に扮する。

図409　漢劇『興漢図』
余洪元が劉備に扮する。

祁劇は湖南の祁陽一帯で行われ、「祁陽戯」とも呼ばれる。多声腔劇種に属し、高腔、昆腔、弾腔などを用いる。弾腔とは「南北路」すなわち二黄、西皮である。

図410　祁劇『昭君出塞』
謝美仙が王昭君に扮する。

図411　祁劇『活捉子都』
郭品文が子都に扮する。

桂劇は広西省北部の桂林官話地区に伝わり、「南北路」を主に歌う劇種である。『搶傘』は宋と金の戦乱により一家が離散する困難の中で、書生蔣世隆と令嬢王瑞蘭がめぐり合い、互いに助け合う様子を描く。この物語は伝奇『拝月記』に基づく。

図412　桂劇『搶傘』
謝玉君が王瑞蘭に、秦志精が蔣世隆に扮する。

滇劇は雲南省の漢族地域に伝わり、襄陽（西皮）胡琴（二黄）戯と絲弦（滇梆子）戯を演じる。清初頃に秦腔（梆子腔）、襄陽、胡琴が相次いで流入し、昆明などの都市や村で徐々に当地の劇種へと変化していったものである。『牛皋搋旨』は、以下のような物語である。岳飛が殺害された後、牛皋が太行山に兵を集め、仇を討とうとする。時に金の軍勢が南下し、朝廷は詔を下して牛皋に出兵を命じるが、牛皋は詔書を破いてこれを拒む。後に岳飛夫人が書信を認め大義を説き、さらに朝廷が岳雷を元帥とするなど牛皋の出した三つの条件をのんだ後にようやく出兵した。

図413　滇劇『牛皋扯旨』
戚少斌が牛皋に扮する。

粵劇は「広東戯」とも呼ばれ、かつては「広府戯」という名称もあった。明から清になって以降、高腔、昆腔、乱弾などの劇団が相前後して広東広西に流入した。清代中葉以後、仏山、広東を中心に「梆黄」の演目を演じる現地化された劇団が生まれたが、依然として「戯棚官話〔中原音韻に基づく舞台言語〕」を用いて上演していた。清末民初の演劇改良の時代になると、役者は当地の観客の要望に応えて「白話（広東語、広州語音）で演じるようになり、大いに歓迎された。主に広州、仏山、香港など、粤語が通用する地域、および海外各国の広東語を用いる華人、華僑の居住地域に流伝している。『捜書院』は瓊台書院の学生張逸民と召使いの翠蓮が、教師謝宝の助けを得て、役所の迫害を逃れて結ばれる、という物語を描いている。

図414　粵劇『捜書院』
馬師曾が謝宝に、紅線女が翠蓮に扮する。

皮黄戯の臉譜

漢劇『麦裡贈金』の趙公遅

漢劇『取帥印』の尉遅敬徳

漢劇『下河東』の呼延賛

荊河戯『李逵装親(りきそうしん)』の李逵(けいかぎ)

祁劇の尉遅敬徳(きげき)

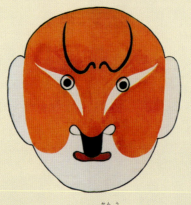
祁劇の関羽(かんう)

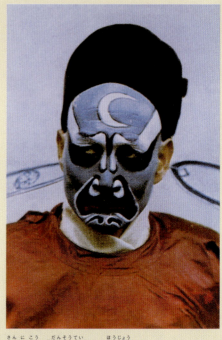
山二黄『断双釘(だんそうてい)』の包拯(ほうじょう)(さんにこう)

荊河戯『捉放曹(そくほうそう)』の曹操(そうそう)

山二黄『征北海(せいほっかい)』の穆蘭英(ぼくらんえい)

252

第4章　花部乱弾およびその他

祁劇『烏江自刎』の項羽

常徳漢劇『三戦呂布』の張飛

南劇『採桑逼封』の鍾無塩

邕劇『下宛城』の典韋

湘劇『九龍山』の牛皋

253

第6節　少数民族の演劇

　中国は多民族国家であり、中華民族が共同で創り上げた演劇（伝統演劇）には、漢族の言語で上演される劇種もあれば、少数民族の言語で演じられる劇種もある。百花が咲き乱れるような劇壇にあって、民族固有の演劇のスタイルとして、漢族と少数民族の演劇には共通の芸術的特質がある。それはすなわち「演劇は、歌舞を以て物語を演じる（王国維『戯曲考源』）」ことである。チベット（蔵）族やペー（白）族の古い演劇は、15世紀にはすでに形成されていた。また18世紀中葉以来、チワン（壮）族、タイ（傣）族、トン（侗）族などの演劇が次々に勃興したが、いずれも固有の歴史、文化伝統、および鮮明な民族的特質、風格を具えると同時に、漢族の演劇文化と相互に交流、融合した側面もある。

図415　チベット族の演劇上演図（壁画）

図416 蔵戯脚本『ノーサン王子』裏表紙

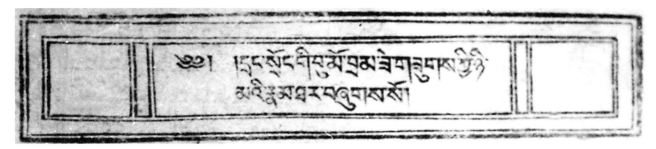

図417 蔵戯脚本『スーキニマ』表紙

図418 蔵戯『スーキニマ』

図419　蔵戯『ドワサンモ』
チベット自治区蔵劇団上演

図420　蔵戯『文成公主』

第4章　花部乱弾およびその他

図421　傣劇『千瓣蓮花』

図422　白劇『杜朝選』

257

図423　壮劇『宝葫蘆』

図424　侗戯『珠郎と梅娘』

第7節　京劇

　清の乾隆55年（1790）、主に乱弾諸腔によって芝居を演じる徽班が北京入りし、当地の観客に歓迎された。さらに嘉慶、道光年間、漢調の俳優が徽班に参加し、徽漢二つの節回しの基礎の上に、昆腔、京腔、琴腔、梆子などを吸収参照して、1840年前後に皮黄腔を主とする京劇へと結晶した。その後、京劇は成熟に向かうと同時に南北に流伝し、北京、天津および上海という南北の中心地、集散地を形成した。そして中国の劇壇の中にあって、名優を輩出し、流派が林立する繁栄の局面を迎えたのである。程長庚、余三勝、張二奎、譚鑫培、汪桂芬、孫菊仙、梅巧玲、陳徳霖、王瑶卿、楊小楼、梅蘭芳、程硯秋、荀慧生、尚小雲、余叔岩、言菊朋、高慶奎、馬連良、王鴻寿、馮子和、欧陽予倩、周信芳、蓋叫天などの俳優は、京派、海派の様々な時期の流派、およびここで名前を挙げられなかった名優たちを代表している。彼らはまさに京劇ないしは民族の伝統演劇を、新たな高みへと押し上げたのである。

　京劇は中華民族の伝統的演劇文化の集大成であり、近代における伝統演劇発展の先駆となった。京劇は虚実相俟った世界、静と動の秩序だった造型、是非のはっきりとした愛憎の物語、雅俗を兼ね備えた風格、節度ある中庸の美によって、中国の大地と多くの民衆の中に根を降ろしている。またそれは国内外の文化、演劇の間に、まばゆい虹の橋を架けているのである。京劇は中国の演劇を代表するもので、世界各民族の演劇文化の発展に、朽ちることのない偉大な貢献をなすであろう。

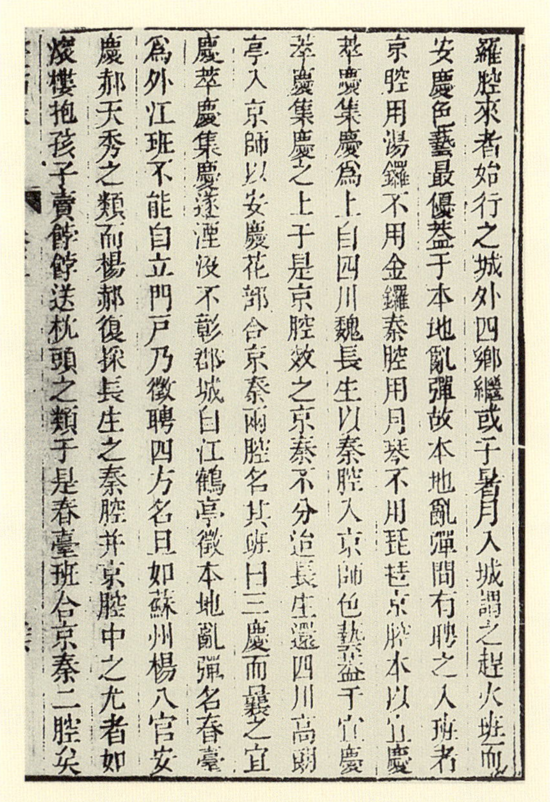

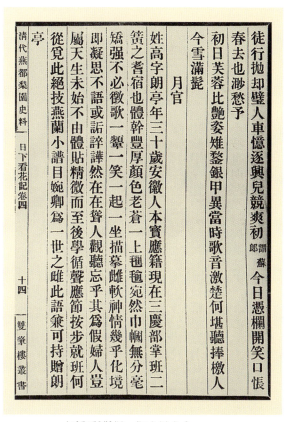

図425　清・李斗『揚州画舫録』の三慶班、高朗亭に関する記載

図426　清・小鉄笛道人『日下看花記』巻四の高朗亭に関する記載

米应先 (1780～1832)

漢調の俳優で、湖北崇陽の人。米喜子、米喜官と呼ばれた。清代の乾隆末から嘉慶年間にかけて、北京の春台班で20年余り舞台に立った。関羽役を得意とし、『戦長沙』などの作品で名を知られている。「米応先が関帝〔関羽の尊称〕に扮する際には赤い隈取をせず、わずかに化粧を施すのみだったが、包巾をかぶって登場すると鳳目蚕眉、神威人を照らす有様であった」(『夢華瑣簿』)。嘉慶24年(1819)、故郷に帰った。米応先の故居と墳墓、さらに彼が生前祭っていた喜神の座像が現存している。

図427　米応先が祭っていた「喜神座像」

図428　米応先の彫像

程長庚（1811～1880）

　名は椿、字は玉山（玉珊）、寓名は「四箴堂」。安徽潜山黄泥鎮程家井に生まれる。道光2年（1822）に北京に入る。道光から咸豊年間にかけて三慶班を主催し、三慶、春台、四喜三劇団の責任者となった。また梨園の同業組合である「精忠廟」の廟主〔代表〕を務めている。彼は徽漢両声腔を融合し、精密な韻律の体系を持つ昆山腔に従って字韻を整えるなど、京劇の形成過程において、芸術および組織管理など多方面で貢献をなした。それゆえ後世においては「京劇の鼻祖」と賞賛されている。また余三勝、張二奎と共に老生「三傑」あるいは「三鼎甲」と称された。

図429　程長庚画像

余三勝 (1802〜1866)

　本名は開龍、湖北羅田の人。道光期に春台班の老生のトップとなり、張二奎、程長庚と肩を並べた。演じる芝居は極めて多く、文武共に優れていた。漢調の皮黄を基礎とし、「徽、漢の音を融合し、昆、渝の調子を加えた。抑揚転折、古いものを土台に新味を創り出し、後の諸家で、その枠から出る者はいなかった」。併せて西皮も得意とし、「二黄反調」を創始した。喉は張りがあってよく響き、歌声には潤いがあり、かつ滑らかで曲折に富んでいた。また「花腔」〔装飾者〕が出色で、観客の尊崇を受けていた（『梨園佳話』に記載がある）。演目には『戦樊城』、『定軍山』、『当鐧売馬』、『捉放曹』、『四郎探母』、『陽平関』、『伐東呉』、『清官冊』、『状元譜』、『烏盆記』などがあり、いずれも京劇の伝統的レパートリーとなっている。彼は京劇の形成に重要な貢献をなしたのである。

図430　『黄鶴楼』で劉備に扮する余三勝の塑像

譚鑫培（1847～1917）

　名を金福、原籍は湖北江夏である。武生と文武老生を専門とした。漢調の老旦譚志道（芸名「叫天」）の子であるため、「小叫天」と呼ばれた。三慶班に所属していたとき、程長庚に師事した。兼ねて余三勝らにも学び、よく各家の長所を集め、ついには独自の芸を創りだした。湖広音と中州韻によって老生の歌やせりふの規格を定め、一方で各役柄の歌唱の制約を取り払い、青衣、老旦、花瞼などの節回しを融合して新しい老生の歌唱を創出した。音の高さを抑えて旋律を豊かにし、大声を張り上げるそれまでの歌い方を改め、滑らかで自然、かつ音韻も正確な「譚腔」を創り上げたのである。さらに唱、念、做、打などの演技術により人物と物語とを演じる上で、俳優自身の芸術的個性を帯びた流派「譚派」を創始し、京劇を成熟と完成とに導いた。譚鑫倍より少し後の青衣王瑶卿はこの役柄の改革者であり、青衣が歌唱のみを重視する旧習を改め、花旦、刀馬旦の芝居を学んでそれらを融合、発展させ、新たに「花衫」という役柄を創始した。併せて新しい世代の俳優たちを養成し、京劇の舞台に傑出した旦角俳優たちを送り込んだのである。譚と王の二人は、梨園の湯王と武王に例えられ、その革新の影響は大きなものであった。

図431　『空城計』で諸葛亮に扮する譚鑫培の画像

図432　『南天門』

譚鑫培が曹福に、王瑶卿が曹玉蓮に扮する。

図433　同光十三絶図（清・沈容圃画）

この絵は京劇の第一、第二世代の俳優の舞台姿を描いている。図像は個別の演目の登場人物の絵をつなぎ合わせて構成されており、例えば図中の魯粛と周瑜は『群英会』の人物像から取ったものである。

前列：(左から右へ) 孫勝奎（『一捧雪』の莫成に扮する）、劉赶三（『探親家』の田舎の母親に扮する）、程長庚（『群英会』の魯粛に扮する）、時小福（『桑園会』の羅敷に扮する）、盧勝奎（『戦北原』の諸葛亮に扮する）、譚鑫培（『悪虎村』の黄天覇に扮する）

後列：(左から右へ) 郝蘭田（『行路訓子』の康氏に扮する）、梅巧玲（『雁門関』の蕭太后に扮する）、余紫雲（『金水橋』の銀屏公主に扮する）、徐小香（『群英会』の周瑜に扮する）、楊鳴玉（『思志誠』の閔天亮に扮する）、朱蓮芬（『琴挑』の陳妙常に扮する）、楊月楼（『四郎探母』の楊延輝に扮する）

楊小楼（1878〜1938）

名は三元、楊月楼の子で武生を専門とした。幼少時に小栄春科班に入り、17歳で卒業、24歳のときから徐々に名が売れだした。家伝を受け継ぎながら、楊隆寿、兪菊笙に師事、義父である譚鑫培の指導と支援を受け、技芸に磨きをかけた。さらに「武戯文唱」という演技の要諦を身につけ、遂には武生として屋台骨を支えることで名声を得、「楊派」の創始者として「武生宗師」と称された。当時の人々は、梅蘭芳、余叔岩と共に梨園の「三賢」と呼んで敬意を表している。後の武生俳優は楊派を学ぶものが多い。

図434 『長坂坡』
楊小楼が趙雲に、銭金福が張飛に扮する。

銭金福（1862〜1937）

満州族、北京人。四箴堂を卒業した。浄角を専門とし、技芸の確かさと安定した舞台姿で一派をなした。譚鑫培、楊小楼、余叔岩らと多数共演している。

梅蘭芳 (1894～1961)

　名は瀾、字は畹華、原籍は江蘇泰州である。北京の梨園の家庭に生まれた。祖父の梅巧玲は旦角の名優であり、かつて四喜班を主催していた。梅蘭芳は9歳から芸を学び、11歳で初舞台、14歳で喜連成科班に入って舞台に立った。1913年に王鳳卿に従って初めて上海公演を行い、秀でた才能から大好評を博した。その後京劇の革新を志し、文化人たちと交わりを結んで、演目の創作のため支持と援助を得ている。この時期に前後して時装戯、改編された伝統演目の本戯や折子戯などを上演、さらに古装歌舞戯の創作に心を砕いた。変化や新しさを追い求め、精粗、美醜を巧みに見分け、美的イメージのエッセンスを追い求めて創作に尽力した。彼の芸術上の成果は「美の化身」と賞賛されている。『貴妃酔酒』は宮中における楊貴妃の煩悶の情を描くが、梅蘭芳は精華を取り欠点を捨て、新しいイメージを盛り込んだ「梅派」の代表作とした。

図435 『貴妃酔酒』
梅蘭芳が楊貴妃に、姜妙香が裴力士に扮する。

余叔岩 (1890～1943)

名は第祺、湖北羅田の人で、余三勝の孫。老生を専門とし、当初の芸名は「小小余三勝」、天津で徐々に頭角を現した。変声期後は北京に戻り、多方面に教えを請うた。譚鑫培を師とし、譚派の衣鉢と革新の精神を受け継ぎつつ新たな道を切り開き、「新譚派」－「余派」と賞賛された。余叔岩は文武に秀で、『定軍山』、『戦太平』、『打棍出箱』、『空城計』、『撃鼓罵曹』、『桑園寄子』、『烏盆記』などの芝居は歌唱、セリフ、仕草、立ち回りとも極めて洗練されていた。その歌唱は、音韻が精緻で声は剛柔を兼ね備え、芳醇な味わいがあって一世を風靡した。後の人々はこれに学び、伝人には李少春、孟小冬らがいる。

図436 『定軍山』
余叔岩が黄忠に扮する。

欧陽予倩（1889～1961）

名は立袁、字は南傑、芸名蓮笙、蘭客、筆名は春柳など。湖南瀏陽の人。早期に日本に留学し、1907年に「春柳社」に参加、東京で『黒奴籲天録』を上演した。帰国後は上海で「新劇同志会」を組織、中国話劇の創始者の一人となった。また名家に教えを請い、京劇も演じた。1914年から『宝蟾送酒』、『饅頭庵』などの「紅楼戯〔『紅楼夢』物の芝居〕」と時装新戯の創作上演を始め、また連台本戯などにも出演した。旦角を専門とし、技芸は万能、昆曲乱弾共にこなし、舞台芸術の改革に対して多くの刷新を行った。当時は「南欧北梅〔南の欧陽予倩に北の梅蘭芳〕」という美称があった。文化的な素養と理論面での知識が豊富で、演劇教育と伝統演劇改革に献身し、20世紀の20年代から40年代にかけて、田漢たちと共に伝統演劇改革の先駆者となった。

図437 『宝蟾送酒』

周信芳 (1895〜1975)

　芸名麒麟童、字は士楚、原籍は浙江の慈渓で、江蘇清江浦に生まれた。父親に芸を学び、7歳で初舞台を踏んだため、芸名を「七齢童」と称した。1907年に上海で「麒麟童」に改名、1908年には北京に行き、喜連成科班で芸を学んだ。上海に戻った後、新舞台、丹桂第一台、更新、大新、天蟾舞台に出演、連台本戯『漢劉邦』、『天雨花』、『封神榜』などを創作上演した。さらに移風社を組織、北京、天津などに公演に赴いて名声を博し、「麒派」と称されるようになった。技芸の上では譚鑫培、王鴻寿など南北名家の薫陶を受け、さらに新しい演劇の影響を受けて大胆に革新を行いつつ、演劇の教育的役割に意を注いだ。演技は感情の充実を追い求め、リアリティによって人を感動させた。声には欠点があったが、発音や歌唱の基礎は確実で、力強く厚みがあり、かつ伸びやかであるという特色があった。周信芳は「海派（南派）」の代表的人物として尊敬を集め、その影響は国内外に及んでいる。

図438 『明末遺恨』

周信芳（左）が崇禎帝に扮する。

馬連良 (1901～1966)

　字は温如、回族、北京の人。9歳で喜連成科班に入り、まず武生、その後老生を学ぶ。譚鑫培、孫菊仙、劉景然の各流を学び、直接には賈洪林に教えを受けた。さらに「余派」の長所を吸収、それらを融合させて自ら一派をなし、「馬派」と呼ばれた。技芸は完全で、さらに舞台全体の美しさを追い求めた。上演した演目の『甘露寺』、『借東風』、『淮河営』、『十道本』、『審頭刺湯』、『四進士』、『失印救火』（すなわち『臙脂宝褶』）などの歌唱、セリフ、仕草は観客の絶賛するところであった。声に潤いがあり、発音は明晰、歌唱は華やかで、身のこなしも瀟洒であった。演技にはリアリティがあり、約束事を自在にこなしつつ、美観に富んでいた。舞台、衣裳の革新および新編劇の創作においても、多大なる貢献をした。

図 439 『臙脂宝褶』
馬連良が白槐に扮する。

程硯秋（1904〜1958）

　元の名を承麟、北京に生まれ、6歳で栄蝶仙に武生を学び、後に花旦、青衣に転じた。早期の芸名は程菊農、後に艶秋に改め、さらに1932年に硯秋に改名している。11歳で初舞台を踏み、孫菊仙、劉鴻声らの芝居に出て好評を得た。変声期を迎えた後は、名士羅癭公の多大な援助を受けて、各家に教えを乞い刻苦勉励、さらに梅蘭芳に弟子入りした。特に王瑶卿の教えを得たことにより、新たな道筋を切り開き、演技歌唱と新編の創作などで大きな成功を得た。結果文武と昆曲乱弾すべてをこなす名優として「四大名旦」の一人となり、その芸は「程派」と呼ばれた。発音を練り上げ、「声・情・美・永」の円滑な融合を目指し、「四功五法〔京劇の基礎となる演技様式〕」を全面的に運用した。伝統演目『賀后罵殿』、『三撃掌』、『汾河湾』、『武家坡』、『玉堂春』、新編劇『青霜剣』、『春閨夢』、『荒山涙』、『鎖麟囊』などは、等しく「程派」の佳作として伝えられている。

図440　『荒山涙』
程硯秋が張慧珠に扮する。

京劇臉譜十四種

覇王（項羽）　　関羽　　張飛

黄蓋　　司馬懿　　孫悟空

第4章 花部乱弾およびその他

1　広和楼内部

2　入口近景

図441　広和楼戯園（北京）

第4章　花部乱弾およびその他

図442　広東会館舞台
　　　（天津）

図443　天蟾舞台（1930年上海）

図444　湖広会館戯台（北京）

図445　新たに建設された長安大戯院の観客席（北京）

第8節　民間小戯

　中国演劇（伝統演劇）には2種類の形態がある。それはすなわち「大戯」と「小戯」である。古来より、小戯という形態には独自の特色があり、崑腔、高腔、乱弾の諸声腔を使う地方劇の大戯とは異なっていたため、一般に「民間小戯」と呼ばれていた。それは旧正月や節句の際の民俗活動である「社火」などの中で生まれ育まれてきており、農村や郷鎮で行われていた歌舞や語り物から変化してきたものである。民間小戯は丑と旦、あるいは丑、旦、生の役柄（すなわち「両小」あるいは「三小」）により、歌唱、セリフ、舞踊などの手段を用いて、庶民の日常生活を演じるもので、「対子戯」、「両小戯」あるいは「三小戯」などと呼ばれている。その演目は多くが愛情や家庭生活、あるいは労働をめぐる物語や伝説を演じるもので、真実味によって人の心を動かすと同時に、諧謔や滑稽という特色も具えている。小戯の形態を取る劇種には、秧歌、花鼓、採茶、花灯、灘黄、落子、曲子などの民間の歌舞あるいは語り物から発展して形成された各種の秧歌戯、花鼓戯、採茶戯、花灯戯、灯戯、灘黄戯、落子戯、曲子戯および二人転、拉場戯などがある。20世紀に入って後、一部の民間小戯は大中規模の都市に入って根づき、新しい生存環境の中で新興大型劇種に発展し、全国的に有名になった。例えば、評劇、楚劇、越劇、滬劇、黄梅戯などである。

第4章 花部乱弾およびその他

図446 花鼓戯『劉海砍樵(りゅうかいかんしょう)』
何冬保(かとうは)が劉海(りゅうかい)に、蕭重桂(しょうちょうけい)が狐仙女(こせんじょ)に扮する。
道中で出会った男女の恋愛を描く。湖南(こなん)花鼓劇団が1952年の第1回全国伝統演劇コンクールで上演したもの。

図447 秧歌戯『泥窯(でいよう)』
山西朔(さく)県大秧歌の演目。西漢の末期、王莽(おうもう)が皇位を篡奪し、皇族たちを殺した。逃げ延びた劉秀(りゅうしゅう)は、運良く窯焼き職人の尹生道(いんしょうどう)兄妹により窯の中にかくまわれ、泥で窯の入り口をふさぎ難を逃れた。丑の扮する尹生道が泥で窯を塗る演技があり、靴の片方に泥を置き、もう片方をヘラにして縦横に泥を塗る様は出色である。

279

図448 道情戯『経堂会』
山西右玉県道情劇団の上演
韓湘子が経堂で母に会う故事を描く。写真は「罵門」の一段である。手に持つ漁鼓と筒板が道情専用の主要伴奏楽器である。

図449 淮海戯『催租』
江蘇省淮海劇団の上演
淮海戯は民間の秧歌や語り物に由来する「拉魂腔」をもとに、江蘇北部で成立した劇種である。

第4章　花部乱弾およびその他

図450　彩調『王三打鳥』

広西彩調劇団の上演
楊歩雲が王三に、周瑾が毛姑妹に扮する。
毛姑妹と王三が相思相愛となるが、毛の母親に反対される。ある日、毛の母親が外出している間に、二人は屋内で楽しく歌いかつ踊る。外に締め出された毛の母親は、しぶしぶ娘の結婚に同意する。

図451　二人転・拉場戯『二大媽探病』

吉林省の農民がアマチュアとして上演
二大媽と小芹が一計を案じ、小芹は病気になったふりをする。二大媽はこれを利用して小芹の母親に、彼女に自由に結婚させるよう説き伏せる。

主要地方劇分布一覧表

北京市：京劇 評劇 北京曲劇 北方昆曲 河北梆子
天津市：京劇 評劇 河北梆子 天津曲芸劇 越劇
河北省：京劇 河北梆子 評劇 老調 糸弦 乱弾 平調 喝喝腔 落子戯 秧歌戯 唐劇 東路二人台 晋劇 豫劇 西調 墜子戯 河南曲劇
山西省：京劇 蒲劇 北路梆子 晋劇 上党梆子 上党落子 秧歌戯 二人台 道情戯 要孩児 眉戸戯 霊丘羅羅腔 碗碗腔 豫劇 曲劇
内モンゴル自治区：京劇 北路梆子 晋劇 蒙古戯 二人台 漫瀚劇 東路二人台 評劇 二人転 吉劇
遼寧省：京劇 評劇 二人転 海城喇叭戯 遼南戯 凌源影調戯 阜新蒙古戯
吉林省：京劇 評劇 二人転 吉劇 黄竜戯 新城戯 唱劇
黒龍江省：京劇 評劇 二人転 竜江劇 竜浜戯
上海市：京劇 昆劇 滬劇 越劇 淮劇 滑稽戯
江蘇省：京劇 昆劇 錫劇 揚劇 淮劇 淮海戯 柳琴戯 蘇劇 海門山歌戯 丹劇 滑稽戯 越劇
浙江省：京劇 調腔 平調 昆劇 越劇 婺劇 紹劇 甌劇 和劇 台州乱弾 甬劇 姚劇 湖劇 睦劇 皖南花鼓戯 黄梅戯 錫劇
安徽省：京劇 徽劇 黄梅戯 廬劇 泗州戯 皖南花鼓戯 淮北花鼓戯 淮劇 梨簧戯 墜子戯 淮北梆子戯 曲劇
福建省：京劇 莆仙戯 梨園薗戯 潮劇 閩劇 高甲戯 閩西漢劇 北路戯 梅林戯 贛劇 南詞戯 薌劇 越劇 山歌戯 黄梅戯
江西省：京劇 贛劇 東河戯 吁合戯 宜黄戯 采茶戯 花鼓戯 九江高腔
山東省：京劇　評劇 乱弾 一勾勾 茂腔 柳琴戯 柳腔 柳子戯 菜蕪梆子 東路梆子 呂劇 棗梆 山東梆子 五音戯 四平調
河南省：京劇 豫劇 曲劇 越劇 大平調 宛梆 懐梆 懐調 大弦戯 百調 二夾絃弦 四股弦 落腔 道情戯 四平調 墜劇 柳琴戯 河北梆子
湖北省：京劇 漢劇 南劇 荊河戯 山二黄 楚劇 花鼓戯 采茶戯 文曲戯 梁山調 提琴戯
湖南省：京劇 湘劇 祁劇 辰河戯 衡陽湘劇 武陵戯 荊河戯 巴陵戯 湘昆 花鼓戯 陽戯 花灯戯 苗劇 侗劇
広東省：粵劇 潮劇 広東漢劇 正字戯 西秦戯 白字戯 粵北采茶戯 雷劇 梅県山歌劇 楽昌花鼓戯 花朝戯 京劇
広西チワン族自治区：桂劇 壮劇 彩調劇 邕劇 粵劇 采茶戯 牛歌戯 牛娘戯 客家戯 文場戯 侗戯 苗戯 毛南戯 京劇
海南省：瓊劇 臨高人偶戯 臨劇 儋州山歌戯 京劇
重慶市：京劇 川劇 四川曲劇 越劇
四川省：川劇 灯戯 四川曲劇 蔵戯 京劇 越劇 豫劇 漢劇
貴州省：貴州花灯 黔劇 京劇 川劇 侗劇 布依戯 地戯 陽戯
雲南省：滇劇 雲南花灯 昆明曲劇 傣劇 傣族章哈劇 雲南壮劇 白劇 彝劇 苗劇 関索戯 佤族青戯 川劇 評劇 京劇
チベット自治区：蔵戯
陝西省：秦腔 同州梆子 漢調桄桄 漢調二簧 道情戯 線戯 碗碗腔 阿官腔 眉戸戯 花鼓戯 秧歌戯 京劇 蒲劇 晋劇 豫劇 評劇 越劇
甘粛省：秦腔 曲子戯 隴劇 甘南蔵戯 京劇 豫劇 越劇
青海省：秦腔 眉戸 平弦戯 黄南蔵戯 京劇 豫劇
寧夏回族自治区：秦腔 曲子戯 眉戸 道情戯 花児劇 京劇 越劇
新疆ウイグル自治区：維吾爾戯 曲子戯 錫伯族漢都春 京劇 豫劇
香港特別行政区：粵劇 潮劇 広東漢劇 白字戯
マカオ特別行政区：粵劇 白字戯
台湾：歌仔戯 京劇 豫劇

　原著の地図（「京劇と主要地方劇流布図」）を省略し、記載順を改めた。行政区画名は日本で通用している名称を用いた。山東省については原著に記載がないため、『山東地方戯叢書』（山東友誼出版社、2012）、『中国戯曲志　山東巻』（中国 ISBN 中心、1994）、『戯曲曲芸詞典』（上海辞書出版社、1981）などを参考にして補った。

用語集

語り物	かたりもの	曲艺	qǔyì	芸人が語りと歌を組み合わせて演ずる芸能。→説唱
花部	かぶ	花部	huābù	花部乱弾。清代に雅部として尊ばれた昆腔を除くその他もろもろの演劇を指す。声腔を指標として弦索、梆子、乱弾、吹撥、皮黄、その他に分けられる。→雅部・板腔体
雅部	がぶ	雅部	yǎbù	清代、昆曲を指す。花部に対して社会の上層に尊ばれたことに由来する呼称。→花部・曲牌聯套体・昆腔・四大声腔
歌舞戯	かぶぎ	歌舞戏	gēwǔxì	隋・唐の演劇。物語があり、役者が歌い舞って進行する。『大面』、『抜頭』、『踏揺娘』などの演目があった。
戯台	ぎだい	戏台	xìtái	戯楼・舞庁などとも呼ばれる。演劇用の舞台。清末以前には基本的にすべて張出舞台であり、多くの場合、舞台の上には屋根が設けられていた。役者は客に囲まれ、見上げられて演じた。
脚本	きゃくほん	剧本	jùběn	近代以前の脚本は、歌唱部分のみのものと、歌唱とセリフ、しぐさなどまで書かれたものとに分かれる。元の北雑劇の現存の作品はほとんど明代後期に読み物として形式を整えられて出版されたものであり、上演台本は清代以降の作品しかほぼ現存しない。
京劇	きょうげき	京剧	jīngjù	19世紀、北京で形成された板腔体の劇種。「皮黄腔」と呼ばれる腔調を中心に、他の花部諸腔に加えて昆腔の影響をも受けて完成した。清末から北京・天津・上海を中心に全国的に広まった。現在も中国の伝統演劇を代表する存在である。→花部・腔調・昆腔・板腔体・節回し
教坊	きょうぼう	教坊	jiàofāng	宮中の音楽・舞踏・演劇に携わる人々を教育・管理する部署。唐の玄宗の時期から、宋・元・明の各代が置いた。清朝も初期には設けたが、雍正帝のころに廃し、和声署と改めた。乾隆年間には南府、道光年間に昇平署と改名し、清末まで続いた。
曲牌	きょくはい	曲牌	qǔpái	旋律、各句の字数、押韻、平仄などの形式が決められた曲名。南戯・北雑劇などの演劇においては、複数の既存の曲牌を連続して組曲を構成することで作劇する。→曲牌聯套体
曲牌聯套体	きょくはいれんとうたい	曲牌联套体	qǔpái liántàotǐ	聯曲体。複数の独立した楽曲である「曲牌」からなる組曲の連続によって構成される音楽の系統をいう。歌詞は長短句を用いる。宋の南戯、元明の北雑劇、明清の伝奇はいずれも曲牌聯套体の演劇であり、昆腔もこれに属する。→板腔体

金院本	きんいんぽん	金院本	jīn yuànběn	金・元の演劇。宋雑劇の後裔とされる。副浄・副末・末泥・引戯・孤装の役柄に分かれ、五人で演じたために「五花爨弄」とも呼んだ。あるいはこれに女性に扮する装旦を加えることもある。滑稽な物語を演じ、歌唱を主とはしなかったと考えられる。→宋雑劇
劇種	げきしゅ	剧种	jùzhǒng	現代中国における演劇の種別。近代以前からの伝統演劇と近代以降の演劇、また少数民族における伝統演劇や、各地の人形劇・影絵芝居なども含む。
昆腔	こんこう	昆腔	kūnqiāng	昆曲。明代後期から清代の演劇。明代後期、魏良輔によって崑山腔の革新が図られ、北曲の理論をも意識的に取り入れた。梁辰魚がそれに基づいて『浣紗記』伝奇を作り、社会の上層を中心に長らく流行した。→曲牌聯套体・四大声腔
参軍戯	さんぐんぎ	参军戏	cānjūnxì	弄参軍。隋・唐の演劇。参軍と蒼鶻の役柄に分かれ、参軍が蒼鶻にいびられ叩かれて笑いを取った。
四大声腔	しだいせいこう	四大声腔	sì dà shēngqiāng	明代、南曲の代表的な四つの声腔である崑山腔、弋陽腔、海塩腔、餘姚腔を指す。このうち、崑山腔は昆腔の前身であり、弋陽腔は各地の「高腔」と呼ばれる劇種および節回しの前身である。→昆腔
声腔	せいこう	声腔	shēngqiāng	発声法や主要なメロディ、伴奏楽器など歌唱に関する事象全般を指す。複数の劇種にまたがる大分類として用いられ、京劇における「皮黄腔」がこれにあたる。
説唱	せっしょう	说唱	shuōchàng	各代の語り物芸能を指す。芸人が語りと歌を組み合わせて演ずる。→語り物
宋雑劇	そうざつげき	宋杂剧	sòng zájù	宋の演劇。宋代の教坊で行われたさまざまな芸能のうち、物語のある演劇の総称。演目は滑稽なものを中心としたと考えられる。→金院本
地方劇	ちほうげき	地方戏	dìfāngxì	現代の中国各地に見られる、ある地域に特有の伝統演劇の総称。主に言語（方言）と音楽によって分けられる。300種を数える様々な地方劇が中国全土に分布している。
伝奇	でんき	传奇	chuánqí	明・清の演劇。南戯から発展し、明代中期から社会の上層に属する劇作家が現れ、盛んに作品が作られるようになった。音楽と役柄については南戯と共通する。「伝奇」の名称は唐代以来の架空の物語を持つ小説から借りたものである。
伝統演劇	でんとうえんげき	戏曲	xìqǔ	原語は「戯（演技、パフォーマンス）」と「曲（音楽、歌唱）」を意味する。中国伝統演劇は歌とせりふで物語を綴る歌劇であり、言語表現と併せて、様式化されたしぐさやアクロバティックな立ち回り、舞踊、曲芸軽業に類した身体技など非言語的な演技から成り立っている。

南戯	なんぎ	南戏	nánxì	宋・元・明の演劇。宋代に起源し、「温州雑劇」とも呼ばれた。元明時に中国南方で流行し、その後、明代の伝奇を生んだ。音楽は南曲を用い、一作品の長短には制限がなく、歌唱を担当する役柄にも決まりはなかった。役柄は生・旦・浄・末・丑・貼・外に分かれる。→伝奇
南曲	なんきょく	南曲	nánqǔ	南方の演劇に用いられる曲調の総称。唐・宋の大曲に由来するもの、宋詞の曲、南方の民間音楽を源とするものがある。五音階からなる。管楽器を演奏の中心とした。
俳優	はいゆう	俳优 演员	páiyōu yǎnyuán	「俳優」はもともと滑稽な言動や演技によって風刺する演者を指す。宮廷の道化としての「優」は周代にすでに見えており、漢代以来「俳優」と呼んだ。本書第4章では、「演員」など役者全般を指す言葉として「俳優」を用いた。
板腔体	ばんこうたい	板腔体	bǎnqiāngtǐ	板式変化体。曲牌聯套体に対して、同じ旋律を拍節によって伸縮させ変化させていく音楽の系統をいう。伝統演劇と語り物の両方に見られる。歌詞は五字、七字あるいは十字で対句が連なる「斉言対偶上下句」で構成される。清代以降の花部の勃興に伴って発展し、現代の地方劇の主流をなす。→花部・曲牌聯套体・地方劇
百戯	ひゃくぎ	百戏	bǎixì	散楽。滑稽芸や物まね、手品、軽業、人形遣い、獣使いなど多種多様な芸能を指す。
節回し	ふしまわし	唱调	chàngdiào	声腔の下位にあたる分類で、一つの劇種における歌唱部分に用いられる音楽の種類を指す。この下に曲牌聯套体であれば個別の曲牌があり、板腔体であれば個別の板式がある。京劇における「西皮」、「二黄」がこれにあたる。→声腔
北雑劇	ほくざつげき	北杂剧	běizájù	元・明の演劇。音楽は北曲を用い、一作品は四折からなり、歌唱は男女どちらか一人の役者が担当した。役柄は末・旦・浄・丑などに分かれる。
北曲	ほっきょく	北曲	běiqǔ	北方の演劇に用いられる曲調の総称。唐・宋の大曲に由来するもの、宋詞の曲、金・元の音楽を源とするものがある。七音階からなる。弦楽器を演奏の中心とした。
役柄	やくがら	角色 行当	juésè hángdāng	脚色。人物の類型による役柄。南戯では「生・旦・浄・末・丑・貼・外」、北雑劇では「末・旦・浄・丑」など。京劇では「生・旦・浄・丑」を主な分類とし、それぞれ男役、女役、くまどりをし特異な性格・能力を持った人物役、道化役に分かれる。役の年齢・性格・地位などによる下位分類を「行当」と呼ぶ。

図版一覧

図1	中国演劇史の見取り図……10	図41	漢代撃鼓侏儒俑……34
図2	新石器時代の舞踏紋陶盆……14	図42	『三国志・蜀志・許慈伝』……34
図3	『書経』……14	図43	唐・段安節『楽府雑録』……35
図4	舞踊の壁画……15	図44	唐代侏儒弄臣壁画……35
図5	狩猟の壁画……15	図45	宋『太平御覧・趙書』……36
図6	新石器時代の骨笛……16	図46	参軍戯俑……36
図7	舞踊の壁画……16	図47	参軍戯俑……37
図8	戦争の壁画……16	図48	唐・杜佑『通典』……38
図9	太陽神とシャーマンの壁画……17	図49	『旧唐書・音楽志』……39
図10	生殖崇拝の壁画……17	図50	『蘭陵王』で用いられる仮面……39
図11	『九歌』図……18	図51	『蘭陵王』の舞台写真……39
図12	『書経』……18	図52	『蘭陵王入陣曲』……40
図13	楚墓漆瑟彩色巫師楽舞図……19	図53	『蘭陵王入陣曲』絵図……40
図14	先秦越族のトーテム祭祀……19	図54	唐・段安節『楽府雑録』……41
図15	方相氏……20	図55	『抜頭』……41
図16	『大武図』……20	図56	唐・崔令欽『教坊記』……41
図17	『九歌』図巻……20	図57	『踏揺娘』の戯俑……42
図18	大儺図……20	図58	唐代楽舞俑……42
図19	『隋書・音楽志』……21	図59	唐代石棺に刻まれた楽舞の線画……43
図20	唐・杜佑『通典』……22	図60	唐代楽舞彩色木彫……44
図21	前漢楽舞百戯彩陶俑群……22	図61	唐代楽舞壁画……44
図22	後漢・張衡『西京賦』……23	図62	大曲歌舞『六幺』……45
図23	漢代盤舞画像磚……23	図63	宋代大曲壁画……45
図24	漢代百戯画像磚……23	図64	宋代大曲石刻……45
図25	後漢楽舞百戯画像石……24	図65	『剣舞』……46
図26	東晋宴楽壁画……25	図66	南宋楽舞壁画……47
図27	漢代宴楽百戯壁画……25	図67	『鴻門宴』……47
図28	漢代楽舞百戯陶灯と陶俑……26	図68	近代石棺大曲線刻……47
図29	漢代百戯陶楼……26	図69	漢代説書俑……48
図30	張儀潮出巡図……27	図70	後漢説書俑……49
図31	唐代百戯俑……28	図71	唐・趙璘『因話録』……49
図32	前漢絹画角抵図……29	図72	『捉季布伝文』……49
図33	宋・呉自牧『夢梁録』……30	図73	『降魔変文』……50
図34	宋・陳暘『楽書』……30	図74	往生浄土経〔仏説預修十王生七経〕……50
図35	角觝図（蚩尤戯）……30	図75	宋・張択端『清明上河図』（部分）……52
図36	晋・葛洪『西京雑記』……31	図76	唱賺図……54
図37	漢代狩猟瑠璃鐘装飾文様に見られる人と虎の格闘（拓本）……31	図77	金代の語り物の壁画……54
図38	漢代画像石の人と虎の格闘モチーフ……31	図78	金・董解元『西廂記諸宮調』……55
図39	『国語・晋語』……32	図79	『劉智遠諸宮調』……55
図40	『史記・滑稽列伝』……33	図80	『永楽大典戯文三種』……55
		図81	後魏・楊衒之『洛陽伽藍記』……56

287

図82	『洛陽伽藍記』	56
図83	『洛陽伽藍記』	57
図84	唐代舞台上演壁画	57
図85	宋代舞台上演壁画	57
図86	宋・天禧四年の石碑（両面）	58
図87	宋・孟元老『東京夢華録』	58
図88	宋代岱祠楽楼	59
図89	宋・孟元老『東京夢華録』	60
図90	金代石碑線刻舞台	60
図91	宋・荘季裕『鶏肋篇』	61
図92	金代の舞台	61
図93	金代の舞台	61
図94	南宋・周密『武林旧事』	62
図95	南宋瓦子遺跡	63
図96	宋初演劇人物線刻磚	65
図97	宋・呉自牧『夢梁録』	66
図98	南宋・周密『斉東野語』	66
図99	南宋・岳珂『程史』	66
図100	宋雑劇画像磚拓本	66
図101	宋雑劇上演図	67
図102	宋雑劇壁画	67
図103	宋雑劇磚彫	68
図104	宋雑劇石刻	68
図105	宋・孟元老『東京夢華録』	69
図106	宋代石棺線刻雑劇上演図	69
図107	丁都賽画像磚	69
図108	金代段氏墓群雑劇磚彫	70
図109	金代前期雑劇磚彫	71
図110	金代雑劇図	71
図111	金代雑劇磚彫	72
図112	金代舞台磚彫と戯俑	73
図113	明・徐渭『南詞叙録』	76
図114	元・葉子奇『草木子』	77
図115	元・劉一清『銭塘遺事』	77
図116	祝允明石刻像	78
図117	明・祝允明『猥談』	78
図118	明・徐謂『南詞叙録』	78
図119	南宋・周密『癸辛雑識』別集	79
図120	高則誠の族譜（高則誠の肖像画を載せる）	80
図121	瑞光堂扁額と高則誠手跡	81
図122	高則誠の故郷	82
図123	高則誠の学んだ場所	82
図124	『琵琶記』（3種の版本の書影）	83
図125	湘劇『琵琶上路』	84
図126	川劇『書館悲逢』	85
図127	京劇『趙五娘』	85
図128	『荊釵記』（本文と挿絵）	86
図129	永嘉昆曲『見娘』	87
図130	湘昆『見娘』	87
図131	明・成化本『白兎記』（本文と挿絵）	88
図132	湘劇高腔『打猟回書』	89
図133	『拝月亭記』（本文と挿絵）	90
図134	甫仙戯『瑞蘭走雨』	91
図135	『殺狗記』（本文と挿絵）	92
図136	甫仙戯『殺狗記・楊氏勧夫』	93
図137	山西万泉四望郷后土廟元代戯台	94
図138	元代「張徳好在此作場〔張徳好此に在りて場を作す〕」石柱の破片とその写し	95
図139	陝西華陰県東嶽廟戯楼	95
図140	山西翼城武池村喬沢廟元代舞庁	96
図141	山西臨汾東羊村東嶽廟元代舞庁	96
図142	山西運城西里荘元墓壁画	97
図143	元代の良家の子弟が散楽を学ぶことを禁止したことに関する法令	98
図144	潘徳冲の外棺に彫られた雑劇線刻図	98
図145	山西洪洞霍山明応王殿元雑劇壁画	99
図146	山西万栄太趙村元・至元8年（1271）稷王廟舞庁	100
図147	元代雑劇作家分布図	101
図148	元・関漢卿像（現代画家李斛画）	102
図149	蒲劇『竇娥寃』	103
図150	『竇娥寃』（本文と挿絵）	103
図151	元刊本『単刀会』	104
図152	昆曲『単刀会』	104
図153	『望江亭』（本文と挿絵）	105
図154	川劇『望江亭』	105
図155	元刊本『調風月』	106
図156	京劇『燕燕』	106
図157	蒲劇『燕燕』	106
図158	『救風塵』（本文と挿絵）	107
図159	昆劇『救風塵』	107
図160	『拝月亭』（物語の筋立ては南戯『拝月記』を参照）	108
図161	湘劇高腔『拝月記』	108
図162	元末明初刊本『西廂記』の一部	109
図163	明・弘治年間刊本『西廂記』	110
図164	張深之校訂本『西廂記』（挿絵）	110
図165	越劇『西廂記』	111
図166	京劇『西廂記』	111
図167	『墻頭馬上』（本文と挿絵）	112
図168	昆劇『墻頭馬上』	112
図169	『漢宮秋』（本文と挿絵）	113

図170	『倩女離魂』（本文と挿絵）	114
図171	京劇『倩女離魂』	114
図172	『趙氏孤児』（本文と挿絵）	115
図173	秦腔『趙氏孤児』	115
図174	京劇『趙氏孤児』	115
図175	『李逵負荊』（本文と挿絵）	116
図176	京劇『黒旋風李逵』	116
図177	『瀟湘夜雨』（本文と挿絵）	117
図178	京劇『瀟湘夜雨』	117
図179	『張生煮海』（本文と挿絵）	118
図180	評劇『張羽煮海』	118
図181	『虎頭牌』（本文と挿絵）	119
図182	『陳州糶米』（本文と挿絵）	119
図183	南戯における主要声腔の概略図	122
図184	明代崑山腔の上演図（明・崇禎年間刊行『荷花蕩』挿絵）	123
図185	明代弋陽腔の上演図（明・崇禎年間刊行『義犬記』挿絵）	123
図186	明代海塩腔の上演図（明・『金瓶梅詞話』挿絵）	124
図187	明代江南の農村における上演図（清・李漁『比目魚』挿絵）	124
図188	明人画『南中繁会図』に見える舞台上演の場面（舞台は左下）	125
図189	常熟翁氏旧蔵明人画『南都繁会景物図巻』に見える舞台上演の場面	125
図190	山西翼城樊店村関帝廟の明代建造の戯台	126
図191	四川犍為羅城鎮の街路をまたいで作られた戯台（明代建造）	126
図192	浙江紹興湖壙郷賓舎村の明代建立の水郷戯台	127
図193	崑腔の分布の概略図	128
図194	明・魏良輔『曲律』	128
図195	『浣紗記』	130
図196	崑劇『浣紗記』「泛舟」	130
図197	崑劇『浣紗記』「寄子」	130
図198	崑劇『繡襦記』「教歌」	131
図199	崑劇『安天会』	131
図200	湘崑『武松殺嫂』	132
図201	川崑『酔皂』	132
図202	弋陽腔から変化した各地の声腔の概略図	133
図203	高腔の分布の概略図	133
図204	興化腔『張協状元』（莆仙戯「福順班」写本）	134
図205	莆仙戯『張協状元』	134
図206	明代嘉靖刊本『荔鏡記』	135
図207	潮劇『陳三五娘』	135
図208	梨園戯『陳三五娘』	136
図209	梨園戯『朱文走鬼』（写本）	136
図210	梨園戯『朱文太平銭・走鬼』	136
図211	青陽腔『出猟回猟』	137
図212	正字戯『擲釵』	137
図213	『大明律集解附例』に見える演劇の上演禁止に関する法令	138
図214	明・鄭若庸『玉玦記』（本文と挿絵）	139
図215	明・邵燦『香嚢記』（本文と挿絵）	140
図216	明・朱有燉『黒旋風仗義疏財』雑劇	141
図217	京劇『丁甲山』	141
図218	明・李開先『宝剣記』	142
図219	崑劇『宝剣記』「夜奔」	142
図220	明・李日華『南調西廂記』（本文と挿絵）	143
図221	崑劇『南調西廂記』「遊殿」	144
図222	明・王済『連環記』	144
図223	川劇『小宴』	145
図224	崑劇『連環記』「小宴」	145
図225	明・王世貞『鳴鳳記』	146
図226	崑劇『鳴鳳記』「写本」	146
図227	明・蘇復之『金印記』	147
図228	婺劇『黄金印』	147
図229	明・康海『中山狼』雑劇	148
図230	粤劇『六国封相』	148
図231	徐渭像	149
図232	徐渭石刻像と自題の画賛	149
図233	明・徐渭『四声猿』雑劇（本文と挿絵）	150
図234	明・西湖居士『鬱輪袍』（本文と挿絵）	151
図235	明・徐復祚『一文銭』雑劇（本文と挿絵）	152
図236	湯顕祖画像（清・陳作霖画）	153
図237	湯顕祖手蹟	154
図238	湯顕祖の著作の木版	154
図239	湯顕祖の故居の裏庭	154
図240	『還魂記』（本文と挿絵）	155
図241	崑劇『牡丹亭』「春香鬧学」	155
図242	贛劇高腔『還魂記』	156
図243	崑劇『牡丹亭』「遊園」	156
図244	崑劇『牡丹亭』「遊園驚夢」	156
図245	『紫釵記』（本文と挿絵）	157
図246	『南柯記』（本文と挿絵）	158
図247	『邯鄲記』（本文と挿絵）	159
図248	『義侠記』（本文と挿絵）	160
図249	崑劇『遊街』	161
図250	崑劇『打虎』	161
図251	『博笑記』（本文と挿絵）	162
図252	『南九宮十三調曲譜』	163
図253	明・周朝俊『紅梅記』（本文と挿絵）	164

289

図254	秦腔『遊西湖』	165
図255	川劇高腔『紅梅記』	165
図256	昆劇『李慧娘』	166
図257	晋劇『遊西湖』「放裴」	166
図258	明・徐霖『繡襦記』	167
図259	梨園戯『繡襦記』「教歌」	167
図260	川劇『繡襦記』	167
図261	明・王玉峰『焚香記』	168
図262	川劇高腔『打神告廟』	168
図263	川劇高腔『憤探』	168
図264	明・高濂『玉簪記』	169
図265	川劇高腔『玉簪記・秋江』	169
図266	昆劇『玉簪記』	169
図267	明・孫鍾齡『東郭記』	170
図268	明・呉炳『西園記』	170
図269	昆劇『西園記』	170
図270	明・孟稱舜『嬌紅記』（本文と挿絵）	171
図271	明・孟稱舜『桃花人面』雑劇（本文と挿絵）	172
図272	桂劇『人面桃花』	173
図273	京劇『人面桃花』	173
図274	明・阮大鋮『燕子箋』	174
図275	昆劇『燕子箋・狗洞』	174
図276	『同窓記』（戯曲選集『秋夜月』所収の本文と挿絵）	175
図277	越劇『梁山伯と祝英台』	175
図278	川劇『柳蔭記』	176
図279	京劇『柳蔭記』	176
図280	明・顧覚宇『織錦記』（戯曲選集『秋夜月』所収、本文と挿絵）	177
図281	黄梅戯『天仙配』	177
図282	『金貂記』（本文と挿絵）	178
図283	京劇『敬徳装瘋』	178
図284	『珍珠記』	179
図285	贛劇高腔『珍珠記・疑書上路』	179
図286	潮劇『掃窓会』	179
図287	上：『清渓鄭氏族譜』 下：明・鄭之珍『目連救母勧善記』（本文と挿絵）	180
図288	祁劇『目連伝・無常行路』	181
図289	祁劇『目連伝・海氏懸梁』	181
図290	『曲海総目提要』に記された『清忠譜』の題材の由来と物語の梗概	182
図291	『清忠譜』	183
図292	蘇州五人義墓碑	183
図293	京劇『五人義』	183
図294	『千鍾禄（千忠戮）』	184
図295	昆劇『千鍾禄・慘睹』	184
図296	『一棒雪』	185
図297	京劇『審頭刺湯』	185
図298	『占花魁』（本文と挿絵）	186
図299	蘇劇『酔帰』	186
図300	清・朱佐朝『漁家楽』	187
図301	湘昆『漁家楽・刺梁』	187
図302	隴劇『楓洛池』	187
図303	清・朱素臣『十五貫』	188
図304	昆劇『十五貫・訪鼠』	188
図305	清・葉時章『琥珀匙』	189
図306	川劇『芙奴伝』	189
図307	清・張大復『天下楽』の題材の由来と物語の梗概。『曲海総目提要』に記された。	190
図308	清・邱園『虎嚢弾・山亭』曲譜	190
図309	昆劇『嫁妹』	190
図310	昆劇『酔打山門』	191
図311	湘昆『酔打山門』	191
図312	清・尤侗『鈞天楽』	192
図313	『鈞天楽』上演図と説明（『尤西堂全集』・「年譜図詩」）	192
図314	洪昇手跡	193
図315	『長生殿』（本文と挿絵）	194
図316	昆劇『長生殿』	194
図317	昆劇『長生殿・小宴』	194
図318	孔尚任画像	195
図319	孔尚任の墓	195
図320	孔尚任が隠居し読書した場所	195
図321	『桃花扇』（本文と挿絵）	196
図322	桂劇『桃花扇』	196
図323	京劇『桃花扇』	196
図324	『風筝誤』（本文と挿絵）	197
図325	昆腔『風筝誤』	197
図326	『意中縁』（本文と挿絵）	198
図327	蒲劇『意中縁』	198
図328	『閑情偶寄・詞曲部』	199
図329	『閑情偶寄・演習部』	199
図330	清・円明園の舞台模型	200
図331	清・南府の戯台	201
図332	清・承徳避暑山荘の戯台	201
図333	清・頤和園の戯台	202
図334	清朝皇宮の暢音閣の戯台	203
図335	清・恭王府の戯台	203
図336	清・昇平署外学腰牌	204
図337	清・乾隆八旬万寿承応戯安殿本	204
図338	大本戯『勧善金科』色刷り本	205
図339	大本戯『昭代簫韶』写本	206

図340	承応戯『福禄寿』写本	206
図341	承応戯『万国呼嵩』写本	206
図342	昇平署衣装—大鎧（武官の礼装）	207
図343	昇平署衣装—宮衣（後官の女性の衣装）	207
図344	昇平署仮面—雷公	208
図345	昇平署仮面—魁星	208
図346	昇平署仮面—閻王	208
図347	昇平署仮面—羅漢	208
図348	昇平署仮面—大鬼	208
図349	昇平署仮面—判官	208
図350	昇平署小道具—水牌	209
図351	昇平署小道具—宝瓶	209
図352	昇平署小道具—葫蘆灯	209
図353	昇平署小道具—盾牌	209
図354	昇平署小道具—蝙蝠灯	209
図355	清朝宮廷演劇画9幅	211
図356	清・呉長元『燕蘭小譜』の「花部」に関する記載	214
図357	清・李斗『揚州画舫録』の「花部」に関する記載	214
図358	清・焦循『花部農譚』の「花部」についての評価	215
図359	蘇州老郎廟碑文（拓本）にある「花部」諸腔禁止に関する清代の法令	215
図360	弦索腔系劇種の分布図	216
図361	明・沈寵綏『度曲須知』の俗曲に関する記載	217
図362	明・沈徳符『万暦野獲編』の「時尚小令」に関する記載	218
図363	清・劉廷璣『在園雑誌』の「小曲は昆腔、弋陽腔の大曲とは異なる」という記載	218
図364	清・蒲松齢の人物画	219
図365	清・蒲松齢『禳妒咒』	220
図366	「柳泉」の草亭	220
図367	山東柳子戯『玩会跳船』	221
図368	山東柳子戯『張飛闖轅門』	221
図369	河北絲弦戯『空印盒』	222
図370	山西雁北羅羅腔『小二姐做夢』	222
図371	哈哈腔『王小打鳥』	222
図372	梆子腔系劇種分布図	223
図373	清・劉献廷『広陽雑記』の「秦優新声」に関する記載	224
図374	清・李調元『劇話』の「秦腔」に関する記載	224
図375	清・朱維魚『河汾旅話』の「山陝梆子腔戯」に関する記載	224
図376	『燕蘭小譜』の魏長生に関する記載	225
図377	『揚州画舫録』の魏長生に関する記載	225
図378	同州梆子『游泥河』	226
図379	秦腔『三滴血』	227
図380	蒲州梆子『帰宗図』（別名『薛剛反唐』）	228
図381	蒲州梆子『掛画』	228
図382	北路梆子『血手印』	229
図383	中路梆子『日月図』	229
図384	河北梆子『雲羅山』	230
図385	上党梆子『三関排宴』	230
図386	河南梆子（豫劇）『紅娘』	231
図387	山東梆子『墻頭記』	231
図388	川劇弾戯『贈綈袍』	232
図389	梆子戯の劇種中の臉譜	233
図390	梆子戯の劇種中の特技〔技高性の高い特殊な演技〕	234
図391	甘粛嘉峪関帝廟戯台	235
図392	蘇州全晋会館戯台	235
図393	乱弾腔系劇種分布図	236
図394	紹劇『龍虎闘』	237
図395	婺劇『送米記』	238
図396	浙江紹興大舜廟戯台	239
図397	浙江黄岩山後村護国廟鼓山寺戯台	239
図398	浙江紹興馬安鎮東安村土地廟前の戯台	239
図399	清・厳長明『秦雲擷英小譜』〔扉には『秦雲擷英譜』と題す〕の「吹腔」に関する記載	240
図400	徽劇『水淹七軍』（吹撥合目）	241
図401	徽劇『水淹七軍』（吹撥合目）	241
図402	撥子『徐策跑城』	242
図403	吹腔『奇双会』	242
図404	皮黄腔系劇種分布図	243
図405	清・李調元『劇話』	244
図406	清・張際亮『金台残涙記』	244
図407	清・葉調元『漢口竹枝詞』二首	245
図408	漢劇『審陶大』	246
図409	漢劇『興漢図』	246
図410	祁劇『昭君出塞』	247
図411	祁劇『活捉子都』	247
図412	桂劇『搶傘』	248
図413	滇劇『牛皋扯旨』	249
図414	粤劇『捜書院』	250
皮黄戯の臉譜		251
図415	チベット族の演劇上演図（壁画）	254
図416	蔵戯脚本『ノーサン王子』裏表紙	255
図417	蔵戯脚本『スクニニヌ』表紙	255
図418	蔵戯『蘇格尼瑪』	255
図419	蔵戯『ドワサンモ』	256
図420	蔵戯『文成公主』	256

図421	傣劇『千瓣蓮花』	257
図422	白劇『杜朝選』	257
図423	壯劇『宝葫蘆』	258
図424	侗戯『珠郎と梅娘』	258
図425	清・李斗『揚州画舫録』の三慶班、高朗亭に関する記載	259
図426	清・小鉄笛道人『日下看花記』巻四の高朗亭に関する記載	259
図427	米応先が祭っていた「喜神座像」	260
図428	米応先の彫像	260
図429	程長庚画像	261
図430	『黄鶴楼』で劉備に扮する余三勝の塑像	262
図431	『空城計』で諸葛亮に扮する譚鑫培の画像	263
図432	『南天門』	263
図433	同光十三絶図（清・沈容圃画）	264
図434	『長坂坡』	265
図435	『貴妃酔酒』	266
図436	『定軍山』	267
図437	『宝蟾送酒』	268
図438	『明末遺恨』	269
図439	『臙脂宝褶』	270
図440	『荒山涙』	271
京劇臉譜十四種		272
図441	広和楼戯園（北京）	274
図442	広東会館舞台（天津）	275
図443	天蟾舞台（1930年上海）	276
図444	湖広会館戯台（北京）	276
図445	新たに建設された長安大戯院の観客席（北京）	277
図446	花鼓戯『劉海砍樵』	279
図447	秧歌戯『泥窯』	279
図448	道情戯『経堂会』	280
図449	淮海戯『催租』	280
図450	彩調『王三打鳥』	281
図451	二人転・拉場戯『二大媽探病』	281

補説

江戸時代における中国演劇の受容

岡崎　由美

　1603年に江戸幕府が開かれてから間もなく、海を隔てた大陸では、1616年中国東北部に清が建国された。1644年に明朝が滅ぶと、清が中国を統治する最後の王朝となった。清朝における演劇は、本図鑑に記された通り、雑劇、伝奇の継承のほかに、新たに花部乱弾が勃興し、中国全土に地方色豊かな演劇文化が花開いていく。そうした中国の演劇に鎖国政策下の日本人はどのように接したのだろうか。

　寛永12年（1635年）日本は中国・オランダなどの外国船の入港を長崎のみに制限する政策を取った。出島が造られたのもこの頃である。しかし、キリスト教徒ではない中国人は特に居住制限もなく、長崎市内に雑居していた。一方、清朝では、明朝の復興を掲げる鄭成功一族を鎮圧する手段の一つとして、1661年大規模な海禁令を施行した。これにより一時期、来日する中国人は台湾、東南アジアからの渡航に限られる。台湾に拠った鄭氏政権が降伏すると、1684年禁令は解除され、大陸からも商船が長崎へ渡航するようになった。この折、日本では密貿易を阻止し、交易を幕府の管理下に置くため、オランダ人居住区の出島同様、中国人の居留区も制限することとし、元禄2年（1689年）、唐館いわゆる唐人屋敷が落成した。

　海外への渡航を禁じられた江戸時代の日本人が同時代の中国文化を知るには、長崎交易でもたらされる書物を読むか、直接長崎で中国人に接するということになる。中国演劇に触れる場合、それは演劇作品の書籍の輸入と、長崎唐館で演じられる舞台の観覧である。以下は、江戸時代の日本人による中国演劇の受容について、書物と観劇の両面から概説したい。

長崎唐人屋敷の土神堂

1．中国演劇を見る

1.1　唐館での上演

　唐館で演劇が上演されるのは、主に節句祭礼に合わせたものであった。寛政年間に当時の長崎奉行中川忠英の指揮下、長崎在住の清国人に当時の風俗についてインタビューしたものを挿絵付きで編纂した『清俗紀聞』[*1]という資料がある。長崎に来航する清国人は南京、蘇州、寧波、福州、広州など華東、華南沿海部の出身者が多く、この地域の生活習俗や儀礼が詳細に記されている。『清俗紀聞』巻一「年中行事」によれば、

・（元宵節）燈夜（ヒイダイ）の間は市中の空地に戯台（ツヲーヒー）を拵へ做戯（左訓：於どり）を催す。
・二月二日土地神（トーテイビン）の誕日にて家ぐ香燭供物をし又神廟に参詣する者もあり廟前にはおほく戯台をこしらへ做戯あり。
・三月廿三日は天后聖母（テンヘロウシンムー）の誕日の祭あり又二月八月春秋の祭は上の癸日を用ふ此三祀には廟前に做戯ありて諸人参詣多し。
・（重陽節）同日所により天后廟の前に戯台を拵へ做戯し神恩を謝するもあり。

とあり、元宵節、土地神の誕生日、天后聖母の誕生日と祭礼日、重陽節などに芝居を催す風俗が記されている。天后聖母とは福建、台湾、広東を中心に信仰されていた海の女神媽祖のことである。長崎においても、1.2項に挙げる日本人の観劇体験を見る限り、ほぼ奉納芝居の習俗は踏襲されていたようである。

　演者は、「在館の唐人其事に巧なるもの、種々の衣冠装束を着け、綾羅錦繍を装ひ、台上に出て歌舞をなせり」[*2]というから、芝居の心得のあるアマチュア、芝居道楽の類であろう。そのため、技術的に難しい演目は、もたつくこともあったようである。

　これを為す中にも目連踊とて仏弟子目連尊者母を救ひし事相をなすの曲あり。然れども状態手術（スガタテワザ）にやゝ難き所ありて習熟せるもの多からずしてはたやすう催しがたしといふ。（『長崎名勝図絵』巻二下「唐館」[*3]）

　「目連踊」は「目連救母」の演目で知られるもの。今も中元節（盂蘭盆）の頃演じられることが多い。また、芝居の衣装や道具は日本では調達できないから、本国から持ち込んでいたと考えられるが、それらは唐館内の専用の倉庫に収めてあった。

　歌舞庫　天后堂の前の傍にあり。踊の道具蔵なり。歌舞に用る所の衣装器物をおさむ。舞台舞局もまた常は取畳みて此庫中に在り。用る時其場に装ひ立つ台局の中掲げ用る聯額多し。（『長崎名勝図絵』巻二下「唐館」[*4]）

[*1]　寛政11年（1799年）東都本石町甕月堂刊行。
[*2]　磯野信春『長崎土産』（弘化4年、長崎鍛治屋町大和屋五平刊行）。磯野信春は長崎の浮世絵師で、渓斎英泉の門人。
[*3]　『長崎名勝図絵』（長崎史談会、昭和6年4月）221ページ。本書は文政年間に長崎奉行筒井和泉守の命により編纂されたが、刊行に至らなかった稿本を昭和になって整理出版したもの。
[*4]　同上書、206〜207ページ。

こうした用意を見ると、長崎唐館での演劇上演は、単に異国の地でホームシックと無聊を癒す娯楽に止まらず、在留中国人コミュニティにおける生活習俗の中の重要な催しであったことが理解されよう。

1.2　唐館での観劇体験

　御家人であり、また狂歌師として名を馳せた蜀山人こと大田南畝は、長崎奉行所に赴任中の文化2年（1805年）2月、唐館に招かれて中国演劇を鑑賞している。大田南畝の長崎赴任日記『瓊浦雑綴』[*5]に上演のありさまは極めて克明に記されている。（以下原注は〔　〕で示す）

　乙丑二月二日（文化2年・1805年）、唐館に戯場ありとききて行て見る。二の門の内に戯台一座を置く。福徳正神の廟の前庭なり。…（中略）…今日は福州のものの戯をなすゆへに、南京人にもわかりがたしといふ。船主陳国振はかの国のものにて、予が写し置し戯文を見せしに、了解して扮戯するものを指し、かれは馬明元帥なり、かれは宗林兄弟なりなどいへると、訳司柳屋新兵衛かたれり。琵琶一ツ、銅鑼〔銅鈸子一ツ。清俗紀聞ノ小鈸也。銅鑼は金鑼也〕一ツ〔同楽館の字みゆ〕、太鼓一ツ〔小さし〕胡弓四ツにて合奏す。…（中略）…申の刻（午後4時）過る頃に終れり。これより夜戌の刻（午後10時）比にはじまるといふ。（以下略）

　福徳正神とは土地神のことで、土神堂と呼ばれるその祠は、清国人の依頼により唐館内に建てられたものである。南畝が見たのは、土地神の誕生日に上演された福州戯であった。南畝は事前に長崎の乙名（町役人）田口保兵衛清民から2日と3日の上演プログラムを入手していた。「予が写し置し戯文」とは、この日記の記事の後に漢文で記されたもので、この日上演された演目『双貴図』のあらすじである。開演時間は不明だが、昼の部と夜の部があった。南畝は「これより、明三日四日にも戯ありといふ。明日手妻つかふものの上手出るといふ」、「乙丑二月三日唐館に做戯あり」と記しており、上演は三日間続けて行われたようである。

　唐館の催し物に長崎奉行所関係者が招かれるのは、当然と言えば当然のことで、長崎奉行も観劇に訪れた。『唐人番日記』[*6]に文化5年（1808年）長崎奉行松平図書頭康英が「三月廿日唐人踊為見物…未上刻御入申中刻御帰相成候（3月20日唐人踊りを見物された…午後1時頃ご入場になり午後4時ごろお帰りになった）」とあり、また続けて「三月廿一日唐人踊有之御奉行松平図書頭様御入」と、2日続けて観劇したことが記されている。『清俗紀聞』巻一「年中行事」によれば、「三月廿三日は天后聖母(ﾃﾝﾎｳｼﾝﾑｰ)の誕日の祭あり又二月八月春秋の祭は上の癸(こぎ)日を用ふ。此三祀には廟前に做戯ありて諸人参詣多し」という。松平康英が観劇したのは、天后聖母廟の奉納芝居であったようだ。なお当時、中国の演劇は「唐人踊」とも称された。文化6年（1809年）2月には、曲淵甲斐守景露が「唐人踊」を観覧した記録がある[*7]。文化14年（1817年）長崎奉行に着任した筒井和泉守政憲も「唐館観戯」と題する漢詩を作っている[*8]。

[*5]　『大田南畝全集』第8巻（岩波書店、1986年）514～520ページ。
[*6]　『唐人番日記　参』（木下如一編輯『海色』第四輯所収、昭和11年2月）197ページ。唐人番とは、唐館の営繕管理、門衛にあたる地元の役人である。
[*7]　同上、216ページ。「曲淵甲斐守様唐人踊為御覧午中刻堀外御廻リ之末御入申中刻御立」
[*8]　注3に同じ。「酒気満堂春意深、一場演劇豁胸衿。同情異語難暢達、唯有咲容通款心（酒気が堂に満ちて春の趣が深く、一場の演劇に心が広々とする。情は同じでも言葉が異なれば意味は通じにくいが、笑顔のみは好意を通じ合わせる）」。

唐館の内に招かれずとも、上演は露天に設けた戯台で行われ、しかも戯台は本図鑑の図版にある通り三方に開けた造りであるから、外から塀越しに覗くことは可能であった。文化 10 年（1813 年）2 月 2 日、日向の修験者野田成亮が土神堂前で上演される「唐人踊」を見物したことを日記[*9]に記している。

　夫より唐人屋敷へ唐人の踊りあり一見に行く、館内は役目の者の外は出入を禁ず、故に十善寺村と云ふ所より垣越しに一見す、日本の芝居の様なるもの也、一切チンプンカンプン何とも分らず、京都壬生踊りの如く見る計り也、鳴物は鐘太鼓鈸弓也、面白くも可笑くもなし、右踊の次第通詞に相尋ぬる所、彼の仕組は姫君の不義に付隠し文を落されて他人に見付けられ、夫より大乱になりたる仕組の處なりと云ふ。

　野田成亮の旅はあくまで修験者として霊峰の巡礼、寺社や札所の参拝、納経といった信仰目的であり、しかも托鉢しながらの行程であったが、異文化への好奇心にかられたのであろう。通訳はいたようであるが、大田南畝のように前日にプログラムを貰ったり、脇から「かれは馬明元帥なり、かれは宗林兄弟なり」とイヤホンガイドさながらの解説をしてくれる人がいるわけではなかったから、「一切チンプンカンプン何とも分らず」、「面白くも可笑くもなし」というのは、やむをえぬところであっただろう。

1.3　唐館で演じられた劇種

　大田南畝が唐館での観劇にあたって入手したプログラムには、『双貴図』のほかに、21 件の上演タイトルが収められており、唐館で実演された演目の現存する記録としては最も充実している。以下にその上演タイトルを挙げておく。

- 『双貴図』（漢文の筋書き付き）
- 列国『崔子弑斉』
- 三国『斬樹別庶〔走馬薦諸葛〕』
- 宋朝『釣亀謀宝』『托夢告廟』『別親過寇』『贈帕下山』
- 『賜福』『回朝』『四綉旗』『游街』『聞鈴』『三侠剣』[*10]『補缸』『斬子』『和番』『売拳』『別妻』『打店』『走報』『救皇娘』[*11]『頭二聞』

　これらの演目の内容、素性の同定については、早くには浜一衛『長崎の中国劇』（九州大学教養部文学研究会『文学論輯』、第 2 号、1954 年）があり、近年も赤松紀彦[*12]、徳田武[*13]、林和君[*14]諸氏の考察があるため、重複は避けるが、このほとんどが、梆子腔、乱弾腔、皮黄腔など本図鑑第 4 章の「花部乱弾」系統の演劇に伝わるもので、そこに若干の昆曲が混じっているラインナップである。ほかにも絵画資料としては、唐館の景観、風俗を描いたいわゆる唐館図の中に、『唐館図説』、『長崎古今

[*9]　野田成亮『日本九峰修行日記』（『日本庶民生活資料集成』第 2 巻『探検・紀行・地誌　西国編』所収、三一書房、1969 年 4 月）22 ページ。
[*10]　諸氏には特に言及がないが、戴思望の伝奇「三侠剣」に基づくものか。中央研究院歴史言語研究所編『俗文学叢刊』第 92 冊に昆曲の劇本を収録。
[*11]　豫劇、大平調、四股弦など梆子腔系の演劇に『王莽篡朝』があり、その折子戯に『救皇娘』と題するものがあり、今も演じられている。あるいはこれか。
[*12]　科学研究費補助金研究成果報告書「江戸末期に日本に伝わった中国伝統演劇に関する基礎的研究」（平成 23 年 5 月 30 日）
[*13]　「大田南畝と中国演劇」（『明治大学教養論集』通巻 522 号、2017 年 1 月）1 〜 12 ページ。
[*14]　「中国戯曲的海外伝播与演出：日本長崎唐館倣戯暨相関文献記録初探」（国立成功大学中文系『成大学報』第 49 期、2015 年 6 月）113 〜 152 ページ。

集覧名勝図絵稿本』の「館内唐人踊之図」や『唐蘭館図巻』の「清人館内戯場之図」、『唐館絵巻』など、上演中の舞台のありさまを描いたものがあり、俳優の演技や衣装、伴奏楽器、戯台の形状などを一見できる[*15]。『唐館図説』には「唐人踊題」として、『呉漢放潼関経堂殺妻』、『竜虎闘宗（ママ、「宋」とすべき）趙匡胤胡延賛』、『関雲長斬貂蟬女』、『打擂墓潘豹楊七郎』の四つの演目が記されている。いずれも梆子、乱弾、皮黄系諸劇に広く見られる題材である。2件目と4件目はいわゆる楊家将物語から派生したものと見られるが、上記の大田南畝が記した『斬子』もこれが『轅門斬子』であるとすれば、今も京劇などで演じられている楊家将物語の一幕である。また、中国人との中国語の筆談を記録した野田希一の『得泰船筆語』[*16]巻下にも以下のようなやりとりがあり、楊家将の人気のほどが伺える。

楊啓堂：今選んだ芝居は、おわかりになりましたか。

野田：わかりません。

楊啓堂：一つ目は『八仙祝王母寿』、二つ目は『天官賜福』、三番目は『財神』、四つ目は『団円』、五つ目は『私下三関』です。

野田：五つ目の『私下三関』の芝居が最もすばらしいですね。何の書物に基づくのですか。

朱柳橋：『楊家将』という小説です。楊六郎は名を忠保といい、宋代の人で、これぞ名将です。

さて、これら日本で演じられた中国演劇は、中国語のわからない日本人にとっては意味不明であっただろうが、音楽（音と声）はこの壁を越える。江戸時代に日本に伝わった中国伝統音楽を明清楽[*17]という。江戸の中期ごろに伝わった明楽と江戸後期にもたらされた清楽である。明楽は明朝の宗室廟堂で演奏される式典音楽であるが、一方清楽は戯曲や俗謡など民間音楽に由来する。よく知られたものは、落語『らくだ』で演じられる「かんかんのう」（中国の俗謡「九連環」）であるが、現存する明清楽譜の俗謡や戯曲は、このように原音を聞こえる通り受け入れたほか、工尺譜（中国式の楽譜）も残されており、中国音の歌詞も音楽の一部として受容したことが見て取れよう。

2. 中国戯曲を読む

2.1 中国戯曲書の輸入

中国では、明代に南方系の演劇である伝奇が文人知識人の愛好者を増やしたことによって、観劇や歌唱の習得は言うまでもなく、戯曲作品や戯曲評論、曲譜などの出版が盛んになる。古典戯曲の校訂や名作集の編纂も続々と行われた。明末ごろには、舞台上演に関わりなく戯曲の形式の文学創作、すなわち上演と結びつかない演劇作品創作の潮流も表れた。清代に入っても文人の戯曲愛好の風は変わらず、戯曲の創作と続く。戯曲文学は、文人のたしなみの一つになったと言ってもよい。

明、清に刊行された戯曲書は、長崎貿易を経て日本にも輸入された。早くには元禄年間から、『名家雑劇』、『第六才子書西廂記』、『繡刻演劇』（即ち『六十種曲』）、『南九宮詞譜』、『李笠翁伝奇十種』

[*15] いずれも大庭脩編著『長崎唐館図集成』（関西大学出版部、2003年11月）に収録。
[*16] 写本。文政9年（1826年）、野田希一は漂流した中国船を長崎へ送り届ける任務につき、中国側の船主との交渉にあたった。その際の筆談記録である。
[*17] 明治期に清楽が明楽を吸収して広まったため、「明清楽」と称して実態は清楽を指すことが多い。

など、戯曲作品集や曲譜が伝来している[*18]。

日本への中国戯曲書舶来を促進した背景の一つには、17世紀後半から18世紀初にかけての唐話学習ブームがある。唐話とは当時長崎で清国人との交渉に用いられた中国語で、いわば活きた口語体の中国語であった。この清国との貿易交流を機に、江戸時代の知識人の間で学問の対象としての唐話学習ブームが起こったのである。唐話辞書の編纂や学習書の出版のほか、唐話を理解するために明清の白話小説や戯曲の翻訳が行われたことが、江戸文学にも大きな影響を与えた。その最たるものは「読本（よみほん）」で、都賀庭鐘の『繁夜話』や『英草紙』、上田秋成の『雨月物語』が中国の白話小説を翻案したことから勃興した。『水滸伝』が江戸時代に流行したのも、唐話学習ブームの産物と言えるが、『水滸伝』マニアの読本作家曲亭馬琴は、中国戯曲もよく読んでいた。『曲亭馬琴日記』[*19]によると、天保3年（1832年）から4年（1833年）ごろに、『西廂記』、『琵琶記』を購入したり、湯顕祖の玉茗堂四夢こと『南柯記』、『邯鄲記』、『牡丹亭還魂記』、『紫釵記』を友人から借りて、日々少しずつ読み進んでいたことが見て取れる。馬琴はもっと以前にも李漁の『玉搔頭』伝奇を翻案し、中国戯曲風の形式体裁に仕立てた『曲亭伝奇花釵児』を享和4年（1804年）に上梓している[*20]。

2.2　中国戯曲と翻訳活動

馬琴の『花釵児』は中国戯曲風の形式ではあっても、日本語で執筆された翻案ものであるが、馬琴よりも早くかつ馬琴以上の荒業を見せたのが明和8年（1771年）に刊行された都賀庭鐘の『四鳴蟬』である。これは、日本の謡曲、歌舞伎、文楽を伝奇（南曲）の形式で中国語に翻訳するという試みであった。『四鳴蟬』に収録された作品は以下の通りである。

- 雅楽『惜花記』：謡曲『熊野』に基づく
- 雅楽『扇芝記』：謡曲『頼政』に基づく
- 俗曲『移松記』：歌舞伎の義太夫狂言『山崎与二兵衛寿門松』に基づく
- 傀儡『曦鎧記』：『大塔宮曦鎧』に基づく

中でも、『惜花記』は伝奇の曲牌を用い、作詞法もかなり曲牌のルールに則ったものであることが指摘されている[*21]。ただし、套曲については無頓着であった。套曲とは引子（序曲）－過曲－尾声（終曲）から構成され、過曲に配列される曲牌にも配列順序のルールがある。『惜花記』の場合、宮調（音階）を無視して、異なる宮調の曲牌が不規則に入り混じったり、過曲の途中に引子や尾声が配列されたりと、套曲のルールは無視され、到底実演に供しうるものではなかったが、都賀庭鐘にとっては、原作の歌に適した曲牌を選び、その定型詩としてのルールに従って訳詞を行うことに創作意欲を託したのであろう。少なくとも、江戸期においてこのような戯曲の中国語翻訳は類例を見ず、都賀庭鐘が日本にもたらされた伝奇の作品や曲譜を相当に研鑽していたことは伺える。

江戸時代に中国の小説や戯曲を翻訳受容する方法は、「国訳」と「通俗」の方式があった。国訳はいわゆる漢文訓読である。中国古典の文語文とは、文法も語彙も異なる近世中国語にも返り点送り仮

[*18] 大庭脩『江戸時代における唐船持渡書の研究』（関西大学東西学術研究所、1967年3月）、伴俊典「江戸期における中国古典戯曲書の将来」（『早稲田大学大学院文学研究科紀要』第57輯第2分冊、2011年）53〜70ページ。

[*19] 柴田光彦校訂『曲亭馬琴日記』（中央公論社、2009年〜2010年）

[*20] 徳田武「『曲亭伝奇花釵児』論―『笠翁十種曲』「玉搔頭」との関係において」（『明治大学教養論集』通巻118号、1978年）77〜98ページ。

[*21] 川上陽介「『四鳴蟬』曲律考」（中央図書出版社『国語国文』72-2、2003年）398〜425ページ。

早稲田大学演劇博物館所蔵
『水滸記』対訳写本

名をふって読む。通俗は原典を漢字仮名交じりの日本語に置き換えるもので、これが今でいう翻訳に該当する。中国戯曲の場合、曲牌の難しさからか、数は多くないが、『西廂記』が上記の国訳を施されたほか、『琵琶記』、『水滸記』、『蜃中楼』などに「通俗」の方式が行われた。ただし、全訳されたのは現在確認できる限り『水滸記』のみである。

このうち、李漁の『蜃中楼』は明和8年（1771年）序刊八文舎自笑編『新刻役者綱目』に抄訳収録されたもので、完全な歌舞伎調の翻訳である。一方、『琵琶記』と『水滸記』はいずれも写本で成立年代は不詳ながら、翻訳形態は浄瑠璃の体裁に近い[*22]。特に全訳本である『水滸記』は、3種類の写本が現存するが、この3種は相互に関連があり、初期の試訳段階から順次推敲を重ねてきた経緯が伺えるものである[*23]。

以上のように、江戸時代において中国演劇は、同時代の乱弾を中心とする民間地方戯が観劇の対象となり、主に中国語原音もそのまま受け入れて、音楽面で受容される一方、すでに古典となった雑劇や伝奇の名作は閲読の対象となり、漢文訓読から始まる翻訳を通じて物語内容が享受され、江戸文学に影響を与えたのである。

[*22] 岡崎由美「江戸時代日文翻訳的中国戯曲文本—『水滸記』『蜃中楼』『琵琶記』的日訳本」（中山大学非物質文化遺産研究中心『文化遺産』2014年第4期）100〜109ページ。

[*23] 伴俊典「江戸期における『水滸記』全訳の成立」（『東方学』第123輯、2012年）70〜87ページ、および岡崎由美・黄仕忠・伴俊典・川浩二共編『「水滸記」鈔本の翻刻と研究』（早稲田大学演劇博物館演劇映像学連携研究拠点、2013年）。

> 補説

描かれた中国演劇
―近代日本人の中国演劇への視線―

平林　宣和

　明治時代以降の日本人にとって、中国の演劇は文字を通して間接的に知るものから、実際に目の前で見るものへと漸次変わっていった。特に20世紀の初頭、明治末から大正の時代になると、中国大陸で直接に京劇など彼の地の演劇を目にする人々が増え、日本社会の関心も自然と高まりを見せるようになる。そうした流れの中で最も象徴的な出来事が、大正8年（1919年）に行われた京劇の男旦（女形）俳優、梅蘭芳による初訪日公演であった。

　中国で演劇を実見した人々は、梅蘭芳をはじめとする俳優たち、また舞台や劇場の様子を絵や文字で記録した。そして雑誌や新聞などで紹介されたそれらの情報が、梅蘭芳訪日公演に先立って、日本人の中国演劇に対する関心を呼び覚ますことになった。小稿は、こうした近代の日本人によって描かれ、あるいは写真の形で紹介された中国演劇の姿を追い、小規模ながら本編の演劇史図鑑の補遺としたい。

1．高橋由一と『上海日誌』

　1867年（慶応3年）1月、第四次上海使節団の一員として上海を訪れた高橋由一は、当地の様子をスケッチとして記録に残した。それらは『上海日誌』としてまとめられたが、和紙に墨で描かれたそれらの記録の中に、「小劇場」と「大劇場」という2枚のスケッチがある。

　高橋由一はよく知られるように、近代日本における西洋絵画の先駆者の一人である。西洋の画法を学びつつあった由一が、明治維新の前年に描いたこの2枚のスケッチは、近代の日本人の視線によって捉えられた、中国の演劇の最初の記録といっていいだろう。ここに掲げたのは、比較的規模の大きい劇場の内部を描いた「大劇場」図である。

　当時の上海は、市街の発展とともに商業劇場が出現し始めた時期に当たる。特にこの時代の商業劇場の開設を後押ししたのが、北京からやってきた京劇や梆子などの「京班」であった。京班がもっぱ

高橋由一「大劇場」、『上海日記』（東京藝術大学所蔵）

らに出演する劇場として最初に建造された満庭芳は1866年に竣工、翌年の1867年に開場した。続けて老舗劇場として名高い丹桂茶園が、翌1868年に開場している。

由一がスケッチを残した1867年は、この満庭芳の開場と同年である。この絵が満庭芳を描いたものがどうかは現状では判然としないが、いずれにしてもこの時代の上海の商業劇場の様子を克明に伝える、極めて稀な資料といってよい。

近代の日本人が中国大陸で直接に当地の舞台に接する時代は、この1枚のスケッチによって幕が切られたのである。

2．木下杢太郎と福地信世

高橋由一のスケッチは、あくまで中国の数ある風景、風俗の一つとして描かれたものであった。それが単なる一風景を脱し、演劇そのものがより個別具体的に描かれるようになるのは、明治の終わりから大正にかけての時期である。その契機となったのは京劇の女形俳優、梅蘭芳であった。

1919年（大正8年）5月、梅蘭芳初の訪日公演は人々に熱狂をもって迎えられた。多くの芸術家や文化人によって劇評が発表され、同時にその舞台姿も似顔絵をはじめ様々な形で描かれることになる。しかし梅蘭芳は、来日する以前からすでに中国在住の日本人によって何度も描かれていた。その嚆矢となるのが、木下杢太郎（太田正雄）である。

当時すでに文名の高かった木下杢太郎は、1916年秋に南満医学堂の皮膚科の医師として奉天（今の瀋陽）に赴任し、同年末に北京を訪問した。その折、すでに北京で長年劇評を発表し続けていた辻聴花（武雄）を訪い、その晩に音に聞く梅蘭芳の芝居があることを知って、早速観劇に駆け付けている。このときの様子を、杢太郎は翌1917年4月23日に『大阪朝日新聞』紙上に発表した「支那の劇」で、以下のように記述している。

> （1916年12月31日の晩に）目今支那の六代目菊五郎との評判ある梅蘭芳と云う女形が出るというから、また写真で見ると頗る美しい役者であるから、即夜私は驟馬市の第一舞台に赴いた。（中略）梅蘭芳の蘇三（娼女の名）はわが菊次郎の浦里に優るものがあった。如何にもなよなよとして華奢っぽい。

このとき杢太郎が第一舞台で目にした演目は、梅蘭芳の『女起解』であった。この芝居が気に入った杢太郎は、以後も繰り返し話題にしている。この新聞記事には2枚の挿絵があり、現代物の芝居である「時装新戯」の代表作『一縷麻』を演じる梅蘭芳、および『女起解』の一シーンが描かれている。この挿絵は、近代の日本人によって描かれた最も早期の梅蘭芳の肖像である。

この記事の書かれた翌年の1918年4月に、杢太郎は『帝国文学』に「北京」という文章を発表し、再びこのときの観劇の様子について触れている。同記事は後に『地下一尺集』（1921）に収録され、杢太郎の描いた梅蘭芳の挿絵が追加された。このときのモチーフも北京で直接に目にした『女起解』であった。

同じ1918年の秋、谷崎潤一郎が初めての中国旅行の途次、奉天に杢太郎を訪ねている。そのときの様子を、谷崎は1919年の梅蘭芳訪日公演と同時期に発表した文章「支那劇を観る記」において、

木下杢太郎
『新戯一縷麻　梅蘭芳』
『大阪朝日新聞』1917年
4月23日

木下杢太郎
「北京」挿絵
『女起解』
『地下一尺集』（1921）

以下のように回想している。

> 北京に梅蘭芳と云う名優の居ることも噂に聞いて居た。…先ず奉天の木下杢太郎氏の家に落ち着くと、早速芝居を案内してくれるように同氏に頼んだのであった。「…見るなら北京へ行って梅蘭芳を見給え。あれを見なければ駄目だ。」

杢太郎にアドバイスを受けた谷崎は、その後北京で実際に梅蘭芳の『御碑亭』を目にし、共演の老生俳優王鳳卿と共にその演技を称賛したのであった。

このとき谷崎を劇場に案内したのは、1919年の梅蘭芳来日公演時に北京から一行に同道したジャーナリストの村田孜郎（烏江）である。村田は北京に駐在する間に芝居通となり、後に芥川龍之介が訪中した際にも芝居案内を買って出ている。

当時は村田孜郎のように北京に長期間滞在し、梅蘭芳の芝居を数多く目にした日本人がすでに複数いた。先述の辻聴花はその先駆的存在だが、村田と同様に梅蘭芳の訪日公演を支援した福地信世も、そうした日本人の一人である。

福地信世は歌舞伎座を創設した福地桜痴の息子であり、古河鉱業に勤める地質学者として大正期にたびたび中国を訪れ、特に北京には長期にわたって滞在した。福地信世は中国各地を巡りながら多数のスケッチを残しており、それらは後に『東亜写生帖』として一つにまとめられ、現在は福地自身が

福地信世『空城計　十一月廿二日上海天蟾舞台』（東京地学協会ウェブ図書室から引用）

かつて理事を務めた東京地学協会により管理されている。この写生帖には福地が各地で実見した演劇のスケッチがいくつか含まれており、ここに掲げたのはそのうちの 1 枚である。

　これは福地が 1916 年の 11 月から 12 月にかけて中国各地を巡った際のスケッチで、画面左上に記されるように、同年 11 月 22 日に上海の天蟾舞台で見た『空城計』の登場人物を描いたものである。『東亜写生帖』に含まれる中国演劇のスケッチとして最も早いものは、1915 年 2 月 28 日、漢口の新民茶園での観劇に基づいて描かれた『連環套』だが、この『空城計』のスケッチも、同様に比較的早期のものに属する。

　先述の木下杢太郎が北京で梅蘭芳の芝居を初めて目にしたのが 1916 年 12 月 31 日であったから、福地信世はそれとほぼ同じ時期の上海で、このスケッチを描いていたことになる。

　福地信世はその後もたびたび中国を訪れ、特に北京滞在時にまとまった数の演劇のスケッチを残した。それが『支那の芝居スケッチ帖』で、1910 年代から 20 年代にかけて描かれた中国演劇のスケッチが多数含まれている。

　前掲『空城計』のスケッチは、北京や上海の数多の風景の一つとして描かれており、その点では冒頭の高橋由一のスケッチと大差はない。しかし福地のこの『スケッチ帖』に至って、中国の演劇は単なる異国の一風景から、専一に描かれる対象へと明確に変化しているのである。

　下図はこの『スケッチ帖』中の 1 枚で、1918 年 6 月に北京の吉祥園で『貴妃酔酒』を演じる梅蘭芳を描いている。このほか『スケッチ帖』には多くの梅蘭芳のスケッチが含まれ、それらは先の木下杢太郎のスケッチよりも具体的に、舞台における梅蘭芳の表情を捉えている。当時梅蘭芳の妖艶な表情は多くの観客を魅了したが、この時期の舞台における梅蘭芳の表情を直接に記録する資料は多くはない。それがこのように生き生きと記録に留められたのは、極めて稀なことであったといっていいだろう。この『スケッチ帖』を描く一方で、福地信世は梅蘭芳の訪日公演を手助けし、やがて日本における梅蘭芳の有力な紹介者の一人となるのである。

福地信世『梅蘭芳の貴妃酔酒、大正七年六月廿二日北京吉祥園にて信世写』（早稲田大学坪内博士記念演劇博物館所蔵：13234-2-30）

3．新舞台と梅蘭芳の写真

　明治末から大正時代の日本では、これまで述べてきたスケッチのほか、中国の演劇の舞台写真も次第に流布するようになった。特に梅蘭芳の訪日公演時には、彼の舞台姿が多数の絵葉書として流通したが、それ以前にも中国演劇の写真は演劇雑誌などに時折掲載されている。その中でも比較的早期のものに属するのが、上海新舞台の俳優夏月潤が来日した際、演劇雑誌に掲載された舞台写真である。

　上海新舞台は 1908 年 10 月に上海の旧市街に開場した劇場で、当時中国各地で盛んに行われていた演劇改良運動の中核となる場所であった。夏月潤はこの劇場の経営者である夏氏兄弟の一人で、1909 年秋に日本の演劇事情視察のために東京を訪れている。その際、日本の複数の演劇雑誌が夏月潤に対するインタビュー記事を掲載しているが、『歌舞伎』112 号では、上海新舞台の上演の様子を写した舞台写真も紹介された。以下はそのうちの 1 枚である。

上海新舞台『四郎探母』『歌舞伎』第 112 号

　上海新舞台は社会改良を訴える啓蒙的内容を持った現代物の芝居で有名であったが、この写真に写っているのは、伝統演目『四郎探母』の「坐宮」の場である。こうした形で同時代の中国の演劇の様子が、散発的ではあるものの、徐々に日本に紹介されていったのである。

　この 1 年後に、夏月潤の来日に言及しながら、中国演劇に関する紹介文を発表したのが、後に北京で中国演劇の劇評家として名を馳せる辻聴花（武雄）である。辻聴花がこのとき『歌舞伎』第 123 号に執筆したのは、「支那劇および脚本」というタイトルの短文であったが、辻はその数年後にさらに長編の解説文を発表している。1917 年、『新演芸』2 月号から 8 月号まで計 4 回連載された「支那劇の研究」という文章は、京劇を中心に当時の中国の演劇を詳細に紹介したもので、木下杢太郎は、先に述べた辻宅訪問の際に、この文章の原稿に目を通していた。そしてこの連載の第 1 回目に、辻は「北京青年俳優の第一梅蘭芳（二十四歳）の『嫦娥』」というキャプションの付された写真を文章とともに掲載している。

　これは梅蘭芳が 1915 年から創作を開始した、「古装新戯」と呼ばれる一連の作品の嚆矢となる演目、『嫦娥奔月』の写真である。この演目の初演は 1915 年の秋であり、それから約 1 年半後の 1917 年春に、こうして日本の演劇雑誌に掲載されることになった。木下杢太郎が北京で梅蘭芳を見たわずか数か月後のことで、日本で紹介された梅蘭芳の写真としては最も早期のものであろう。

この写真の掲載からほぼ半年後の1917年11月末、帝国劇場社長の大倉喜八郎が北京で梅蘭芳の『天女散花』を観劇した。これをきっかけに、いよいよ梅蘭芳の訪日公演計画が始動することになるのである。

「北京青年俳優の第一梅蘭芳の『嫦娥』」
辻聴花「支那劇の研究」、『新演劇』
1917年2月号

　以上、1919年の梅蘭芳訪日公演以前に描かれ、あるいは紹介されたスケッチや写真の一部を通覧してきた。これらスケッチや写真の増加、およびその質の変化は、そのまま明治から大正期における日本人の、中国演劇に対する接近の様相を如実に示している。そしてそれはまた、梅蘭芳訪日公演という大きなイベントを準備する、前哨戦としての意味を併せ持っていた。近現代における中国演劇の国外に向けた展開も、その歴史の一部であるとするなら、これらの資料を本書に付け加えることも、許されないことではないであろう。

参考文献

坂本一道『新潮日本美術文庫　23　高橋由一』、1998年、新潮社。
伊藤緯彦「梅蘭芳の肖像を制作した日本人－福地信世と木下杢太郎の場合」、『中国芸能通信』第41・42号、中国芸能研究会、2000年。
木下杢太郎「支那の劇」、『大阪朝日新聞』、1917年4月23日。
木下杢太郎「北京」、『帝国文学』1918年4月号（『地下一尺集』叢文閣、1921年）。
谷崎潤一郎「支那劇を観る記」、『中央公論』1919年6月号。
福地信世『東亜写生帖』、東京地学協会ウェブ図書室（http://www.geog.or.jp/library）。
田村容子「福地信世「支那の芝居スケッチ帖」研究－梅蘭芳のスケッチを中心に」、早稲田大学演劇博物館『演劇研究』第30号、2006年。

補説

刺繡部屋の令嬢たち
―明代伝奇における刺繡の場面から―

川　浩二

1．はじめに

　明代後期に制作された戯曲、特に南戯伝奇は、当時すでに発達していた民間の書坊により出版され流通しており、読み物としての一定の地位を得ていた。上演の鑑賞と、読み物として楽しむという行為は、戯曲の受容の形式として両輪をなしていたといえよう。

　南戯伝奇は複数の作品に類似の場面が見られることがあり、例えば令嬢が月明かりのもとで香を焚いて祈りをささげる場面は、『荊釵記』、『拝月亭』をはじめとして10数作品に現れる[*1]。

　これに似た例として、主人公の令嬢が「繡房」と呼ばれる私室で静かに刺繡をする場面も、南戯伝奇のいくつかの作品に共通して登場する。一般的に「女紅」、「女工」、「女事」などと呼ばれる女性たちの手仕事には、糸繰り、機織り、裁縫などの各過程が含まれ、それらも南戯伝奇の中に登場する場面がある。しかし、そのうち刺繡の場面は南戯伝奇に特徴的に取り上げられているように思われる[*2]。

　ここでは特に、明代に書かれた南戯伝奇の作品を中心として、繡房における女性のすがたを描く場面について取り上げ、それらの場面が作品に登場する意味を主に観客および読者の側から考えたい。

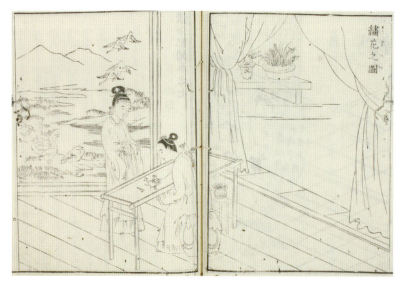

図1　日本・中川忠英『清俗紀聞』
「繡花之図」（早稲田大学図書館蔵）

---

*1　許子漢1999では、複数の作品に登場する類似の場面を「襲用関目」と呼んで整理している。ただし、刺繡の場面は独立して立項されていない。高禎臨2005では、劇全体を動かすポイントになる筋立てを「関鍵情節」と呼んで整理する。この観点から見た場合、刺繡の場面が「関鍵情節」にあたるかはそれぞれの劇によって異なる。

*2　蔣小平2010はさまざまな明代伝奇における「女紅」を、主に「婦徳」の表れとして考え、人物形象との関連について述べたものであり、機織りや裁縫などが表れる場面も含めて検討している。

2．刺繡部屋の情景　陸采『懐香記』

　明代に制作、出版された戯曲のうち、令嬢が針を取って刺繡する場面が含まれているものは、以下の10数種にのぼる。柯丹丘『荊釵記』第九齣、王世貞『鳴鳳記』第三十五齣、陸采『明珠記』第六齣、陸采『懐香記』第六齣、李日華『南西廂記』第二十四齣、薛近袞『繡襦記』第四齣、無名氏『荔鏡記』第二十六齣、朱鼎『玉鏡台記』第五齣、孫鍾齡『酔郷記』第七齣、張景『飛丸記』第十齣、汪廷訥『種玉記』第四齣、孟称舜『嬌紅記』第四齣、王元寿『鴛鴦被記』「繡被」、無名氏『双盃記』第五齣など。もちろん場面の意味合いはそれぞれの劇で異なるが、いくつかの作品に共通する典型を見いだすことは可能であろう。

　明代中期の劇作家陸采の『懐香記』第六齣に、主人公の令嬢賈午姐が刺繡をする場面がある。

〔春英、叩頭の礼をとる〕先日はお許しをいただきまして、家に帰ることができました。お嬢さまのおかげでございます、母もよくお礼を申し上げておくようにと。

〔賈午姐〕いやいや。おまえがしばらくいない間というものは、針仕事もおっくうでした。今日は日よりもよいから、女工（はりしごと）につきあいなさい。

〔春英〕それはよろしゅうございます。繡繃（ししゅうわく）に花様（かたがみ）、牙尺（ものさし）に剪刀（はさみ）は、卓の上にそろえてございます。どうぞ、お嬢さま。

〔賈午姐、刺繡しながら「羅江怨」をうたう〕うす絹は織りもこまかに目がつみ、針を通して糸を引き。

〔春英（セリフ）〕今日は何の模様をお描きになりますの。

〔賈午姐（歌）〕まずは水ぎわに蓮並び咲き。

〔春英（セリフ）〕まわりには水草でございましょうね。

〔賈午姐（歌）〕青と緑の水草が波にしたがい浮かぶ。

〔春英（セリフ）〕鳥などを縫い取られればなお良うございましょう。

〔賈午姐（歌）〕中ほどには鴛鴦を縫い、首をからませ二羽が並び。

〔春英笑って〕趣のございますこと。上の空いたところはどうなさいます。

〔賈午姐（歌）〕雲や霞が上をおおい、五色に染まり日の光がさす。

　女性、特に良家の令嬢の居室を「繡房」あるいは「繡閣」の美名で呼ぶ。これは良家の子息の居室を勉学のための部屋として「書房」と呼ぶのに対応するものといえよう。

　『懐香記』では、侍女春英が賈午姐のために揃える道具は「繡繃」に「花様」、「牙尺」に「剪刀」とある。「金針」と「繡線」という刺繡に必須の道具はすでに唐宋の詩詞から詠まれ、家の中の奥の間に暮らす女性たちの姿を描くのに使われてきた。例えば唐末の羅隠「繡」詩に見える「花は玉指に随いて春色を添え、鳥は金針を逐いて羽毛を長くす」句は居室で刺繡をする女性を詠んだ早い作例と言えるだろう。

　しかし、その他の道具までが具体的に書かれ、女性の登場人物が観客の、あるいは読者の目の前で針を動かすというのは、特に明代以降の南戯伝奇に目立つ特徴と言えよう。

　つがいの鴛鴦と1本の花茎に2輪の花が咲く「並頭蓮」は刺繡の主要なモチーフであり、それらは

しばしば「枕方」と呼ばれる枕おおいや「被面」と呼ばれる寝具の上にかける飾り布に縫い取られる。これらは、新婚の花嫁が嫁入り道具の一つとして手づから刺繍して持参するものであった。

　刺繍する際、纏足の鞋のおもてや、小物入れの巾着「荷包」のような小さなものであれば、円形、あるいは方形の小さな木枠に布をはさんでぴんと張り、そこに刺繍していく。大きなものであれば、机の面ほどもある大きな木枠に布を張る。この木枠は「繡綳（棚）」と呼び、『飛丸記』第十齣では「棚子」、また「繡棚児」とも呼ばれる。それを置く机状の専用の道具は現代では一般に「繡架」と呼ぶが、明代の伝奇の中ではそれらを「繡床」と呼んでいる。『南西廂』第八齣の「菊花新」曲に「鴛鴦を描きおわり繡床を離れる」とあり、『玉鏡台記』第五齣のセリフに「おまえ、しっかり繡床を支度なさい。私について女工を学ぶのですよ」とあるのはその例である。

　上記の『懐香記』の場面では、上演する際に登場した令嬢の美しさが、演ずる俳優の美貌と美声で表されるのに加え、女性のたしなみである針仕事をたくみに進める様子を歌詞とセリフによって描写する。戯曲としての読書においても、読者は歌詞とセリフの描写により印象づけられる。そしてこの場面は、あくまで登場人物の描写に留まり、次の展開までを引き伸ばす役割を持っているといえるだろう。

3．仇英の描いた劉無双と陸采『明珠記』

　明代中期の画家仇英の作とされる、歴代に名高い女性たちの姿を描いた絵巻がある。東京の大倉集古館蔵の作品は『宮女図巻』と呼ばれる。中国国家博物館蔵の作品は清代の摹本とされ、『千秋絶艶図』と名づけられている。早稲田大学図書館にも『佳婦人例』という摹本があり、こちらは彩色されていない。描かれている女性たちは漢の班昭、唐の楊貴妃、宋の李清照ら60人ほどに及ぶが、服飾や髪型は基本的には明代のものが意識されている。その中に、唐・薛調の小説『無双伝』に見える劉無双の肖像がある。

図2　『佳婦人例』（早稲田大学図書館蔵）

　劉無双は、繡架に向かって針を右手に持ったところを描かれている。画賛には「獨り紗窓に坐し刺繍遅たり、紫荊花（はなずおう）の下　黄鸝（こうり）に語る。知らんと欲さば　限り無き、春を傷むの意　尽く針を停め語らざる時に在り」とある。句は唐・朱絳の「春女怨」詩を引いたものである。

図にははさみと糸の束を入れたかご、針山といったものが描かれている。また、早大蔵の模本には見られないが、大倉集古館蔵の作品と国家博物館蔵の作品には、張られた布の上に下絵と思われる模様が描かれ、赤い糸巻きも置かれている。

　しかしそもそも、『無双伝』に劉無双が刺繍をしている場面はなく、針仕事が得意であったとの逸話も出てこない。

　それではなぜ無双が刺繍をしているのかといえば、先に挙げた『懐香記』と同じ作者明・陸采の伝奇『明珠記』の作中、主人公の王仙客が幼なじみだった劉無双の成長した姿をひそかにうかがう場面で、無双が刺繍をしていたためである。

　唐代の小説『無双伝』の原文ではわずかに「また窓の隙間から無双をのぞき見てみれば、かがやくばかりにあでやかで、まるで神女か仙女のようだ。王仙客は狂わんばかりに思いをつのらせ、ただ婚姻がうまくいかないことを心配するばかりであった」とのみある。したがって、この作品を描いた画家が仇英であれ、別の画家であれ、唐代の伝奇小説よりも、同時代の戯曲をより強く意識していたことになる。この場面を、戯曲『明珠記』では一齣を使って描く。

図3　明・陸采『明珠記』挿絵

第六齣「由房」
　〔旦（以下劉無双）「降黄竜」をうたう〕金のはさみを軽くにぎり、手にうすぎぬをとり、巧みに断ち切りはやりの型にする。金の針を下しては、一対の鴛鴦が蓮池に戯れるさまを縫いとる。
　〔貼旦（以下采蘋）続けてうたう〕奥の間香りたち、厚き門の閉ざされるなか、あでやかな花にも似たひとが紅い上掛けにぬいとりする。この花を、みだりにのぞきみる蜂や、ひそかにうかがう蝶から守らなければ。
　〔生（以下王仙客）ふたたび「降黄竜」をうたう〕こがねの針、糸を引いてはとどまりもせず、あの鴛鴦にならって、あの人と水のなか戯れたいもの、うすぎぬを断たないでほしい、二人をつなぐ糸までが断たれてしまいそうだから。思いに心まどうが、あの人には思いもよらぬこと、窓の外に人がいるなど気づくまい、花の芯が開く前に、蜂や蝶がもう知っているなどと。

〔劉無双、ふたたび「降黄竜」をうたう〕長いため息、汗は肌にうかぶ。日は庭にさしこみ、にわかに暑さをもたらす。かんざしも曲がり鬢も乱れ、針をとめて扇をとってあおぐ。〔貼〕良家の心得、炎暑のはげしいこのとき、蓮池のあずまやには涼しい風も吹こうけれど、良家の令嬢たるもの礼儀をわきまえ、出あるき楽しむのはひかえねば。

〔王仙客、ふたたび「降黄竜」をうたう〕はげしい暑さ。あでやかな姿も暑さにあてられ、わたしと涼しいあずまやで戯れられれば、蓮の間を吹く風に酔い、青草で編んだ敷物のうえに寄り添えるものを。どうしてためいきなどつかれておいでか。もしや思うはあのことか。あなたの心はいずこにあるのか、まさか結ばれる佳き日を思って、ため息をつかれているのか。嘆かれるな、よき日は間近、あなたのもとに飛んでいこう。

〔劉無双セリフ〕采蘋、誰かがまどのところに。

〔采蘋、「袞遍」をうたう〕だれが奥の間をのぞいているのか、いそぎ紗のまどを開いて見る。

この場面では、男は家の中の奥まった場所にある「繡房」で針仕事をする美しい令嬢の姿をのぞき見る。中国の伝統的な家屋の中では、特に良家の未婚の男女が触れ合うことのできる時間と空間は非常に限られていた。男性が深窓の令嬢の姿を見ようとするなら、女性たちだけが生活する空間に入りこまなければならない。

同じ場面でかけ合う三人の唱ではあるが、実際には登場人物たちはまだ出会う前で、王仙客、劉無双、そして侍女の采蘋それぞれの心情が歌われている。男女の主人公が出会い、大きく展開する場面ではあるものの、この唱のみを見れば登場人物の心理描写に留まり、物語の展開はこの直後にのぞいている男が見つかることでおとずれる。四度にわたって歌われる同じ曲は、心理描写を重ねることで、やはりこの後の展開までの時間を引き延ばしている。

4．元雑劇『玉鏡台』と明代伝奇『玉鏡台記』

『明珠記』では、小説から改編した戯曲において、登場人物の心理の描写を増加するために、「繡房」での場面が増やされていた。こうした例は、小説から戯曲という改編だけに留まらない。

元代の北雑劇は四折からなり、一劇に際して一人の俳優のみが唱を担当し、遅滞なく物語が進んでいく。北雑劇の構成が緊密に保たれているのはこのためであるが、明代の南戯伝奇は場面の数を増やし、場面ごとの登場人物の心理を豊富な唱を使って存分に述べる。しかも南戯伝奇は、基本的にはすべての登場人物が歌うことができる。

筋立てが冗長であること、筋立てが進行しない場面があること、そして結末が大団円に終わることは、ともに南戯伝奇の演劇としての欠点と数えられているが、これらが北雑劇に対する南戯伝奇の特徴であることも確かである。

こうした明代の南戯伝奇には、元代の北雑劇に由来する作品が数多く存在している。『西廂記』は数度にわたって南戯に改編されており、『竇娥冤』と『金鎖記』、『青衫涙』と『青衫記』など枚挙に暇がない。その中にあって北雑劇『玉鏡台』の南戯伝奇『玉鏡台記』への改作は最も著名なものとはいえないが、そこに一つの典型を見いだすことができよう。

北雑劇『玉鏡台』の第一折に女性の主人公である劉倩英が、部屋の中で針仕事をしているところに、母親から呼び出される場面がある。

〔夫人〕梅香、繡房から倩英を呼んできなさい、学士さまにご挨拶を。
〔梅香〕お嬢さま、どうぞ。
〔旦、劉倩英に扮して登場〕わたくしは倩英。ちょうど部屋の中で針仕事をしていたところ、梅香は母上が客間にてお呼びだという。何のご用とははかりかねるが、ひとつそちらに行くことにしよう。〔挨拶をする〕母上、わたくしにご用事でしょうか。
〔夫人〕お前を呼んだのはほかでもありません。温家の兄上がこちらにお見えですよ。ご挨拶なさい。
〔劉倩英〕かしこまりました。

　セリフには「ちょうど部屋の中で針仕事をしていたところ」とあるだけで、舞台上には先に母親と召使い梅香がおり、主人公の劉倩英は後からそこに登場してくる。上演の際、劉倩英が刺繡をしていた繡房は舞台の上では見られず、部屋で針仕事をしている様子が演じられることもない。これは北雑劇の構成上、展開の少ない場面を省くことになるためでもあるが、何よりもこの劇はいわゆる「末本」、男の主役「末」が歌を担当するものであり、女性の主人公が自分の心中を歌う場面そのものが設けられないためである。

　それに対して、基本的な物語を共有する南戯伝奇『玉鏡台記』では、刺繡をする部分が第五齣として独立した一場面となっている。

第五齣「刺繡」
〔刺繡するしぐさ、旦（以下劉倩英）「桂枝香」を歌う〕針をとり糸を通し、かるく広げてはたくみにはこぶ。縫いとるは礼服の文様。かの色糸に黄色い絹を取り合わせ。日ましに昼が長くなり、風かおり窓のうすぎぬをゆらすのを見れば、少しはなまけ心もめばえるというもの。
〔丑（以下梅香）〕お嬢さま、すこしお休みになっては。
〔劉倩英〕時をむだにすごしてはだめ。雨宿りの軒先のように長くはとどまれぬもの、気づけば花の影が、早くも塗りの手すりにさしかかる。
〔梅香〕紅も消えて翠も減り、心もすり減り力も尽き、鸞鳳のつがいで飛ぶのを縫い取るなどできない。かの鴛鴦の連れ立つ姿には、そぞろに針を停めて心を痛めてしまう。針を停めて心痛め、わが心が麻のごとくみだれるのを誘うばかり。〔長くため息をつく〕つらいものね。この身をしばるものばかり、憂いやあせりにふととらわれる。人の世はまさに浮世、春の夢のごときもの。どうしてここで若いときをむだにしているのでしょう。
〔劉倩英〕女の心得たるもの、年若く美しき時は、つとめ励んですごさなければ。だめな子ね、楊柳の花が糸を飛ばし、つたやかずらが繁るのに心を奪われてはいけません。女と生まれたからには、ひたすらに組みひもの帯を編み上げ、手をつかねるなどせず、つかれたなどとぐちを言わないこと。わたしの言葉を聞き、花は散れば流れに身をまかせ、蘭のかおりはもとの通り春はたおやかに。

〔梅香〕母たるものの教えとは、善を勧め悪を懲らし、つとめにいそしみ怠けもせず。今よりは
　　　　春のうわつく心をおさえ、紅いうすぎぬにつきせぬ思いを記すことなし。飛ぶ鴬は鳴き渡り、
　　　　蜂や蝶が飛び回る。それらを心にとどめることなく、固く心をひきしめて、ふすまを抱いて夜
　　　　のさみしさに耐え、落ちかかる黄の衣こそあわれなもの。
　　〔劉倩英〕中庭のおく、春の午後の日も深まり、
　　〔梅香〕窓からさす光も傾き、花の影動き、
　　〔劉倩英〕針をとめ、黙々として言葉もなく、
　　〔二人で〕ただ手すりに寄りかかり思いはやまず。

　南戯伝奇『玉鏡台記』では、劉倩英は丑が演ずる侍女梅香と代わる代わる歌う。劉倩英は婦徳に基づいて針仕事に励むのに対して、梅香のほうは婚姻の話を心配しているようすが述べられる。春の日の中で時をむだにしているのではと気をもむ梅香の心情は、美麗な曲詞が連ねられた歌を聞く、あるいは文字をたどる側にも共有されるものだろう。

　『明珠記』のように物語の展開がある場面であれ、『懐香記』やこの『玉鏡台記』のように描写を主として行う場面であれ、繍房での刺繍が歌われる場合には、その歌の間は止まったような時間がそのまま演じられ、登場人物の心情が描写され続けていく。

5．刺繍と書物　『荊釵記』と『牡丹亭』

　ここで改めて、前掲の劉無双の絵を見てみたい。劉無双が刺繍をしていること自体に戯曲の影響があったのではないかという指摘は先に述べた通りだが、さらに付け加えられているのは、劉無双の傍らに広げられた書物である。唐代に『無双伝』が書かれた際にはこのような形の書物はなく、まだ巻子本、紙か絹の巻物の写本が用いられていた。その点、やはりこの作品には描かれた当時、明代中期の風俗がより濃く反映していることになる。

　劉無双は手に針を持っており、本に目を落としてはいない。したがって、この本は少なくともこのときには読むために広げられているものではない。

　このように繍床の上に置かれた書物は、針を通した糸がからまないよう、また刺繍の模様を布に写すための「花様」（型紙）が曲がらないように、間にはさんでおくために使われたものであった。

　明代には後に続くような書籍の形式が定まり、民間出版が盛んになった。そして明代後期には、女性たちの手元にもしばしば書物が置かれるようになっていた。それに従いこの習慣が生まれ、近代まで続いていたのである。台湾では家庭のことを書きつける帳簿もこのために使われたことが見え、「繍糸簿」、「花簿」と呼ばれていた[*3]。また、湖南省の一部の女性だけが伝承する「女書（女文字）」を書きつける、嫁入り道具の一つであるノート「三朝書」も同じように刺繍糸をはさむのに使われている[*4]。また清代以降には、型紙そのものを印刷して冊子状にした「繍稿」も出版されており、同様に刺繍糸と針を挟む役にも立てられていた。

[*3] 池田敏雄 1944、p.18。
[*4] 遠藤織枝 2002、p.63。

明代における『荊釵記』の改編

元代末期に南戯として作られ、明代にも盛んに読まれた作品である『荊釵記』の第九齣は、繡房の中で話が展開する。この場面の特にセリフの部分は、元末にまとめられた古いテキストを反映すると思われる系統の『原本王状元荊釵記』などの版本と、明代後期に文章が改訂された屠赤水評本、李卓吾批評本、『六十種曲』本などではまったく異なる。『原本王状元荊釵記』などでは、女主人公銭玉蓮の母親は登場してすぐ、娘に単刀直入に縁談を持ちこむ。それに対して、明代以降に改変された版本では、その後の銭玉蓮と母のセリフのやり取りで枕おおい「枕方」に蓮や鴛鴦を刺繡するようすがふれられている。さらに、『六十種曲』本では齣の題も「繡房」とつけられている。

図4　『荊釵記』挿絵（部分）

第九齣

〔旦（以下銭玉蓮）「一江風」をうたう〕刺繡べやのうち、香をたくけむりふわとたなびき、軽き風そよとおくり、ただ朝な夕な正庁にごあいさつし、父母にお仕えをする。いそぎ髪に櫛を入れては化粧をし、ひたすら針仕事にはげむ。窓に映る花のかげが、日の光とともに動き移ろわないうちに。

〔銭玉蓮ふたたび「一江風」をうたう〕カササギの声は、わたしの心をさわがせる。よい便り、それとも悪い知らせだろうか。わたしは奥の間からは出られぬ身、心にかけないことにしよう。いつもの通り縫い取るのは花幾輪か。ほんものの花には比べものにはならないけれど、また縫い出すのはバラの咲く棚。

〔丑（以下母）〕おまえ、ここで何をしているのだね。

〔銭玉蓮〕これは枕のおおいですわ。

〔母〕この花はなんだえ。

〔銭玉蓮〕並頭蓮の花ですわ。

〔母〕これは縁結びのしるしだわねえ。

〔銭玉蓮〕母上、からかわれるのはおよしになって。

〔母〕下にはアヒルかガチョウがヒナにえさをやっているのかね。

〔銭玉蓮〕鴛鴦ですの。

〔母〕鴛鴦ならあと七八針はくちばしが長かろうに。これは何の本だえ。

〔銭玉蓮〕『列女伝』でございます。

〔母〕むすめや。この本はそちらに置いておいて、まじめな話をしたいのだがね。お前のためによい縁談を持ってきたのだよ。

刺繡の内容が歌詞では「バラの棚」、セリフでは「並頭蓮の花」と「鴛鴦」と異なることからも、このセリフは後からつけ足されたものであることがわかる。この改訂により、王十朋との婚礼を心待ちにする銭玉蓮の思いを伝え、また銭玉蓮が『列女伝』を読んでいることで、婦徳にすぐれた女性であることを示そうとしたのだろう。

同時に、このような場所での書物の使い方がわかっていれば、糸を通した針や刺繡の型紙をはさんでおくために使い、繡架の上に置いていたために母親の目に留まったのだろう、と読者は解釈することができたに違いない。

中国の伝統演劇が戯曲として出版される際、受け継ぐべきなのは曲の歌詞であり、セリフの部分は時代、観客や読者に合わせて適宜変えられていく。元代よりも以前から刺繡は女性のたしなみであったが、良家の子女が繡房の中で、刺繡とともに読書もする、というのは、明代後期に広く共有される状況になったことがこの改編からも読み取れるだろう。

刺繡部屋で『牡丹亭』を読んだ令嬢たち

『荊釵記』では『列女伝』であったが、繡床の上に置かれる書物には女性たちが好んで読んだ戯曲も含まれていた。明代後期から清代にかけて、上演だけでなく広く読まれていた戯曲の代表に、湯顕祖の『牡丹亭還魂記』がある。

清代前期の女性批評家程瓊が編んだ『才子牡丹亭』所載の「批才子牡丹亭序」は、崔浩という人物の言葉を引いてこのように述べる[*5]。

崔浩はこう言っている。これは閨人たちの筐篋（ものいれ）の中のものだ。閨人たちはかならず石榴（ざくろ）もようのはやりの花様（かたがみ）を持っており、この書物にはさんで入れ物にせぬものはない。また花様を切りぬくあいまに、この『牡丹亭』を読もうとせぬものはない。

針仕事の合間に『牡丹亭』を読む女性の姿は、そのまま先に述べてきた明代伝奇の中の女性たちに重なるものである。さらに同序の後半では、宋の辛稼軒の「粉蝶兒」詞の一節を引き、刺繡を例にとった禅語と組み合わせて以下のようにも述べる。

辛稼軒の詞に「十三のむすめが刺繡を学び、一枝ひとえだ、花を痩せさせぬよう」とある。作者は当時「鴛鴦繡出して君が看（み）るに従（まか）し」たのにも関わらず、評者は「又た金針を把つて人に度（と）与（よ）し」ようとしている。

[*5] 『才子牡丹亭』の出版までの基本的な事情は華瑋 2003 下編三「程瓊、呉震生与『才子牡丹亭』」pp.364-399 に整理されている。

作者がまるで娘が刺繍を施すように歌詞の句を彫琢し、その繊細さ、美しさを賞玩することを読者にまかせたというのに、評者たる自分が、針を手にとって人におせっかいにもその良さを教えようとしている、と自嘲するように述べる。その際、刺繍にまつわる言葉を引いてつなげているのは興味深い。

また、程瓊はもともと『才子牡丹亭』の前に『繡牡丹』の題で、五色を使い分けて批評を施した私家版を作っていたという。

『牡丹亭』本文には、刺繍についての言及はごくわずかなものしかないものの、牡丹の花そのものは刺繍のモチーフとしてはしばしば用いられてきた。さらに明代の女流批評家から見たとき、繡房でひとり戯曲を読み、一言一字ごとに批評をほどこしていくことと、刺繍を学び、自ら絹布に一針一針と縫い重ねていくことは、動作が行われる空間の上でも、丹念に針と筆を進める過程においても重なるものであった。

6．おわりに

同作者の戯曲『懐香記』、『明珠記』にはともに令嬢が刺繍する場面があり、それらは登場人物の心理描写を重ね、次の展開までの時間を引き延ばすものであったと言える。そしてそれは、令嬢が男性と出会いやがて結ばれる前の娘時代を引き延ばすことでもあった。

『玉鏡台記』の北雑劇からの改編においては、令嬢が刺繍をする場面が増やされており、これも同様に、男性と女性の主人公が出会う前の時間が長くされ、その時間の中の令嬢の心の内が歌われるものになっている。

これらに対して、『荊釵記』は元代からそのまま伝わった作品ではあるが、明代後期に書き直されていく過程で、主人公が『列女伝』をかたわらに鴛鴦や並頭蓮を刺繍するという演出が足されることになった。また、『牡丹亭還魂記』の批評本『才子牡丹亭』の序には、女性たちがこの戯曲をかたわらに繡房で刺繍をしていたことが書かれている。

南戯伝奇の筋立てが進行せずに心理描写に終始する場面は、現代においてそれらが積極的に評価されることは少ないだろう。しかし当時の作家たちがわざわざ織りこんだこのような場面は、観客あるいは読者からも、決して退屈なだけのものとは受け取られていなかったに違いない。

良家の子女たちは、自分の書房や繡房を読書の空間として戯曲を読んでいた。その作中に、あるいは刺繍に励み、あるいは針と糸とが手につかずに繡房で時を過ごす令嬢たちが現れる。読者や観客としての子女たちが劇中の人物を思いやり、その心情に寄り添うのを助ける働きをこうした場面は持っていたのだと思われる。

使用テキスト

明・陸采『懐香記』明末汲古閣原刻初印本（『古本戯曲叢刊初集』影印）
明・陸采『明珠記』明末汲古閣原刻初印本（『古本戯曲叢刊初集』影印）
元・関漢卿『玉鏡台』明萬暦中顧曲斎本景印古雑劇本（『古本戯曲叢刊初集』影印）
明・朱鼎『玉鏡台記』明末汲古閣原刻初印本（『古本戯曲叢刊二集』影印）
元・柯丹丘『荊釵記』長楽鄭氏蔵景鈔明刊本（『古本戯曲叢刊初集』影印）
清・程瓊『才子牡丹亭』華瑋・江巨榮点校、台湾学生書局、2004年4月

参考文献

許子漢『明傳奇排場三要素發展歷程之研究』国立台湾大学文史叢刊108、国立台湾大学出版委員会、1999年6月
高禎臨『明伝奇戲劇情節研究』文津出版社、2005年5月
蔣小平「別有穿針処:"女紅"背景下的晚明伝奇女性形象」「戲曲研究」2010年第2期
華瑋『明清婦女之戲曲創作与批評』中国文哲研究所、2003年8月
池田敏雄『台湾の家庭生活』東都書籍台北支店、1944年8月
遠藤織枝『中国女文字研究』明治書院、2002年2月

あとがき

　わが国の演劇およびその音楽文化の継承と発展に対して、人民音楽出版社の経営者と編集者は歴史的な使命感を抱いている。この切なる心情から、彼らは我々中国芸術研究院戯曲研究所とともに『中国演劇史図鑑』を共同編纂しようと提案してきた。図像と解説文との相乗効果により、中国演劇の起源と形成、発展の歴史を目に見える形で示そう、というこの企画は、現実的かつ歴史的な意義を備えた、まごうことなき一大プロジェクトである。我々はその重要な価値と意義を認め、本書の実現に力を尽くすことを願って、この要請を喜んで受け入れることにした。同時に現下の条件のもと、それを可能な限り完璧なものとして、多くの読者に満足いただこう、と考えたのである。この任務は研究所所属の演劇史陳列室、および演劇史を専門とする一部の研究者にゆだねられ、図像の選択と解説の執筆に一年余りの時間を費やし、ついに完成の日を迎えることになった。

　この過程を振り返るにあたって、さらに昔の一連の経緯を語らなければならない。なぜならその経緯は、今日この書籍が形を成したことと十分に深い関わりがあるからである。

　1957年、中国戯曲研究院がまだ以前の所在地である白家荘にあったころ、研究院のリーダー張庚氏の立案により、戯曲研究室の李嘯倉が責任者となって初の中国演劇史陳列室の開設準備をすることになった。李嘯倉と趙裴、そして筆者が共同で展示内容を考え、要綱の制定と展示品の選出を行った。設計と展示、および解説文の執筆に関わった者には、ほかに劉雁声と周南強がいる。戯曲研究院が東四八条に引っ越したのちの1958年に、陳列室は展示を刷新した。従来のメンバーのほか、戯曲史研究室の劉念茲、舞台美術の専門家である馬強、金耀章、馬駿が続けて参加している。このように充実した力量を備え、演劇史の展示は中華人民共和国建国後の演劇改革のところまで拡大された。こうしてこの展示は、社会的な利益、さらには一般に対する比較的大きな影響力を備えるに至ったのである。文化部の中国芸術博物館の準備が始まったとき、リーダーの欧陽予選と馬彦祥が我々に演劇分野の設計と展示を依頼してきたのもそのためだろう。その後、芸術博物館の閉鎖と、間を置かずに到来した「文化大革命」により、皆が苦労して収集した資料は不完全なものとなってしまった。そしてこの仕事に従事してきた劉雁声、周南強、李嘯倉、馬強らも不幸にして相次いで世を去った。しかしながら彼らが心血を注いだ仕事は、後の演劇史の展示のために貴重な資料と経験とを蓄積してきた。彼らの貢献を、我々は深く心に刻まなければならない。

　20世紀の70年代後半から80年代初頭にかけて、もともとの中国戯曲研究院を土台に、中国芸術研究院が拡大組織された。戯曲研究所と陳列室もあらためて組織しなおされ、演劇

史の展示もまた再開したのである。ちょうどこの時期に、張庚・郭漢城主編による『中国戯曲通史』の執筆が完了し、出版に至った。新しい演劇史の展示の枠組み、すなわち歴史上の区分や重点となる内容、演劇の起源や形成、発展の道筋に対する認識は、基本的に『通史』の観点に基づき、またこの書籍から多くの成果を吸収している。このときの展示の設計および概要の執筆を完成させたのは、陳列室主任の王子豊、李玉坤、祁厚昌および筆者である。その後、劉滬生、李大珂が続けて陳列室主任を務めた間に、絶えず内容を充実させ、手を加えて完成度を高めた結果、長大な中国演劇史の展示が姿を現すことになった。この展示は国内外の専門家と学者を魅了し、各界の人々の讃嘆を集めている。しかし不幸にして、李大珂は1994年に病で他界してしまった。我々はまた熱心で忠実な仲間を失うことになったのである。

『中国演劇史図鑑』の編纂が始まった際、戯曲研究所は劉滬生、李大珂、呉小川、祁厚昌および筆者を執筆に参加させ、王立静、王建民、汪点点、曹鵑、薛超が図像の収集、撮影および編集作業の責を負った。その大部分は、長期間にわたって演劇史の展示に関わった人員である。劉滬生、呉小川、王建民、薛超および筆者は、それぞれ近年の『戯曲芸術大河』という演劇史の文献記録に関するテレビドキュメンタリーの編集、演出、資料の収集などの仕事に関わっている。優れたところを補い合い、もともとの陳列室の展示の枠組みと資料を継承した上で、新たな研究成果を吸収し、新資料を補充、文字の分量も増やして改訂と加筆を行った。こうした仕事の最終的な目的は、この書籍を文献資料上の正確さと学術性、さらに読み物としての面白さを備えつつ、精緻な図録として価値のあるものとし、また歴史研究者の参考となると同時に、多くの読者の鑑賞に適うものとすることである。我々はこの目的に向かって奮闘したが、思い通りのものになったかどうかは、多くの読者の判断を待つことにしたい。

ここで我々は往時の辛苦を忘れないためにも、この図鑑に参与した人たちに以下のことを許していただきたい。すなわちこの成果を、ともに図像や文章、そして資料を通して演劇史の展示に関わってきた仲間たちの思い出に永遠に捧げることを。

『中国演劇史図鑑』の出版は、中華民族の演劇および演劇文化を人類に捧げたい、という我々の願いを反映したものである。最後に、人民音楽出版社の経営者と編集者に深い感謝の念を表したい。

余　従
1998年秋

監修者あとがき

　『中国演劇史図鑑』日本語版を日本の読者の皆さんにお届けする。

　人間の声と身体によって起ち上がる演劇という芸術は、演じ終われば実態としては消えてしまう運命にある。その演劇のあり様を他者に伝えるには、文字資料だけではなく、視覚、聴覚などさまざまな情報に頼らなければならない。本書は「図鑑」というスタイルを採用することで視覚資料を多用しながら、中国演劇史の全体像をより直感的に読者に示そうとしている。従来日本国内において類書がないという点で、まさに画期的な書物といってよいだろう。

　本書の原著者は、中国芸術研究院戯曲研究所の歴代の研究者たちである。中国芸術研究院は、中国文化部（文化省）直属の芸術研究に特化した国立研究機関で、修士以上の学生の教育も行う大学院大学としての役割も兼ね備えている。本書の描き出す演劇史は、戯曲研究所付設の戯曲陳列室の展示内容、および所属研究者たちの研究成果を直接に反映したものである。

　原著あとがきにあるように、戯曲陳列室の展示は新中国の成立以来、初期の戯曲研究院時代から今日に至るまで、長期にわたって磨き上げられてきたものである。一方そこには、現代中国の演劇研究者を取り囲む曲折に富んだ歴史も、また確かに刻印されている。この経緯を考えるとき、本書訳出の作業はこれら研究者たちの歴史を背負った仕事でもある、ということにあらためて思いを致さざるを得ない。

　中国演劇史の全体像は、ここ二、三十年の間にも、新資料の発掘や各地域におけるフィールドワークの蓄積、さらには中国の歴史観自体の変遷によって刻々とその姿を変えている。その点では、他国の演劇史と比べてまだまだダイナミックな研究領域であるといえるだろう。本書の記述には儺戯や人形劇など一部の分野が含まれておらず、中国演劇のすべてを網羅しているとはいえない点もあるが、現時の中国演劇史の全体像を展望する、という役割は十分に果たしていると考える。

　本書の出版は、国書刊行会の永島成郎氏、および科学出版社東京の向安全社長、柳文子氏により早稲田大学に所属する監訳者たちに対して提案された。以来随分と長い時間が経ってしまったが、その間科学出版社東京の横山智代氏、細井克臣氏が具体的な編集作業に当たられた。また訳文の作成に当たっては、岩田和子、伴俊典、大江千晶各氏の協力を得た。遅々として進まぬ翻訳校正作業に辛抱強くおつきあい下さった関係各位には、あらためて遅筆をお詫びするとともに、深く御礼申し上げたい。

中国の演劇文化は、代表的な劇文学や京劇などごく一部を除けば、日本人にとって未だ近くて遠い存在であり、舞台の写真すら見たことがない人がおそらく大半であろう。原著あとがきが記すように、本書の翻訳が中国の演劇文化を世界に広める一助となり、かつ日本人の中国演劇に対する疎遠さを改善してゆくきっかけとなることを願って已まない。

平林宣和
2017年1月

監修者・翻訳協力者略歴

〈監修者〉

岡崎由美（おかざき　ゆみ）

1958年生まれ。早稲田大学文学研究科中国文学専攻博士課程単位取得退学。早稲田大学文学学術院教授。専門領域は、明清小説、中国戯曲史、中国武俠小説など中国伝統の大衆文芸。主な著書は『漂泊のヒーロー　中国武俠小説への道』（2002年）、『武俠映画の快楽』（共著、2006年）、『早稲田大学坪内博士記念演劇博物館蔵『水滸記』鈔本の翻刻と研究』（共編著、2013年）、『完訳楊家将』（共訳、2015年）など。

平林宣和（ひらばやし　のぶかず）

1966年生まれ。早稲田大学大学院文学研究科芸術学専攻博士課程単位取得退学。早稲田大学演劇博物館助手、広島経済大学専任講師、早稲田大学政治経済学部助教授を経て、現在早稲田大学政治経済学術院教授、同演劇博物館兼任研究員。専門領域は、近現代の中国舞台芸術史。主な著書に『京劇俳優の二十世紀』（共編訳、2010年）、『文明戯研究の現在』（共編訳、2009年）など。

川　浩二（かわ　こうじ）

1976年生まれ。早稲田大学文学研究科中国文学専攻博士課程単位取得退学。博士（文学）。早稲田大学文学学術院助教を経て現在立教大学教育講師。早稲田大学演劇博物館招聘研究員。専門領域は明清の白話小説、戯曲。戯曲関連の近著に「戯曲における太湖石の機能とイメージ：明代伝奇における展開を中心に」（『多元文化』4、2014年）がある。

〈翻訳協力者〉

伴　俊典（ばん　としのり）
早稲田大学非常勤講師、中国語中国文学専攻

岩田和子（いわた　かずこ）
法政大学教授、中国語中国文学専攻

大江千晶（おおえ　ちあき）
立教大学兼任講師、中国演劇専攻

中国演劇史図鑑

2018年3月26日初版第1刷発行

〈編 者〉	中国芸術研究院戯曲研究所
〈監修・翻訳〉	岡崎由美
	平林宣和
	川 浩二
〈発行者〉	向 安全
〈発行所〉	科学出版社東京株式会社
	〒113-0034
	東京都文京区湯島2-9-10 石川ビル1階
	TEL：03-6803-2978
	FAX：03-6803-2928
	http://www.sptokyo.co.jp
〈発売所〉	株式会社 国書刊行会
	〒174-0056
	東京都板橋区志村1-13-15
	TEL：03-5970-7421
	FAX：03-5970-7427
	http://www.kokusho.co.jp
〈装丁・造本〉	越郷拓也
〈印刷・製本〉	シナノ パブリッシング プレス

Original Chinese Edition © People's Music Publishing House, 2003. All Rights Reserved.
ISBN 978-4-336-06220-8 C0674

乱丁・落丁本は発売所までご連絡ください。お取り替えいたします。
本書の無断転載・模写は、著作権法上での例外を除き禁じられています。